轻与重
FESTINA LENTE

姜丹丹 何乏笔(Fabian Heubel) 主编

历史意识的维度

[法]雷蒙·阿隆 著　董子云 译

Raymond Aron
Dimensions de la conscience historique

华东师范大学出版社

华东师范大学出版社六点分社 策划

主编的话

1

时下距京师同文馆设立推动西学东渐之兴起已有一百五十载。百余年来,尤其是近三十年,西学移译林林总总,汗牛充栋,累积了一代又一代中国学人从西方寻找出路的理想,以至当下中国人提出问题、关注问题、思考问题的进路和理路深受各种各样的西学所规定,而由此引发的新问题也往往被归咎于西方的影响。处在21世纪中西文化交流的新情境里,如何在译介西学时作出新的选择,又如何以新的思想姿态回应,成为我们必须重新思考的一个严峻问题。

2

自晚清以来,中国一代又一代知识分子一直面临着现代性的冲击所带来的种种尖锐的提问:传统是否构成现代化进程的障碍?在中西古今的碰撞与磨合中,重构中华文化的身份与主体性如何得以实现?"五四"新文化运动带来的"中西、古今"的对立倾向能否彻底扭转?在历经沧桑之后,当下的中国经济崛起,如何重新激发中华文化生生不息的活力?在对现代性的批判与反思中,当代西方文明形态的理想模式一再经历祛魅,西方对中国的意义已然发生结构性的改变。但问题是:以何种态度应答这一改变?

中华文化的复兴,召唤对新时代所提出的精神挑战的深刻自觉,与此同时,也需要在更广阔、更细致的层面上展开文化的互动,在更深入、更充盈的跨文化思考中重建经典,既包括对古典的历史文化资源的梳理与考察,也包含对已成为古典的"现代经典"的体认与奠定。

面对种种历史危机与社会转型，欧洲学人选择一次又一次地重新解读欧洲的经典，既谦卑地尊重历史文化的真理内涵，又有抱负地重新连结文明的精神巨链，从当代问题出发，进行批判性重建。这种重新出发和叩问的勇气，值得借鉴。

3

一只螃蟹，一只蝴蝶，铸型了古罗马皇帝奥古斯都的一枚金币图案，象征一个明君应具备的双重品质，演绎了奥古斯都的座右铭："FESTINA LENTE"（慢慢地，快进）。我们化用为"轻与重"文丛的图标，旨在传递这种悠远的隐喻：轻与重，或曰：快与慢。

轻，则快，隐喻思想灵动自由；重，则慢，象征诗意栖息大地。蝴蝶之轻灵，宛如对思想芬芳的追逐，朝圣"空气的神灵"；螃蟹之沉稳，恰似对文化土壤的立足，依托"土地的重量"。

在文艺复兴时期的人文主义那里，这种悖论演绎出一种智慧：审慎的精神与平衡的探求。思想的表达和传播，快者，易乱；慢者，易坠。故既要审慎，又求平衡。在此，可这样领会：该快时当快，坚守一种持续不断的开拓与创造；该慢时宜慢，保有一份不可或缺的耐心沉潜与深耕。用不逃避重负的态度面向传统耕耘与劳作，期待思想的轻盈转化与超越。

4

"轻与重"文丛，特别注重选择在欧洲（德法尤甚）与主流思想形态相平行的一种称作 essai（随笔）的文本。Essai 的词源有"平衡"（exagium）的涵义，也与考量、检验（examen）的精细联结在一起，且隐含"尝试"的意味。

这种文本孕育出的思想表达形态，承袭了从蒙田、帕斯卡尔到卢梭、尼采的传统，在 20 世纪，经过从本雅明到阿多诺，从柏格森到萨特、罗兰·巴特、福柯等诸位思想大师的传承，发展为一种富有活力的知性实践，形成一种求索和传达真理的风格。Essai，远不只是一种书写的风格，也成为一种思考与存在的方式。既体现思索个体的主体性与节奏,又承载历史文化的积淀与转化,融思辨与感触、考证与诠释为一炉。

选择这样的文本,意在不渲染一种思潮、不言说一套学说或理论,而是传达西方学人如何在错综复杂的问题场域提问和解析,进而透彻理解西方学人对自身历史文化的自觉,对自身文明既自信又质疑、既肯定又批判的根本所在,而这恰恰是汉语学界还需要深思的。

提供这样的思想文化资源,旨在分享西方学者深入认知与解读欧洲经典的各种方式与问题意识,引领中国读者进一步思索传统与现代、古典文化与当代处境的复杂关系,进而为汉语学界重返中国经典研究、回应西方的经典重建做好更坚实的准备,为文化之间的平等对话创造可能性的条件。

是为序。

姜丹丹(Dandan Jiang)
何乏笔(Fabian Heubel)
2012 年 7 月

作者简介

雷蒙·阿隆1905年出生于一个犹太人中产阶级家庭,1924年与让-保罗·萨特和保罗·尼桑(Paul Nizan)同届进入巴黎高等师范学院就读。阿隆早年受社会主义环境影响,是阿兰的弟子。1933年,他在德国的居住经历对他投身哲学和历史思考(为此他撰写了博士论文《历史哲学导论》并于1938年通过答辩)这一选择起了决定性影响。1940年起,他活跃于伦敦,主编了《自由法国》杂志,每月为此杂志署名供稿。解放后,阿隆回到法国,曾一度任情报部长马尔罗的幕僚长,之后开始了他的记者生涯,先在《斗争》,1947年起于《费加罗报》任职。阿隆关注国内和国际政治局势演进,而且坚信世界正发生着前所未有的动荡,所以哲人不能无动于衷。这些都在随后几年出版的主要著作中表达了出来——从《人对抗暴君》(1944)、《大分裂》(1948)、《锁链中的战争》(1951)直到《国家间的和平与战争》(1962)、《思考克劳塞维茨战争》(1974)和《本世纪的最后几年》(1982)。这也同样是雷蒙·阿隆大胆批判知识分子的盲目性、成为共产主义政党的同路人的时代。1955年出版的《知识分子的鸦片》引来了激烈的批判,也使他被法国知识界孤立。同年,他重返大学,获得索邦大学社会学教席,后于1960年转至高等研究实践学院。自此,雷蒙·阿隆这位"介入的旁观者"既是大学教授,又是记者。阿隆的思考有着国际性的维度,受其战后以来与众多美国一流学者和大学对话的滋养,他在仍然较为封闭的法国大学界独树一帜。直至去世他都是国际思想交流的核心人物,致力于思考冷战以及随后的两极世界。雷蒙·阿隆因此思索了民主社会的未来,思索了进步的观念,介入了公共辩论(评论1968年五月事件的《找不到的革命》;讨论中东冲突和法国政策的《戴高乐、以色列和犹太人》),并在社会学理论方面笔耕不辍(《社会学思想的诸阶段》)。1970年,他获得法兰西公学院社会学教席,教授马克思思想和克劳塞维茨思想的研究。1977年他离开《费加罗报》加入《快报》(*Express*),并创办了《评论》(*Commentaire*)杂志。1981年,系列电视访谈以《介入的旁观者》为标题出版;1983年秋,在他去世前的几周,《回忆录》出版。这些作品都向大众揭示了其思想的重要性。

目 录

法文版序言 /1
前言 /1

第一部分

第一章 历史的哲学 /3
第二章 历史意义的概念 /26

第二部分

第三章 证据与推论 /43
第四章 论历史学的对象 /83
  1. 历史意识的矛盾 /85
  2. 好奇心的扩大和更迭 /91
  3. 历史统一体 /100
  4. 历史学家的意图和历史解释 /107

第五章　修昔底德和历史叙述 /113

第 三 部 分

第六章　民族与帝国 /157
　1. 欧洲体系的毁灭 /164
　2. 亚洲体系的建立 /179
　3. 欧洲帝国的解体 /190
　4. 民族主义的多样性 /209
　5. 历史周期和形势独特性 /223

第七章　普世历史的黎明 /233

结论　哲人的社会责任 /264
　1. 技师、观念学者与哲人 /265
　2. 一个补充的维度 /268
　3. 寻找真理 /271
　4. 国家的责任 /277

书　目

告读者 /283
作者著作目录 /284

人名索引 /315
主题索引 /321

法文版序言①

如果说阿隆本以为他能够让马克思主义知识分子缴械投降,决定性地拆穿这些"世俗宗教"中特点鲜明的历史末世论解释,那么《知识分子的鸦片》在1955年一面世便激起的论争,足以让雷蒙·阿隆迅速醒悟过来。② 对于阿隆的排斥达到了顶点,他的同道中人各自走了更美好的路。因此我们应当读一读《历史意识的维度》,它收录了阿隆在整个50年代发表的论文和会议演讲。阿隆以此回应了其诋毁者的攻击;而且,为了更明确地

---

① 本文主要摘录自Fallois出版社S. Audier, M. O. Baruch和P. Simon-Nahum 2008年主编的《雷蒙·阿隆:历史学中的哲人》(*Raymond Aron philosophe dans l'histoire*)一书中出现的一篇文章,题为《历史意识的维度:学者与政治的和解》(Dimensions de la conscience historique, la réconciliation du savant et du politique)。我们感谢B. 德·法鲁瓦许可我们翻印这篇文章。

② 阿隆,《知识分子的鸦片》(*L'Opium des intellectuels*),巴黎,Calmann-Lévy,"精神自由"系列,1955。本作于2002年由Hachette出版社重新编辑出版,"Pluriel"丛书。

提出他最早在《历史哲学导论》(也就是他1938年的博士论文)中所表达的史学思想,这样做也是必需的。① 1938年3月26日,雷蒙·阿隆在索邦进行了博士论文答辩,场面令人难忘。这件事他本人在《回忆录》中有所讲述。② 当此之时,世界正处在大厦将倾、战争爆发的前夜;而这场战争将预示着两个超级大国的降临以及人类声名的衰落。于是,答辩中两种历史观针锋相对:一种来自这位年轻的文凭求得者,他敢于设想民主制度可能失败;另一种来自他的教授们,他们仍然相信,理性有力量战胜制造大规模杀戮的疯狂。当1960年阿隆着手再度思考历史意识的诸维度之时,世界处于核威慑和去殖民化战争的时代已经将近十年,被削弱的欧洲,其领域也受到了新的界定。与1938年的时候一样,雷蒙·阿隆所提出的问题,很少受到具体形势的支配。他提出问题是想知道,应该如何思考我们眼下所展现的历史。

这个问题对于我们当前而言具有前所未有的重要性。1983年辞世的阿隆还继续思考着《本世纪的最后几年》(*Les Dernières Années du siècle*)③。他不可能看到柏林墙的倒塌和苏维埃阵营

---

① 阿隆,《历史哲学导论:论历史客观性的限度》(*Introduction à la philosophie de l'histoire*),巴黎,Gallimard,"思想图书馆"系列,1938,新版,巴黎,Gallimard,"Tel"丛书,1991。

② 答辩评审团由 Léon Brunschvicg、Célestin Bouglé、Paul Fauconnet、Maurice Halbwachs、Emile Bréhier、Edmond Vermeil 组成。雷蒙·阿隆用数页篇幅讲述了论文答辩。保罗·福科奈不得不用"绝望或者说邪恶"来形容这位国家博士学位获得者。参照阿隆,《回忆录:50年的政治思考》(*Mémories. 50 ans de réflexion politique*),巴黎,Julliard,1983,第105页及之后。

③ 本作是阿隆去世后,Juliard 出版社于1984年在"评论"丛书中出版的。

的瓦解。他也没有看到911恐怖袭击和原教旨主义的兴起。不过,这里他要求读者所拥有的、他自己也首先践行的现实主义和批判思维,仍然使得这本小书成了当前值得时常品读的佳作。

从《历史哲学导论》到《历史意识的维度》

历史意识的概念

阿隆在《历史哲学导论》中做的是现象学的探究:一旦我们拒绝依靠某种本体论的维度,那应该如何定义一种符合人类历史特征性的历史哲学?实在具有偶然性,而人虽根植于其中,却可通过运用理性超越自身的历史性,因而有着自由。偶然性和自由,这两者的际会所采用的形式,当如何思考?从1938年的那本论文到《历史意识的维度》,阿隆所定下的目标是相同的。他在20世纪60年代定义历史意识时所借助的三个要素当中,实际上潜藏着战前的那些判断:他有着"传统与自由的辩证意识,为捕捉过去的真实或真相所作的努力,认为历时的一系列社会组织和人类造物并不是随意的、无关紧要的,而是关切到人类本质的那种觉知"。①

阿隆将这些文章放到一起,也就是在重新思索那本论文所提出的问题。不过,对于这个问题,他采用了不同的视角。事实上,我们已经不需要再次指明,阿隆的做法与其老师们的哲学所代表的理性实证主义有着断裂,虽然后者影响了阿隆,也同样影

---

① 雷蒙·阿隆,《历史意识的维度》,第105页。

响了战前或者战时他这一代的哲学家群体,如萨特和梅洛-庞蒂。除此之外,还有一个事实是阿隆希望将《历史意识的维度》做成一本并不像《历史哲学导论》那样大学化的书。所以《历史意识的维度》中的认识论预设是隐含的,这样就不至于让读者感到沉重。

不过,如果我们仅仅从这部作品中看到了对于当时(也就是20世纪50年代末的法国和欧洲)形势的史学评论,而没有看到真实的情况,也就是阿隆在观察了国际大动荡之后回归到1938年提出的假设并对之进行了深化的话,我们也许就错过了它的整体意义。

《历史意识的维度》的转向:一部关于当下的历史

如果将《历史意识的维度》当作阿隆博士论文的延续的话,我们可以说,它实现了相对于那篇论文的转向。意识这个术语,在战前首先有了一层现象学的意义——"我将现象学的方法运用于分析揭示出历史的主题。它表明,历史认知这个主题并非一个纯粹的主题,一个超验的我,而是一个活着的人,一个历史的我,在不断尝试理解其过去和处境"①——无疑,我们在这里总是要回到一种对世界的觉知当中,但这个世界,对于主题的约束,几乎是不可逾越的。战争以及原子弹的出现,在根本上改变历史学家用

---

① 引自 Nicolas Baverez,《雷蒙阿隆:观念学者时代的道学家》(*Raymond Aron. Un moraliste au temps des idéologues*), Paris, Flammarion,《Grandes biographies》,1993,第132页。

于构想20世纪历史的框架的同时,也颠覆了我们对于自身历史存在以及(即便是在国家层面)可运用手段的余地的觉知。

这样的新形势将我们对于历史的意识记录在了一种历史力量决定论(阿隆称其为"深层力量")的观念当中,记录在了不受两次世界大战以及核武器的破坏潜力所束缚的知觉当中,记录在了人类纵使充满多样性,从今往后将生活在一个相同的历史制度下的观念当中。若干年前,在吉福特讲座的"大纲"中,我们读到了保罗·瓦莱里的名言:"我们各个不同的文明,在今天明白了我们都会死去。"阿隆对此作了如是评价:"我想用一个更为广义的公式,替代这个第一次世界大战的经验所激发的公式:'我们不同的人,身处科学社会和原子时代,明白了我们都参与到了历史当中。'"①

参与到历史当中。这是阿隆将会回到的理念。1970年12月8日在法兰西公学院讲课时,他在讲稿前几页(这个讲稿没有出版)明确地说道:"思考自己当下的历史意识,是思考我们正在生活的历史的一种方式。人类的历史条件(是)——为了指称一些极为简单的给定条件,用这个词有夸张之嫌——我们中的每个人都处于其他人之间,归属于一个社会;我们中的每个人,都注定要置身于一个多少没有条理的世界当中。"②但同样地,在

---

① 雷蒙·阿隆,《史学讲义》(*Leçon sur l'histoire*),Paris,Éditions de Fallois,1989,第390页。

② 雷蒙·阿隆,《社会学思想批判》(*Critique de la pensée sociologique*),法兰西公学院课程,1970年12月8日,未出版的打字文稿,第13页。我感谢Elisabeth Dutartre允许我查阅这个文本。

《回忆录》的末尾,阿隆在评论萨特1942年在《存在与虚无》中给他的致辞("把这篇对历史哲学导论的导论献给我亲爱的同志")之时,用参与(engagement)定义了自己想要表达的意思:这不是一个指向未来的行为,而是出于人不可避免地身处一个家庭、宗教或者社会群体之中,因而在当下参与的行为,以及我们意识到了自身时代之局限的迹象。

因此,此书不仅是阿隆用理性的意志对抗决定论的胜利,事实上,我们是让历史意识的概念回归到一种有关当下的历史,而根据历史意识这个观念,人类,不论其境遇和心境为何,首先是其所生活的时代的行动者。另外,阿隆在《历史意识的维度》中会有几页,对那些以令人欢欣鼓舞的未来为名而忽视现实的知识分子的不负责任进行严厉的谴责,从而也就表明了他与马克思主义者和存在主义者的不同立场。①

历史哲学

历史意识因此同时存在于思想和行动当中。阿隆最先的努力将是在思想的斜面上定义历史意识。我们如何思考我们所书写的历史? 这就回到了如何定义历史哲学这个问题上来;对于

---

① "但是,将这个理性的观念与一个政党的行动、与一种所有制的状态、一种经济组织的技术相混合,是在把自己托付给虚妄的幻象。想要让历史拥有一个意义,就是在要求人类主宰他的本性,让共同的生活秩序符合理性。声称自己预先就知道了终极的意义和救赎的途径,是用知识和行动上冰冷的进步替代历史神话。/如果人类停止了探寻,如果人类自以为已经道出了最终的结论,人类也就丧失了自己的人性。"雷蒙·阿隆,《历史意识的维度》,第65页。

这个词的解释,不仅必须避免与宏大的解释体系发生混淆,也必须同与历史对象之构成有关的术语区别开来。

历史首先是思考一个已经发生且再也不会发生的事件的尝试。阿隆这里重申了其论文的主旨,即不可能把历史当作纯粹的事件来思考,不可能以一种纯粹的内在性(也就是说,在我们所拥有的意识之外)来理解历史的意义。历史可以是普世的,但不会是直截了当的。① 因此,我们对过去——或者我们的未来——所形成的,并具有我们的历史意识之特征的那些表征,让历史认识以及大的解释体系都介入其中;这些表征在我们对自己所作的投射中超越了前者,而与后者,它们可以尝试融合。②

思考我们所书写的历史,不仅意味着去理解我们是如何思考历史的,而且也意味着去明白我们赋予历史对象以何种地位。然而,历史对象从不是直截了当地给出,而是需要建构的。阿隆在这里回到了历史客观性的限度这个问题上,以证明意识到自身处境的历史学家,他的立场是如何指出一种方式以帮助我们定义历史哲学的。在论文发表之初,他批评自己过分强调了"对象的瓦解"(dissolution de l'objet)。这里,通过这样做,他因此也

---

① 在《证据与推论》一文中,阿隆写道:"历史学并非编年史学,历史认识不是简单的事件积累",《历史意识的维度》,第72页。同样,在《论历史学的对象》一文中,他又写道:"历史意识的对象,不是一个唯有真实事实所随意构成的集合,而是受到详细阐述、可以理解的整体",同上书,第118页。

② 阿隆写道:"每个集体都有一个历史意识。我这里所说的历史意识,指的是对这个集体而言,人性、文明、民族、过去和未来、建筑和城市所经历的变迁所具有的意义",同上书,第105页。

就回应了自己以前的批评。历史从来都不是目的本身,我们援引过去,为的是帮助解决当前提出的问题。但是,如果说他反对尼采的绝对相对论,坚持不受历史学家的看法影响而存在的历史事件的话,我们也可以说,他以相同方式反对新康德派和价值相对论,反对马克思·韦伯所通向的甚至连历史学家也不宽恕的众神之战。

历史学家一旦将自己的利益动机整合到自己的研究中去,历史意识也就取得了一个自反的维度,其自身也因此而获得了有效性。通过探究各个整体的构成,并将此构成与它所发现的意义相联系,历史意识确保了事实建构的有效性。

但是,历史过程合法性的问题,尽管在可轻易标识的事件层面解决起来看似相对简单,可当历史学家决定走向一个更高的层面,想要建构一个普世历史的时候,问题就更为复杂了。那种将会确保他的方法还有他所得出的建构之有效性的意义,又该如何定义?

为了赢得历史哲学的领域,我们在这里放弃了历史认识的领域。重构过去,从全球性的解释理论投射出未来,是一个宏大的尝试,而这些理论本身也创制了它们自己的证伪标准。这是阿隆再次与时代意识形态短兵相接的地方。历史学家或是以斯宾格勒和汤因比的方式建构一个体系,在其中历史整体这个概念本身消失在文明和文化的多样性之背后;或者,他们效仿马克思主义,用预先知晓的宿命、普罗米修斯式事件的降临,以及宣称历史发展和实现人类道德理想相吻合的原理,来决定对于当下的解释,无阶级社会的降临因此也就决定了在此之前的历史的发展。

重新思考多元性

因此我们就需要寻找一个原则,它既对应于当代的偶然性与自由相交会所表现的具体形式,又让历史学家得以将之整合到其观察的各个层面。阿隆在多元性这个概念中找到了这一原则。该概念在1938年的论文中已经略显端倪,在《历史意识的维度》中占有核心的地位,并且也将成为阿隆构想当代历史发展的概念背景。实际上,正是从这种多元性出发,在没有脱离历史对象之存在以及历史思考之可能性的条件下,批判理性才得以阐述它在普遍性与特殊性之间的关系。

多元性不仅仅是从对当代事件的经验观察当中演绎出来的——即便我们文明的特征之一,正是在于其多样性,在于其对于这些事件所拥有的意识。如同在1938年,多元性决定了将我们与现实联系在一起的辩证运动。除了我们的存在、这一作为历史性的存在之外,还有这个阿隆早在《历史哲学导论》中便已写到的悲剧,这个卡在我们寻求真相的欲望以及我们难以逃避的偶然性之间的悲剧。让我们回顾一下结束这篇论文的著名箴言:"人类存在是辩证的,也即戏剧化的,因为它在一个缺乏条理的世界中生发,在时间流逝中进展,寻找四处躲避的真理,缺乏其他的保证,唯有零碎的科学以及形式思维为伴。"[①]我们的作

---

① 雷蒙·阿隆,《历史哲学导论》,第437页。

者在《历史意识的维度》简短的前言中,也正是暗示了这相同的辩证法。

多元性因此具有两个层面:将对于真实的感知当作整理它的可能性。阿隆在《历史意识的维度》中提出的问题,也就是他与同时代的汤因比①对话所阐明的问题,可以总结为如下:历史学家应该考虑到多少层面的多元性,才不至于在将历史写入对于其发展历程的思考当中时,落入历史终结理论的窠臼? 多元性的问题实际上同时摆在多个层面:历史建构的层面,历史方法的层面,以及每个人都想为人类史诗赋予的意义的层面。② 阿隆在这里着手反驳(斯宾格勒和汤因比的)多元主义哲学。在他看来,这些哲学将文明置于历史法则之下,实际上是在西方文明的优越性之外,拒绝承认理性的首要地位。这些哲人事实上坚决否认历史统一体的存在,不过他们并不像海德格尔那样,将历史化解为变化发展的范畴,而是将人类分解为文明或者文化,分解成了一个个现代的单体,各自都有相当的封闭性,人们因此也就不可能为历史运动蒙上一层意义。因此,斯宾格勒和汤因比所观想的历史,用它自己的话来说,就是一种"暴君式"(tyran-

---

① 《历史及其解释》(*L'Histoire et ses interprétations*)所披露的对话,该书记录的是色里希十日论坛(la décade de Cerisy,该论坛于1958年7月10日至20日举办,阿隆主持,汤因比参加。——译注),在论坛上汤因比和他的法国对话者进行了同台交流。

② 阿隆在《历史及其解释》中还会提出这个问题:"在何种意义上,文明的多元性构成了一个问题? 我想这个有点天真又很基础的问题自有其意义所在。"(巴黎,Mouton,1961,第38页)

nique)的历史,这不仅仅是因为,它所依靠的历史或者文明统一体通常被归结为不同事件——它们标志着这些文明的诞生、存在,进而还有消失——之间一种简单因果联系的存在,而且因为它在批判组建整体性的做法时禁止人们去接近历史的意义。这样我们也就陷入了绝对的相对主义之中。

同样也是这个多元性的问题把阿隆带向了康德的历史哲学。在后者那里,意识的概念就已经构成了一个直接的参照。阿隆追随哲人狄尔泰在其《精神科学导论》(1883)中的看法,认为历史意识这个概念本身,就能够对抗"数世纪以来所出现的一切形而上学和宗教学说"。[①] 我们应当回想一下他战前的一个计划,就是以撰写《历史批判哲学》第二卷的形式延伸他对历史主义的研究,可惜零碎的片段在战争中丢失了。根植于人类和哲学当中的历史意识,其直接的推论即是对形势的理解的多样性,以及历史经验的多元性。它因此反对认为有普遍有效的历史存在的观念。

史学自由:历史学家的抉择与意向性

除了《历史意识的维度》在主题上的转移,以及一种穿越多元性的概念,将具体事物与自由的联系考虑在内的历史理论是否具有可能性的探讨之外,我们回到了一开始的问题上——这

---

① 威廉·狄尔泰,《精神科学导论》(*Introduction aux sciences de l'esprit*),S·Mesure 译,Œuvres 1,Éditions du Cerf,1992。

个问题,阿隆先是在《历史哲学导论》中提出,又在《人对抗暴君》①中重新提出,然后又暗含在《阿尔及利亚的悲剧》②之中,最后,阿隆将坚持不懈地思考这个问题,乃至一直延续到他的《回忆录》,这部如人们所说,同样有关历史哲学的巨著:如何评价我们所生活着的历史?实际上,《历史意识的维度》是阿隆第二次试图说明历史思想与历史中的行动。

就这样,阿隆渐渐将注意力集中到历史学家的意向性上。实际上,对于个人参与历史,战胜偶然性的自由度,历史学家们的表现手法是通过自己的判断,在对其进行解释的同时对之展开凝思。同理,政治史因为赋予行动者最大程度的自由而吸引了阿隆的注意。在本书中,阿隆分析了历史学家进行判断的各个不同层面。在他眼中,这些层面同样是对于自由的肯定,而它的限度依然就是历史理性的限度。随着他的这一分析,我们能够读出作者思想上的进展。

我们已经看到,第一个决定性的时刻是建构历史整体的那个时刻。在历史所确立的以及将历史整体的建构与意义连结起来的可理解性类型中,阿隆让后者取决于后者,也就提出了当历史学家着手在一个更为广阔的层面建构整体,当他抱有例如书

---

① 雷蒙·阿隆,《人对抗暴君》(*L'homme contre les tyrans*),纽约,Éditions de la Maison française, 1944. 新版见 *Chronique de guerre. La France libre*, 1940—1945,巴黎,Gallimard, 1990.

② 雷蒙·阿隆,《阿尔及利亚的悲剧》(*La tragédie algérienne*), Plon,《Tribune libre 2》, 1957.

写一部普世历史的野心之时会发生什么的问题。这样的话,历史学家就要有所选择:或是从建构真实的各种元素出发,就如同从一个战争的运动出发重构一场大战的经过一般;或者,他可以通过将他假定的历史运动投影到真相上去,从而建构起真相,也就是将其建立在一种理念的真实性上。

阿隆是根据终极自由,即精神自由来构想历史理性的地位的。事实上,在这个阶段,先前描述的各种方法显然在他眼中并无优势。阿隆的回答属于方法论范畴。在他看来,唯一合法的历史哲学建立在一种反思性的方法之上;这种方法将合法地考察历史事实的过程带回到规范性理性的视野之内。阿隆会在吉福特讲座中讲到,正是在这样一种视野当中,历史意识处于比历史认识更大,但又没有历史哲学那么宽广的视界当中。在被研究的事件和方法论之间的反射关系中,使历史学家的注意力从历史行动者转向其解释者的,正是这个有关自由的问题。这样看来,它因此是双重反思性的。这种类比把我们引向了道德领域,因为"通过行动而希望在历史中自由的人类,也希望凭借知识获取自由。认识过去是从过去解放出来的一种方式,因为唯有真相才能让人最为清醒地给出判断,是同意还是拒绝"。①

这就是《历史意识的维度》贯穿始终的思考主线——从讨论修昔底德的宏文,直到讨论历史学家的社会功能的结论。阿隆之所以对政治史情有独钟,是因为在政治史中,诸多个体通过行动

---

① 雷蒙·阿隆,《历史意识的维度》,第105页。

体现出了个人自由,而政治史领域的表达正是着重于个人自由。

历史因果律是第二个决定性时刻。如同评论者们所注意到的,这一章节讨论的是修昔底德对伯罗奔尼撒战争的叙述,由于它赋予战争(因此也就是政治)以重要的地位,因而成了本书的重心。① 正如希腊历史学家所展示的,政治,及其终极表现——战争,在历史上是最容易发生生死抉择和意外情况的。尽管现代缺乏英雄,让我们难以像修昔底德的长篇大论那样思考我们的大战,而且将直接行动者所作的决定与事情的过程分隔开来的距离也十分重要(这一点阿隆称为"去人格化"),即便如此,第一次世界大战所开启的当代,肯定了政治的首要性,以及国际政治的特殊结构还在进一步加固这一感觉。

当涉及到描述一场战争的时候,由于历史工作所列出的元素基本上是明白可见、在经验上可以得到验证的,所以历史工作本身的有效性也就能轻易地得到证实。也许这可以解释历史学家为什么普遍有喜欢老生常谈的倾向。相反,当代的背景使他们必须向崭新的历史形势敞开心扉。

阿隆对于历史学家的讨论也许构成了本书最有吸引力的方面,并在诸多方面预告了之后将要出版的《回忆录》。无论是在《回忆录》中探索历史学家的自由,还是本书对于历史这一知识创造的讨论,阿隆都没有像他在考察历史学家的理解条件时走

---

① 我们可以在达尼埃尔·马奥尼(Daniel Mahoney)的笔下读到最近对这篇文章的分析,"阿隆与修昔底德"(Aron et Thucydide),*Commentaire*,第132号,2010—2011冬,第911—920页。

得那么远。他本人从未用过这个术语,在这里他暗指的是历史学家的想象力。讨论"推论"与"证据"这一对概念的文章是1958年出版于《代达鲁斯》(*Daedalus*)中的一篇会议发言,在本书中翻译成了法语。这篇文章研究了历史学家是如何将因果律的层面插入到一个唯有他自己才拥有钥匙的整体图景之中的。我们十分接近于诠释学的循环所创造的杰作,即全体和部分之间的关系。诠释者的一部分对于他所解释的作者的移情也进入到了这个循环当中,阿隆把这称作"这些精神体验"。但是,如果说诠释学所画的这个圆圈,从文本的一部分出发,直到文本的全部,从而回到统一性的话,就历史学家而言,这个全部并不在理解行为之前即已存在。它随着理解行为的成型方才出现。所以,它的解释显得要开放得多,在这个阶段我们可以预见会有多元的解释出现。留给历史学家的这部分自由并非没有理由;只要从中剔除专断的部分,这种自由就是可接受的。①

当历史学家处理时事而非遥远的事件时,这种自由达到了它最高的程度。讨论时事的历史学家可以利用更具约束性的材料:仍然在世的证人以及档案的存在等等……这又一次把我们带回了多元性的维度,阿隆让它成为了我们文明的标志。历史意识回归到当下的历史,而这当下的历史正是在最大的约束和最大的自由之交汇处运作的历史。最大的约束:我们的发展所形成的技术形式导致了这一约束,而且在解释层面存在大量的

---

① 同上,第63页及之后。

线索。最大的自由:历史学家的自由联合起来,像历史中的行动者一样,有最大的操作余地可资利用。

正是这种自由的存在(我们称其为"想象",或者像阿隆那样,称其为"回顾性的预见"①)定义了历史学家所要扮演的新角色。并且,在阿隆眼中,这种自由也让历史学家自称为君主的顾问具有正当性。也正是这自由,成为后来分析工业社会或者国际关系的作品的主轴。阿隆的做法总是相同的,即自问如果事情有另一番经过,又会发生什么。无疑,最终的抉择仍然取决于行动的人或者哲人,至于历史学家,则满足于比照行动与必然性。② 因此,方法在于以这些问题之形成的多样性来考虑这些问题,而同时不让这种多样性背负属于政治行动者的那种选择的可能性。这种"回顾性的预见",如果能用得恰到好处,本可以让许多政治领导人避免他们犯下的政治错误:就比如富兰克林·罗斯福误以为苏联领导人心底里也是民主的追奉者。③

我们现在得以理解本书的第三个也是最后一个部分的意义。这个部分由两篇宏文——《民族与帝国》和《普世历史的黎明》,以及讨论历史学家的社会功能的结论组成。这篇结论虽然全在讨论具体的政治问题④,但它的分析集中在政治史

---

① 同上,第78页。
② 同上。
③ 同上。
④ 第一篇文章摘自 Christian Bachelier 主编的有关20世纪历史的那册书中:雷蒙·阿隆,《20世纪的历史:文选》(*Une histoire du XXe siècle. Anthologie*),巴黎,Plon,1999。

上。影响20世纪的两大转变——战争和帝国的消亡,在这个部分中有最鲜明的体现。它展现了行动者及他们的解释者的自由。历史学家的分析通向最为直接的政治实践。战争爆发的责任应该由谁承担?采取的决策是好是坏?人们本来有没有可能避免犯下的错误?阿隆这里反对一切以单独一种意义书写历史的尝试;与这种做法相反,他每次都强调令人惊讶或者未被预见的因素。这些因素来源于政治领导者自己的思路。历史学家所投身的重构不应该抹去这样一个事实,即在每个阶段,他都应该保持事情本可以不同的方式发展的感觉。"历史学家在宏观层面所察知的可理解的次序,并非预先就决定好的,它实际上是实现了的那个次序,而绝对不是唯一可能的次序"——吉福特讲座的大纲将如是总结。① 这把我们带回到对参与的讨论中去。② 参与表达了人的条件,即"行动中的奴役"(la servitude dans l'action)。既然我们从不可能预先知道我们行动的结果,那唯有一种政治的方法,权衡利弊,让我们得以作出最为恰当的选择。"生产工具是私有还是公有更好?这种偏好在类似的情形中又意味着什么?"③或者再进一步:"威廉德国、魏玛德国、希特勒德国、潘科夫区德国、波恩德国:热忱的德国会走什么样的道路?"④

---

① 雷蒙·阿隆,《史学讲义》,前揭,第401页
② 雷蒙·阿隆,《回忆录》,第726页。
③ 雷蒙·阿隆,《历史意识的维度》,第261页。
④ 同上,第262页。

透过政治的反思,哲人因此隐约地看到从绝望的选择脱身的可能性,不必在天意和绝对的相对主义之间作出非此即彼的选择。政治实际上经历了一种道德价值的历史化,也就是说,普世与特殊对立起来,而哲学在将它们形式化的同时给出了一个普世的表达。对于这个问题,阿隆超越了历史主义所给出的解决办法,因为历史主义或是陷入到绝对的相对主义,或是克服了相对主义,但却赋予历史的终结以一种理想的方案。以政治反思的层面思考价值,也就是回应了新康德哲学对价值提出的批判。通过这样做,它打开了通向兼具批判性和政治性的历史理性的道路。不要终结历史因而成了一项道德律令。同样,对于当下历史的参与,归根结底,也把我们带到了一个道德的维度上。

《历史意识的维度》在阿隆的著作中留下了许许多多的痕迹。[①] 首先,直接的痕迹就是阿隆借助于"戏剧"和"过程"这两个概念,在最后一章描述了辩证运动,它清晰地说明了面对历史决定论之个人的行动。如果我们没有忘记阿隆在后来的著作中不断衍射的思考主题,还有从历史分析转向社会学的历程,那么这些痕迹就有了更多的暗示意味。这首先让他得以克服新康德派历史哲学所导向的相对主义的悖论。对此我们可以援引1970—1971年间阿隆本人在法兰西公学院执教时所作的自传

---

① 皮埃尔·哈斯纳(Pierre Hassner)1963年在《法兰西政治科学杂志》上发表的一篇报告就已经指出了这种丰富性。参见书目备忘,《法兰西政治科学杂志》,第197—201页。

性分析。实际上,他借此机会回到了他对于新康德派哲人的兴趣上来,因为在他看来,这些人在历史认识的框架内所借助的方法,在他们眼中不仅适用于历史,而且事实上对于人类成就的整体都是有价值的。他对于历史的兴趣,以及他在很长一段时间内赋予历史的优先性,源于两次世界大战之间政治意识形态所具有的重要性;这些意识形态无不建立在一种对于过去和未来的解释之上。[1]《历史意识的维度》以道德律令的形式重新书写了这种对于历史哲学与历史终结趋同的批判。我们明白,对哲人所下的这一律令并不仅仅出于一种意识形态批判,而且还上升到了创立一种历史批判思想的高度。我们因此能够在《历史意识的维度》所宣示的各个题目中,看到有关诸多领域的思考正在萌芽:工业社会,它们的政治体制,生产活动所可能扮演的决定论角色,有些内容在当时就预言了美国和苏联经济的"趋同"(convergence)。阿隆早在 1960 年就已断言,一种历史的法则,类似于奥古斯特·孔德所确立的社会的三种状况的法则,是不存在其有效性的。更为细致的讨论将在后面三本书中出现:《工业社会十八讲》(*Dix-huit leçon sur la société industrielle*, 1962)、《阶级斗争》(*La Lutte des classes*, 1963)以及《民主与极权主义》(*Démocratie et totalitarisme* 1965)。[2] 他把现代社会的独特路

---

[1] 雷蒙·阿隆,《社会学思想批判》(*Critique de la pensée sociologique*),法兰西公学院课程,1970 年 12 月 8 日,打字文稿,第 7 页。

[2] 这三本书已合为一本出版,雷蒙·阿隆《思考自由,思考民主》(*Penser la liberté, penser la démocratie*),巴黎,Gallimard,"Quarto"丛书,2005。

径放在了其论证的核心,也就预先驳倒了历史终结的信奉者,并预示了20世纪80年代围绕着诸民主制度性质的那场风风雨雨的辩论。阿隆重新承认政治的首要性,而具有分歧的各个社会、人类命运的共同体以及进入原子时代以来团结到一起的民族之间,又出现了新的张力。从中我们感受到阿隆所表达的担忧有了变调:从今往后,现代公民及其统治者的历史所要求的道德情感。

虽然阿隆看上去仍然专注于批判历史哲学的信徒,但实际上他是在与当代社会学的开山鼻祖们对话。孔德、马克思和托克维尔从此成了他每时每刻的对话者,出现在他1967年的《社会学思想的诸阶段》(*Les Étapes de la pensée sociologique*)这本宏伟的研究著作当中。而当此之时,20世纪60年代初的社会学,虽力排众议,但仍然未能调和马克思主义社会学和美国经验主义社会学。至此,它将找到理论和历史的路线。① 在与他们的接触中,阿隆领悟了社会这个现代实体对于哲学思考的意义,但也重新确认了他对于政治自由主义的坚定信念。《历史意识的维度》描述的是战后国际格局风云突变而形成的新世界;今后的哲人应当以何种方式感知当代社会这一崭新的研究对象,则是整

---

① 雷蒙·阿隆,《社会学思想的诸阶段:孟德斯鸠,孔德,马克思,托克维尔,涂尔干,帕累托,韦伯》(*Les Étapes de la pensée sociologique. Montesquieu, Comte, Marx, Tocqueville, Durkheim, Pareto, Weber*),巴黎,Gallimard,1967。也可参照《马克思的马克思主义》(*Marxisme de Marx*),巴黎,Fallois出版社,2002;再版,口袋书,"历史参考"丛书,2004。

个对话的基体。

最后,本书既提醒人们在历史的导向中牺牲人类理性是不可能的,又展示了这种做法带来的闹剧。它以隐蔽而又坚决的方式度过了其所属的20世纪60年代。就这样,阿隆以神秘的方式继续充当我们习惯上称为"人类之死"的哲人们的顽固对话者。比如米歇尔·福柯,阿隆通过《年鉴》杂志中与保罗·韦纳(Paul Veyne)的一次讨论而同他在70年代初相识。①还有路易·阿尔都塞,不甘缄默,在他重读《资本论》中与阿隆展开交锋。②

"我常常感到遗憾的是,未能深入研究《历史哲学导论》所提出的问题,没有给这个问题一个回答:历史主义有何新的发展? 从我们的时代之初就内在化的信仰体系是否已经将我们囚禁起来……西方人推广到全球的文明,真的一定要将它所压制的那些文化置于死地吗?"③在《回忆录》的末尾,阿隆重新回到了《历史意识的维度》已经给出政治哲学层面的解答,但还没有在历史理论方面予以解释的问题。阿隆把他人生的线索与那些标记了他思想活动的问题联系在了一起。以此,他正是证明了——用

---

① 雷蒙·阿隆,《历史学家如何书写认识论:评保罗·韦纳近作》(Comment l'historien écrit l'épistémologie, à propos du livre de Paul Veyne), *Annales ESC*,第26年,第6期,第1319—1354页。

② 弗朗索瓦·马特隆(François Matheron)最近根据阿尔都塞的书稿和藏书进行研究揭示了这一点。

③ 雷蒙·阿隆,《回忆录》,第737页。

他的话来说——"思考而非忍受我们的存在"究竟有多少可能。①

> 佩里纳·西蒙-纳乌姆(Perrine Simon-Nahum)
> 法国国家科研中心—当代世界
> 历史分析(社会科学高等研究院)
> CNRS-AHMOC(EHESS)

---

① 同上,第21页。

前　言

本书汇集了我在之前十五年间所写的论文。尽管它们都是应景之作,但是在我看来,它们从不同的角度阐明了一个相同的问题。这个问题有关两种历史:一种是我们生活于其中的历史,另一种则是我们绞尽脑汁思索的历史。

《历史哲学导论》(*L'Introduction à la philosophie de l'histoire*) 在我的思考中,仅仅代表了历史认识理论最为形式化的一个章节。当时,我希望首先在这个导论中添加一个有关诸门社会科学的理论,然后再加上一个有关历史解释的更为具体的理论。历史解释的内容,可以是各种时代,各个文明,还有人类的发展。

这些应景而作的文章,并不足以完成这个宏大的项目,而后来的事件也让我转变了方向。但是,这些文章并没有像 1938 年的那本书那样形式化。那本书的副标题《论历史客观性的限度》(*Essai sur les limites de l'objectivité historique*)确切表达了它在认识论方面进行探索的意图。这些文章则旨在清楚地说明有关历史知识的诸多问题,与有关历史中存在的那些问题之间有何联系。它们试图通过参照当下时代的主要特征,来理解我们的历史意识,就像我们为了更好地理解我们的时代,而去参照我们的观念和憧憬一样。从这个意义上讲,我倾向于将本书中所遵循的方法称为"辩证法"(dialectique)。这个词虽然已经成了某些作者的禁脔(至少,优先使用它的权利属于他们),但是,只要这个词所暗示的立场与我所持立场并不相差太远,我还是乐于使用它。

雷蒙·阿隆

第一部分

第一章　历史的哲学

同样一个词,在法语、英语和德语中,既可以指历史的真实,又可以指我们对其所拥有的认识。Histoire, history, Geschichte 这三个词,既表示人类的发展历程,又表示人类力图详细说明其过去的科学(即便在德语中,可以用 Geschehen, Historie 这些只具有一种意思的词来缓解歧义)。

这种模糊之处在我看来是理所应当的;现实和对这个现实的认识彼此密不可分,与主客体之间那种泾渭分明迥然不同。物理科学并非它所探究的自然之中的一个元素(即便它在改造自然的过程中成为自然的一份子)。有关过去的意识,是由历史存在所构成的。人只有意识到自己拥有一个过去,他才真正拥有了一个过去,因为只有这个意识才带来了对话和选择的可能性。否则,个体和社会所承载的,是一个他们所忽视的过去、他们所被动经受的过去。或许他们会像动物的活动一样,为外部的旁观者提供一系列可供观察的变化,而且这些变化可以排列到一个时间次序之中。但不管怎么说,这样的人,对于他们是什么,他们在做什么没有意识,确切说来也就是没有进入到历史的维度中去。

所以,人同时是历史认识的主体和客体。正是从人出发,我们才得以理解自身的特征,得以领会科学和哲学。事实上,类似于本篇这样简短的论文,其目的也不过如此。本文不会提出一种历史哲学,更不会对从圣奥古斯丁直到斯宾格勒和汤因比的历史哲学进行一个回顾。像这样的回顾业已存在,而且,篇幅越短往往就越不尽人意。这涉及到理解历史哲学的起源、功能和特征。它与历史科学的区别在哪里?我们知道,历史科学的目的同样在于解释人类的过去。历史哲学是前科学时代的遗存,还是说,它对于那些不能不以全球性的眼光考虑自身的机遇,不能忽视世界性图景的文明是不可或缺的?

1

活着的人重新建构死去之人的生活,便成了历史;而这样做是为了活着的人。因此,历史生发于思想着的、痛苦着的、行动着的人探索过去而发现的现实利益之中。研究一位功泽当世的祖先,歌颂让城市诞生和繁荣的功德,讲述神意所造的不幸,或是因为人的过失而让繁华毁于一旦——集体记忆和个人记忆一样,从想象、传说或传奇出发,历经千辛万苦,开拓一条通往真实的道路。我们可不要被这朴实的印象所误导:记忆的可靠性并非人类早期所具备的美德。

历史科学始于(是不是需要说明这涉及到一个辩证的系列,而不是一个实际的系统?)对用想象改造过去的行为作出相反的回应。我们力图用最精确的技术建立或重构历史事实,我们修订年表,我们把神话传说本身当作用于了解传统的对象,并在此基础上了解催生它们的事件。简言之,引用兰克最为著名的格言就是,历史学家最高的野心是知道和让别人知道"wie es geschehen ist"——事情是怎样发生的。纯粹的历史真实,即是其最终而且独一的目的。

数代熟悉历史批评方法的历史学家付出努力而取得的显著成果,在今天是为我们所熟知的。得益于这些科学上的征服,且不说我们的知识还存在巨大的空隙,我们的文明有史以来第一次对大多数消亡了的文明有了一个全面的图景。它为自身定位;独立于诸多消亡了的文明之上,它知道自己的独特性和脆弱性。的确,今日没有历史学家能够掌控人类所积累下来的历史资料的全部。历史科学的胜利也是史学专家的胜利。越来越细的科目划分使历史的统一性趋于丧失。每个科目仅限于若干世纪的碎片,或是已经消失的社会的一个部分。但这种分散的研究方式意味着什么呢?这是科学的反面,或者更确切地说,是对科学的顺从(consécration):自然科学除此之外别无他途。百科全书的时代已经过去,每个科目都顺从于自己的界限。若干代历史学家在富有耐性的好奇心驱使之下,逐渐将消失于乌有但部分地受到历史遗迹和文字记录所固定的过去,在其各个具体维度、各个难以穷尽的不同视角予以重构。

我们当然不应该质疑科学方法的优点,或者秉着简单的怀疑主义去阻挠学术研究和精密解释方面必要的拓展。但如果我们忘记了,在第二次辩证,也就是采用科学方法进行努力之后,必然跟随着第三次辩证,也就是进行批判性反思,那我们将很难认清当前的历史形势。批判性反思并不像科学驳斥神话那样驳斥科学的努力,但却为科学努力决定界限和自身的价值。它表现为两种形式:尼采的*非实际考量*(*Considération inactuelles*),以及康德哲学在历史认识中的应用(狄尔泰,李凯尔特,齐美尔,马克斯·韦伯)。

虽然尼采的*非实际考量*已经受到多种方式的解释和利用,但其主导的观念在我们看来一直是有效的。它可以归结为这条简单的命题:重构过去并非最终的目的。它受到现实利益的启发,同样也指向一个实际的目的。活着的人在对已经流逝的生活的认知中不仅寻找求知欲的满足,也寻找精神上的充实或者期望从中学到教训。

36　　尼采的论文中让我们记忆最深刻的,是他那种**宏大的**(*momumentale*)历史观,因为它以直接的方式,与实证主义所认为的纯粹科学相对立。人与事件并不全都值得同样的研究,某些人或某些作品,由于其价值或模范意义,值得我们特别关注——实际上没有什么比这更显而易见的了。而且,尽管博学的要求是将所有事实当作有趣的研究对象,科学实践正是在这种意义中进行的。尤其像是在现实中插入价值的做法,它本身就驱散了纯粹和简单地复制过去事物的幻觉,体现了从当下到过去、从历史学家到历史人物、从古迹到怀古之人之不可避免也合理合法的联系。

此外,尼采并不否认博学、积累材料、严格考证原始文献以及确定事实的必要性和功劳。只不过,他认为这些预备的步骤是因为它之后的步骤,也就是真正的、宏大的、批判性的或者考古学的历史研究工作才得以正名的。历史永远为生活服务,为之提供典范,评判过去,或者将当前时刻在过去的历程之中定位。历史所表达的是当下与过去之间的对话,而在这对话中,当下享有主动。

尼采的这个理论具有严重风险,众人对之褒贬不一。它很容易就会滑入蔑视科学和真理的误区。它暗示着两派历史学家、两种历史之间的对立:一派历史学家满足于收集史料,另一派则从中领会意义。这个对立既是不符合实际的,也是致命的,因为历史这个有关具体事物的科学,它的实质在于,在独特的社会乃至事件层面重新发现意义——没有梳理出事实的解释是武断的,未经加工的事实是不可想象的。受康德哲学的启发所作的分析,好处就在于能够重建统一性(unité),提出一种实际的相互联系,一种逻辑必然性;就现行文化的志趣而言,尼采式的表述往往会让人们想到一种二元性,这虽然并非必然,但也在情理之中。

无需多少工夫,我们可以将康德哲学对历史认识的批判归结为几个主导的理念。如同物理学不是复制自然,历史科学也不是纯粹和简单地复制过去。在这两门科学中,人都介入到了一个不可理解的世界,并从未经加工的给定量出发对这个世界进行详细阐述。但如果历史学与物理学一样是一种重构的话,它这种重构的类型是完全不同的。物理学的终极目标是获得一个系统化的自然定律的整体,可以从一条推及其他条。历史学的终极目标,则在于获得由我们不可能再次看到的事件所组成的独一无二的序列,即社会和人类文明的历程。物理学追求法则,历史学追求**独特的事件**(*singulier*)。

从未有科学是研究一切真相的,每种科学都有自身的选择模式,从而找出那些值得解释的对象或者是那些可用于找出值得解释的对象的东西。从亚里士多德到爱因斯坦,物理学的选择一直是各不相同的。但自始至终,物理学都保有某种独特的特征。物理学家对于这块掉落下来砸死行人的石头并不感兴趣。他感兴趣的是物体掉落的方式;他的探讨并不按照空间—时间(比如在这个地点,在这个时间)秩序,而是按照抽象的秩序进行。这也就是说,他的探讨是理论性的,是从由复杂到简单而归结出来的结果(比如在真空中,在空气中,在自由落体时等等)。类似的归结简化在历史学领域是难以设想的。但是,如果没有选择的话,历史学的研究就会无穷无尽地继续下去。因此,我们需要解决的问题是,在不完全穷尽事实与时间的条件下,选择应该如何进行。康德的批判哲学用了价值的术语来回答这个问题。历史认识所保留的事件都与价值体系,也就是历史的著作者或者观察者所肯定的价值有关。这个价值的概念还有待于我们作更深入的分析。根据马克斯·韦伯所给的词义,它的含义与*利益中心*(*centre d'intérêt*)的概念基本等同。对于过去,我们记住的往往是我们有所关涉的部分。当下向过去提出的问题主导着历史学的选择。重新看待那些自我消亡的文明,也与激发人们研究历史的问题发生改变有关。

受选择之限,这种重新审视并不适合用浅尝辄止、一劳永逸的研究方法,而需要一种持续的历史学研究导向。这使得它更为深刻。选择并不在于记下或者忽略这些那些事实,它是一种确定的方法,用于建构事实、选择概念、组织整体、将事件或时段放入视角之中。出于同样的理由,我们认为,受康德所影响的哲学在这个问题上并没有确立知识的普遍有效性,而是提出了一种相对主义的解释。知觉(sensibilité)的形式、知性(entendement)的范畴,作为科学的条件,所能够保证的普遍性取决于它们对于所有人的价值。相反,历史认识所参照的价值或利益并没有普遍有效性,而是因时而异的。它们因而证明了这条已经成为经典的箴言:每个社会都有自己的历史,并随着自身的变迁而将之重写。过去绝对不会固定下来,除非不再有未来。

在这第三次辩证,也就是在更高层次上整合前两次辩证之外,是否需要构想出一种新的辩证?相对主义超越了传奇色彩和科学意志之间的对立,而是否还有超越于它的东西?我并不考虑这个问题。在我看来,为我们所获得的相对主义确定界限就足够了。

李凯尔特(Rickert),诸多受康德启发的思想家中的一位,使用价值的概念确定了这些界限。历史学的选择只对于那些接受其参照系的人来说有用,故而从这个意义上讲,它并非普遍通用。但是,从一种决定性的(甚至可以说是武断的)选择出发,历史学的其他步骤能够体现出一种严谨科学的特征,追求的是一种普遍有效性。马克斯·韦伯则更为具体也更为简单地指出:每个历史学家都提出问题,而他们的问题是自由选择的。问题一经提出,回答就完全取决于现实。即便对于历史事件的建构,都是由现时的兴趣所决定,事件之间的因果联系只有正确或错误之分(而不论获得证明的难度有多大,因此也与命题自身的概率系数无关)。除了这种假设的普遍性(从一个自由决定出发取得的普遍有效性)之外,李凯尔特认为,我们甚至超越了最初的相对性(这当归咎于选择的性质),比如说在根据自己的价值体系研究每个时期或者在阐述一个普遍的价值体系的时候。

不过,最后这种概念将价值体系的真理(也就是哲学的实质)凌驾于科学的真理之上。另一方面,普遍的价值体系必然是形式化的。然而,历史学家对现实所提出的问题,大多有明确而具体的时间。最后,根据一个后来时代的价值体系去阐述一个时代这个简单的事实,也在解释过去中引入了更新原则。那么,我们也就没有什么理由要求历史学家只使用社会本身的思考方式来对它进行重新思考(或同样地,在解释每个社会的时候,要求他们用每个社会各自的价值体系,而不是用它们以后的价值体系来解释)。历史学家是否永远不能完全摆脱自己和自己的当下,我们并不确定;即便能够做到,他是否应该这样做呢?正是在将过去与一个未曾经历过的当下相联系时,我们让它揭示出至今为止最为专注的研究也忽视了的秘密。最后,马克斯·韦伯所满意的假设客观性理论,虽然无疑可以适用于因果关系,但是它的基础,也就是对选择的理解,是过分简单的。如果说历史建构的整体是受到问题意识或者参照系价值的引导,那么,整个重构,因为带有历史学家决策的印记,必然会与某种观点,某种视角有联系;对于这种联系,在最理想的情况下,我们可以承认它是合理而且富有启发的,不过并非所有情况都是如此。

不过,历史认识的历史本身所表现的这种相对主义,在我们看来,如果得到正确的解释,对科学是没有害处的。我们对之所拥有的意识,标志着一种哲学上的进步,而远算不上是怀疑主义给我们上的一课。历史相对主义的界限,首先在于研究方法的严格性(我们用这些方法确定事实)和博学者必要而易得的客观性(仅局限于辨读文本或解释证据时)。其次,界限在于那些不完全的关系;从某些给定条件出发,它们可以从真实本身抽离出来。一个事件与其先行事件之间的因果关系可能带有部分不确定性,但并非实质上的相对性,因为这些先行事件各自的责任,可以在事后通过概率计算进行评估。一个行为与其原因,一个宗教仪式与一个信仰体系,一个哲学体系所遗留下来的问题与后来的体系所给出的解决方法,它们之间的关系适合于借助对象本身的结构来进行领会。这样说来,当历史学家不再追求一种不可能的超脱,承认他自己的观点,并随后开始承认其他人的视角时,他也就克服了历史相对主义。这并不是说严格意义上我们可以从一个视角转换到另一个:在这之间没有数字的常量或是可以计算的等量。但我们能够理解这些视角(甚至在它们看似相互矛盾的时候),并通过繁多的视角看到生活的一种表达,而不是看到它杂乱无章。

在我看来,纠正对历史相对主义的通俗解释的决定性观念就在于此。一旦我们不再根据一个超验的我的意图来解释对过去的认识,不再遵循一种教条的方法,重新将历史学家放入历史现实当中,并以这个现实的结构作为参照,那么从前的箴言的意义就会完全改变。过去的人类存在,其所拥有的含义和重重疑点,为我们的历史认识所共有。历史认识并不能够为社会和时代、为销声匿迹的文化赋予一个唯一的版本,这种唯一的含义,不论在人间还是在天国,都从来没有存在过。对过去连续不断的发现和重新发现,表现的是一场与人类本身并行不衰的对话,一场定义历史之实质的对话:集体和个人辨认出了自己,并在相互联系中丰富了自己。

2

人们通常把科学和历史哲学区分开来,因而增加了思考这个问题的难度。如果对过去的考察是由现实利益(即一些价值体系)所激发和引导的话,所有历史解释中难道不都有某种哲学吗?事实上,看出大历史学家未言明的哲学是可能的,而且已有了例证。一部历史著作,不论讲的是个人与集体之间的联系,政治单位或经济体制的相对重要性,观念相对于社会基础的依赖或独立性,还是不同历史因素的相互影响,我们都能从中发现一种理论,研究本身可能体现了它的一部分,但它也有一部分可能先于研究而存在并指导研究。往这个方向思考,我们倾向于消除科学与哲学之间的区分。前者发现,只有与哲学交融才能实现完满,而后者则发现,只有与事实接触,它才能取得具体的真理。

不过,这种同化在我看来严重忽视了一些差异性。所有历史著述中确实都有某些历史哲学的成分,但作者并没有言明这些成分。在实践中,这些成分往往会化简为研究工作的假设、探究的主题。相反,一种哲学则试图将这些成分尽可能清晰地抽离出来,从而可以将它们系统化。历史学家将这些成分整合到对过去的一个片段的解释之中,哲学家倾向于将它们用于解释整个过去。对于前者而言,真理也许现身于他们通过这些主导观念所获得的成果,但这成果同时也高于主导的观念。对于后者,观念也许是真理的实质、支援和保证。

因此,这里我们看到了两种对立的研究和思考方向。追根溯源,这种对立在我看来是双重的:一方面,对立在于对象的广阔性,哲学家总是指向整体,学者通常针对部分。另一方面,即使历史学家书写了一部普世的历史,并因此也向整体进军,他不大会超越事实,他努力从材料本身获取他写作的重要主线,他追求的不是确定人类演进的真理,而仅仅是过去的真相。

为了使这些抽象的评判更易理解,让我们跟随历史认识渐进的步骤,从部分一直走到整体。这些步骤彼此之间相似。我们通常说历史哲学是在解释整个人类过去的意义。不过,不论是研究一个事实的片段(如坎尼会战)还是一个庞大的事实(如一个文化的演进),两个本质的和互补的步骤——"整体构成"(constitution des ensembles)和"意义决定"(détermination du sens)——都发生着作用。

42　　讲述坎尼会战的历史学家这样告诉我们:在第一阶段,罗马人的步兵猛攻迦太基军队的中央。但他并不仅限于描述一个运动,也就是步兵的冲击;他为这事件附加上两种意图,使我们能够理解它:一个是汉尼拔迫切地希望包围罗马军团,另一个是罗马人急于冲破敌人的阵线。在这个简单的例子里,把握一个行动或一个历史事实的意义,也就是去重新发现行动者的意图(或者更进一步,用现象学的术语来说,他们过去经验的意识内涵)。

上面所选的例子尤其简单。行动者(至少汉尼拔如此)意识中的意图基本上每一步都和战争的发展相吻合。这个巧合的原因首先在于军事首领的意图具有十分理性的特征。军事首领严密地安排一系列手段,就是为了实现最终的目的,也就是操纵自己的军队夺得胜利。巧合的原因其次在于一种意志战胜了另一种,也就是迦太基人的意志战胜了罗马人的意志。让我们假设所解释的行动是战前对牺牲品的献祭:那么我们要寻找的意义,也许就是这种仪式在信仰体系中的意义,因为它使我们能够理解这个仪式。就此,我们看到了历史意义的多个模棱两可之处,仪式本来的意义和现在的意义,真实的信仰或对其重现的怀疑等等。历史学研究的很大一部分工作是更新这些暗含和叠加的意义,清楚地解释各种意识对它们的行动所包含的含义所持的态度。社会活在传统之中;历史学家则努力理解这些传统。

另一方面,一个行动者的意图被纯粹地、原封不动地展现在现实之中是很少见的。大多数时候,一个人的意图会因与抗力接触而发生偏差(人们常常缺乏应对的必要手段),它受到其他行动者的意图影响(作战计划并非只有一份,而是有两份),而非理性的冲动让行动者自己忘了他们真正的目标和所要采用的手段(恐慌控制了军队)。简言之,事件和意图相吻合是特例,相互不一致是常态。政治或军事史注意意图的交错,有些意图联合起来,另外一些相互对立;现实满足了一些,也让另一些失望。政治或军事史通过参照行动者曾经的思考来理解过去,它通过重构行动者在具体情境下发现自己所面对的历史遗留来理解他们所思考的东西。

在这个低级的层面,我们就已经觉察到意义和整体的相互联系。实际上,战争并不是一个以物质次序排列的时空整体。行动者或观众为其赋予的意义才使之成为一个统一体。就坎尼会战的例子而言,我们非常容易看出事件的时间和空间界限,以至于我们很容易忘记,战争可以任意分解为无限的个人行为。但是,如果我们想一下 1914 年的边界战争或是 1941—1944 年的俄罗斯战役,我们就可以证据确凿地看到,事件是一种精神的建构,或多或少都铭刻在历史真实之中,因为无数行动者自己作为一个整体经历了这个事件,但是事件的边界是飘忽不定的,可以依观察者的兴趣而进行修正。

如果整体是根据意义而得出的,意义则也是根据整体而得出的。每个具体躯体的活动,正是被置于战争的整体中,我们才得以理解。正是通过将这场战争放到布匿战争的进展当中,我们才能够理解其缘起和后续。正是通过将布匿战争放到整个古代历史的进程中,放到争夺地中海世界霸权、放到帝国的动荡和权力均衡的背景当中,我们才得以理解布匿战争本身的意义。在各个层次上,不论我们面对的是一个事件的片段,受战场或日期的限定,抑或是一个庞大的事件,如罗马帝国或者地中海世界,历史学家设计了各个单位,抽取出一些意义,这是重构过去典型的双重步骤。

没有什么比严谨地分析(从较高到较低的层面)整体的不同类型更有助于同时推动科学逻辑和历史哲学的进步。也许整体之间有巨大的差异,如马拉松战役和中世纪,但是要具体指出这些差异并非不可能,差异更在于程度而非本质。

44   我们说,"马拉松战役"这个整体是将某一天在一个空间十分确定的地点所产生的事实进行归类的手段;"中世纪"这个整体是将这期间数个世纪的历史组织起来的手段,而不是将具体事实和整体关联的手段;它允许我们强调这段时期的某些特定方面,从而摘取真相的一个部分,同时也忽视其另一个部分,或者至少是不让次要的部分喧宾夺主。换言之,第一个整体可以用于归类,第二个则用于选择和确定方向。但是这个对立并不是绝对的。在那个著名的日子,希腊或波斯士兵的意识中究竟发生了什么,这已经完全不见记载了;我们是根据战争、各方的计划、军队的对抗、雅典公民的胜利来记住这些事件的。换言之,选择和取向同样存在于整体之下的各部分当中(虽然它们对其影响有所减弱)。

我们会说,行动者即是如此思考这场战役的,而中世纪是追溯过往才得出的概念。确实如此,但是,对希波战争的思考已经不那么清楚,而且,如果中世纪不能如此设想(因为它是由它的未来所定义)的话,那么罗马帝国之后的时代的观念,会使那些在帝国实体消失许久以后,仍然与帝国的观念牢牢联系在一起的意识烦扰不已。因此,历史学家确实是时而记录整体、政治构成或历史时期同时还有他所重现的过去的名称,时而将这些投射到已逝去者的存在之上。但是他从不会研究甚至未曾被过去的人草拟下来的整体,他推敲的总是那些为他提供文献的整体。

在这个例子里,静态整体和处于发展中的整体之间有本质上的对立。只有理解其前人和来者,理解古典世界和现代,才能够理解中世纪。一场战役,一种类型的国家组织,一种经济体制,我们可以根据它们各自的原理来理解它们本身。此外,还有很多地方值得细分。人之间、观念之间、物质力量之间的关系构成了一个经济体制的统一性,而这些关系既不能在一个政治整体,也不能在一个文化整体中找到。一种纯理念的整体,例如一种宗教,拥有的是另一套结构,另一种持久和转变的模式,而与真实的整体(如资本主义体制)不同。

从我们所处的角度,也就是从为了找到科学与历史哲学之间的边界的角度看,本质问题即最为广阔的整体的问题,也即文明(或者用斯宾格勒的词汇"文化")的问题。更确切地说:历史学家在试图抓取人类过去的整体时,描述了一个包罗各种极端不同的现实、各种未曾有过有效联系的文明的统一体;当他这样做的时候,究竟发生了什么? 在我们仅局限于现代西方文明内部时,我们有种未曾离开某种历史统一性的感觉。这种统一性可能是含糊的,其边界可能是不明确的,古典世界向中世纪,或中世纪向现代的变迁可能难以觉察,历史学家也许可以随意地将分界向前后推移——这些是每个人都承认的。这些不确定性与现实以及历史认识不可分离。克服这些不确定性,最好的办法就是置身于所考虑的时期或文明的内心,并步步追溯,直到有区别的特征消失,我们能够觉察到另一个迥异的整体为止。

但是,当历史学家倾向于一种全球史或一种不同文明的比较史(或社会学)的时候,两个新的困难出现了。如何限定斯宾格勒命名为"文化"的高级统一体? 我们当如何定义"文化"? 我们能数出多少个"文化"? 另一方面,我们是要仅限于将诸多"文化"并置起来吗? 而如果我们试图将它们整合到一个独特历史的整体之中,我们将从何处取得进行这种统一的原理?

在此层面上,精神似乎易于进入两条有分歧的路线。或者,它试图从真实本身之中抽取统一体、其演进的节奏、每个统一体的根本性质。或者,它试图通过从过去获取一种有关人类的整体哲学来捕捉过去的真相,而正是这个哲学的真实性确保了它就过去所提出的解释的真实性。前者是斯宾格勒的做法,后者是黑格尔的做法。要么,整体(也许有多个)是真实的,要么,整体首先是真相的整体,即便真相不断在历史中变动。

也许,我们会观察到,即使是以反映真实为目的的普遍历史,也有哲学抉择的介入。什么东西会在这种历史中找到一席之地?帮助我们解释"文化"的最为具体的那些不同体系意味着哪种抽象的价值体系?某一种哲学暗含于所有普遍历史之中,而且这种哲学总是既由文献所暗示,又投射到文献之上。尽管整个斯宾格勒式的普世历史或者不同文化的比较史,相比一种历史哲学而言既雄心勃勃又谦虚谨慎。更雄心勃勃的地方在于它试图在事实本身中读出过去的主线;更谦虚谨慎则在于它并不明确地想要触及有关人类的真相。

有待思考的是,一种真正的历史哲学是否比伪装在经验外表下的这些哲学更为诚实且更有教育意义。为了让人类的过去成为一个整体,为了能够解释其意义,历史学家—哲学家难道不应该认识人类及其过去的真相吗?正是与精神的自由(它是自觉的),或者无阶级的社会相比,过去才构成一个整体,城邦和帝国荣耀而血腥的前仆后继才有了意义。

3

马克思主义是唯一一种我们刚才所区分出的最后一种意义上的历史哲学,即它是根据一种形而上学来整体地解释人类的过去。今日,马克思主义对西方文明施加了广泛而深远的影响。此外,大部分信奉这种哲学的人,早已忘记了他们的信仰来源于黑格尔的哲学,将辩证唯物论嫁接到科学和事实的层次上,使他们的哲学降格为一种辩护性的意识形态。

相反,普遍历史或者"文化"的比较社会学、斯宾格勒或汤因比式的经验论历史哲学,它们的意图似乎是我们这个时代的原创。尽管被历史学家所排斥,它们仍然影响了我们当代的历史意识。

这场交锋对我们来说是具有启示意义的。唯一一个有关历史上的人类统一性的哲学出现在上个世纪。不能归约的多元性的哲学是今天的产物。在我看来,这条简单的陈述如果能得到正确理解的话,向我们揭示了最近历史哲学在西方思想中的典型处境。

某种意义上说,历史哲学的衰落是进步的对等物。而与此同时,科学(即对现实细致而耐心的探索)也对传奇或图解式的表现进行了去伪求真的工作。以前从没有任何一个时期的人能够看到如此的多样性,能够掌握如此丰富的政治、社会、经济经验,能够拥有如此多的有关人类行为的各种秩序(个人的和集体的)的证据,从而知道不同制度是同样可能、同样可行、同样短暂的。不论是民主向暴政转变,还是私人首创向行政组织转变,过去向我们提供即时的例子,它们在历史学家和行动者的召唤下,重新获得生命,为我们提供自相矛盾的经验教训,供我们自行取用。

人们所认知的过去不断扩大,历史知识也不断积累,这使得哲学普及者对问题的简单化、昨日仍将我们的文明作为**文明的**

模范和判断标准的人天真的傲慢受到了应有的质疑。普遍历史或文化的社会学延长着这个运动。既然不同社会体制、政治制度、世界观有不可化约的多元性,历史学家就应该致力于从特殊性中理解每一种形式,发掘激发性的冲力和每个大单位自身的资质。迈内克(Meinecke)所说的**历史主义**(*Historisme*),也就是关注人类在过去许许多多世纪的存在和所创造的无穷无尽的成果的意识,无疑是我们的历史意识的一个本质特征。

一种多元论哲学被嫁接在这种无可反驳的多元性之上,它大大超越了所有给出的事实。斯宾格勒在向我们展示各自封闭、不能相互交流的"文化"时,他对多元性意义上的经验的超越,与历史哲学在统一性意义上对之的超越相仿。我们已经证明,所有有关过去的全球观,不论它自称是经验性的还是形而上学的,都与解释者所选择的视角有联系。斯宾格勒选择了将各种"文化"对立起来,他将之推进甚远,以至于如果按照他的字面意思解释,他的理论甚至会排除他写这样的作品的可能性。如果文化是无法理解的,那为何唯有斯宾格勒能够理解所有文化呢?

多元论哲学有一种更为灵活的形式,至少在人类丰富性的演出以及对非理性成分(情感、宗教信仰、艺术风格)的关注上体现出来。从我们将永恒和神话、艺术的迸发,还有进步和知识、权力的蓬勃联系在一起的时刻起,历史就不可避免地被拆分成无数种人性,每一种人性都有某种感受、生活和想象广阔宇宙的方式。

从这个推论我们得到的是一种坚决否认历史统一性的历史哲学。从过去当中我们能够看到的仅是存在物的劣化,对于它本身我们可以外于时间而加以理解。如此,历史学被分解为一种组装的过程,对象是多多少少具有偶然性、多多少少受因果关系而连接在一起的事实。历史的整体并不存在。整个历史长河中都没有人或观念的实现(réalisation)。这样一种对历史的否定(这多多少少是古代思想的主要特征)并没有显示出精神上的危机。人们在宇宙中寻找秩序的原理,在其实质的实现中找到它永恒的终点。但现代多元论哲学对历史统一性的否定具有另一种完全不同的性质。它并没有将历史的整体归结为一种混沌状态,个人或集体可以在其中自由地开辟道路或履行使命:它承认各个历史整体,每个都是真实的,每个都约束着构成它的人。每个整体根据自身的存在而生灭,有如昙花一现。人类难以摆脱这种历史的束缚,它没有目的,没有全球统一性,但却有部分的统一性——这就是多元论的教条哲学,它正影响着我们的历史意识。完全的整体不会存在,更不用说完全的意义了。

相反,马克思主义则通过赋予所有真相一种意义而将之抽离出来。人战胜资本主义,建立一种个人与国家、个体与整体交流无中介的社会,重新获得他所放弃的权利,从而达到自由王国,完成自我实现。在这种人类演进中不可或缺的一系列社会体制将会在整体历史(histoire totale)中获取一种意义(这里所说的整体,并不是说它包含了一切事实,这是荒谬的。它指的是,它将一切事实与人类的真相联系起来)。阶级斗争(它本身就与生产关系有所关联)使历史学家能够捕捉到所有时代、所有社会的真相。这并非因为像某些实证主义哲学所想的,生产关系决定一切(这是难以置信的)。其原理在于生产力的发展、生产关系和阶级冲突允许历史学家确定辩证的诸阶段,也就是人类逐渐获得自由的进程。

马克思主义,不论它还有多大的历史影响(而且大多是以庸俗化的形式出现),在我看来已经是属于过去的了。它的乐观主义属于19世纪。归根结底,它没有对它的发展或依仗于它的历史学训练的发展所引发的问题给出回应。

近代,西方文明的重大创造在于制订了实证科学的原理,然后设计出了工业技术,人类从此确保了对物质和对自己所拥有的权力。历史乐观主义与对科学的信仰,或更确切地说,对科学之文明开化作用的信仰是联系在一起的。知识应当在智慧中闪光。人类,自然的主人和所有者,也同样应当成为自己的主人。在征服万物之后,人与人之间的和平也许会自然形成。

马克思主义哲学当然不承认单线或宿命演进论。它表示,为了克服矛盾,进行斗争是必要的。它甚至并没有明确地讨论进步。但它的信徒对它的解释赋予了它同等的内容:科学和生产力的发展有效地促进人类的解放,其前提条件只有一个,即在某个给定的时刻,资本主义体系会被摧毁,公有制社会建立。换言之,马克思主义认为,人类会在成为自然的主人的同时成为自己的主人,前提是有一场革命将权力交给组织起来的工人阶级。

然而,单个国家的社会主义经历至少表明了,各种形式的剥削并没有随着资本主义剥削的消失而消失。它表明了,继市场和私人主动性之后,官僚暴政是一种可能出现的体制模式。它表明了,对人群的操纵,结合对自然的操纵,可以让领导精英享受某种绝对权力,旧日的国王或专政者的权力,在它面前就像手榴弹对原子弹那么微不足道。

历史多元论哲学的上升和一元论哲学的衰落在我看来同是当前形势的特征。自从奥古斯丁开始,一元论哲学就在帝国或社会体制的交替之中寻找人类上升的阶段。分布在地球上的人类从未有过如此高度的统一性。在科学——西方的骄傲及其不可抗拒的力量的源泉——面前,远东古老文明的围墙崩塌了,机械化的文明经过费力的战争,在这个星球的各个地方取得了胜利。但是,自西方不再确信科学就是智慧之母,不知道是否它自己也沦为自己的创造物的受害者以来,西方就一直在自问,相比它所摧毁的东西,它是否真的更喜欢它所带来的东西。它悼念特立独行的存在所具有的魅力:没有机器的噪音,没有高耸的烟囱。

当有效地统一起人类、科学和产业的力量不再能够激发上个世纪的那种自信时,普遍哲学也就受到了动摇。如果西方不再相信它最恢弘的成就的效力,它也就不再相信自己。丧失了宇宙和历史,人们发觉自己与上帝不再有独一的联系。不管这会是消极的抑或是积极的,基督教或无神论的存在主义都是危机的结果:人丧失了自然和历史的秩序,而只有孑然一身、赤身裸体地面对一个神秘的命运。

因此历史哲学的缺失和需要同样是我们这个时代的特征。人类意识到自己参加了一场冒险，在其中摆弄着自己的灵魂和存在。人类不再会向进步或历史这种虚幻的神明献身。滋长人类怀旧情结的，并不是对简易的阶段进化论的遗憾，因为这已经被学识的增长所破除。人类接受了一个实质上尚未完成的探索所必需的耐心和漫长的时间。人类开始思考，开始选择自己的未来。

第二章　历史意义的概念

53　　我们所有人都历史地思考。不论是思考有关法国的命运还是相比之下不那么重要的阿尔及利亚政策问题,我们都会自发地从过去中寻找先例,力图在变化发展中为当下的时刻定位。法国是否正在重走导致西班牙走向衰落的老路? 非洲的诸多民族主义运动是不可抗拒的吗? 它们会不会将黑非洲推向混乱或共产主义? 它们会不会使亚洲的小小头部——这片东面受到苏维埃帝国的威胁、南面受到伊斯兰复兴所拦截的土地——遭到孤立?

我们的政治意识(conscience politique)是,而且不可能不是一种历史意识。半个世纪里的权力关系,发生了其他时代从未有过的翻天覆地的变化。在本世纪初尚为国际政治中心的欧洲,受到两次难以平息的战争的撕扯,丧失了它的权势,并在很大程度上丧失了它的独立。我们的历史意识不可避免地有我们的经验的烙印。文明的不稳固性在我们看来变得是显而易见的。

不过,如果我们相信一种空洞的对未来的焦虑是决定我们历史意识的唯一因素,这会是错误的。我们还需要考虑至少另外两种信念或经验:科学进步所赋予人类超乎寻常的生产能力(但是——哎,也是破坏力),这让人们惊叹不已;事件(战争或革命)似乎为社会组织和人类行为模式带来了深刻转变,这让人们赞叹不已,不过这赞叹通常是出于担忧而不是自信。我曾在德国经历了1933年那几个悲壮的月份,一周接着一周,柏林的街道不断被棕色制服所占领,那些半个世纪以来为文明的社会主义投票的工人似乎神奇地消失了,一个奥地利下士嘶哑的嚎叫,在所有高音喇叭中发出回响,淹没了继承着一个伟大传统的文化人的声音。

即便我们可能并不属于一个基督教所组建的文明,也有可能,在20世纪中期的我们,难以像古希腊人那样思考,在事件中仅仅是看到理念或宇宙并不完美的映像。但不管怎么说,我们更倾向于借用修昔底德而非柏拉图的构想。正如修昔底德曾寻找我们所说的伯罗奔尼撒战争这个巨大整体的秩序和统一性一般,我们也在质问我们这个世纪,期望能够捕捉到使它摇摆的深刻力量,它也许是主宰着骚动的法则,也许是个人和集体的本质中恒定的特质;它让我们得以用同样的话语去理解这些可怕而无益的战争,这些要求推翻那些推行相反原则的制度的革命。

换言之,是我们的经历本身迫使我们为军队、法律、城市和体制的不定命运,为一直以来备受哲人和编年史家所思索的战争和革命、辉煌与衰落的交替赋予重要性和意义。

不过,如果需要的话,我们可以回顾一下修昔底德的观点。它足以让我们想到,历史意识在现代历史哲学中所体现的形式并非我们这个时代的灾厄所造成的纯粹而简单的结果。伯罗奔尼撒战争,这场打到战力耗竭、雅典失败的战争,修昔底德将之归结于人类天性中永恒的激情。他的这部历史并没有预先写下斯巴达人的胜利,帝国主义并不是对雅典人的道德谴责,而如果在某种意义上,这座荣耀的城邦要对自己的毁灭负责的话,这种责任与指挥官失误导致军队的战败抑或与愚蠢的人受到统治和荣耀欲的驱使,最终挑起与他所蔑视的城邦联盟的战争所负有的责任相当。

也许,对修昔底德的回顾,作为对比,为我们分析当今所命名的"历史意义"(*sens de l'histoire*)给出了一块敲门砖。实际上,从基督教和马克思主义给这个概念赋予的意义来看,修昔底德并不知道什么是"历史意义"。伯罗奔尼撒战争的结果,是好是坏要由观察者的喜好来定,能为之解释的理由似乎无穷无尽。斯巴达是为希腊诸城邦的自由而战,而雅典的帝国主义正是对这种自由的威胁。雅典像对待附庸国一样对待自己的盟友,这让它的面目变得可憎。历史学家倾向于认为人总是会滥用他们的权力,他们受权力意志的驱使,作威作福,使得友谊难以维持下去。诸多文明所经历过的这些悲剧的动荡,正是源自人类的内心。也许,因为统治欲和强者统治是不可避免的,这些动荡可以说是同样无法避免的。但是,这种宿命是镌刻在人类天性之中的,不会发生改变。伯罗奔尼撒战争终结于某个日期,雅典的投降是战争的终点。但对于善良的人而言,这并非他们所想要或应该要的一个有意义的结束。战争结束,人类仍然自行其道,他们没有穿越制度发展中的任何一个阶段。可以将伯罗奔尼撒战争当作一场悲剧来理解,一系列审慎的决策、错误的估计、非理性的冲动和偶然性决定了它的进程。我们最终找出了命运的主线,它似乎外在于无数行动者中的每一个人,因为它是他们的竞争、他们的战斗的结果,它可以理解,但并不合理。

相反,如果站在事后回顾,人类历程的终点——比如无阶级的社会——似乎与这场长期的戏剧中,演员们自觉或不自觉追寻的目的相同,我们会说历史有一个意义。不论是顽固捍卫生产资料私人财产权的资本家,还是反抗剥削的无产阶级,都不知道他们共同绘制的成果。他们同样是自己的激情的玩偶,就如修昔底德所看到的那些行动者一般。在这混战之上,一个引导历史的天意(Providence)并非不可或缺。任何人都无法认识终结,但如果它预先就能得到所有人的理解,也就成了所有人的追求,并自发地、必然地从个体和群体之间的行动和反应中浮现出来。

分析至此,难免要提出反对:为什么历史没有一个意识的指引,却走向了一个可能符合天意的目标?如果在一个无阶级的社会里,人践行了他的天职,发现了历史和自己的奥秘,为什么一个不受任何人控制的历史,一个由斗争中的个人和阶级所决定的历史,会**必然无误**地朝这个终点走去?为什么人类历程总应该有好的结束？对于这个问题，我们通常的回答是，历史哲学是犹太—基督教观点的世俗化。当然，真正的基督教哲学拒绝赋予兴替的帝国和体制以一种绝对的意义。基督徒只通过参照超验真理为一系列事件找到意义。对于基督徒而言，真正有关个人的历史，并不关乎事业和荣誉，而关乎灵魂与其造物主的关系。对于基督徒而言，真正有关人类的历史，并不是记录帝国与城邦、民主和专制的来龙去脉，真历史的格律是由一个事件所定下的——基督的降临；这个事件发生于某个日期、某个地点，但超越于各种政治或经济史的事实之上。在我们之前，是基督的降临，在我们身后，是时间的终结，这就是宗教意义上人类的历史，在信徒眼中，它是世俗历史的真实意义。

如果严格说来，基督教的（也就是超验的）历史意义否认事件的序列有绝对的价值，事实却是，基督教的观念总是受到异端或内在论的解释。千禧年论者相信基督的回归，相信一个千年的王国。上帝王国并不存在于内心深处，而存在于某个物质充裕或者正义的体制之中。我们从基督教的历史意义滑向世俗意义的方式有很多种，比如，我们把某个未来的日期看作历史的终结，或者，我们期待只有心灵纯净或神恩才能保障的制度。

不过，希望（espérances）或基督教异端的世俗化必然是有关历史意义的世俗哲学的唯一来源。从某些角度来看，近代乐观主义的历史哲学，尤其在法国，是作为一种与基督教表征、悲观主义的历史的对立而形成的。当时的人们相信进步，因为他们相信理性与科学造物主般的力量，因为他们相信人类的善、人类自我统治的能力——也就是自我创造的能力。也许有人会说,像马克思主义这样的哲学与孔多塞的进步哲学相差甚远,这个我们并不否认。马克思主义哲学用灾难性的启示拒斥了进步,因而也就减轻了其乐观主义。用我经常使用的表述来说,它讲的是一种灾难性的乐观主义。而且,马克思主义并不指望通过教育和科学实现一个人道、正义的社会。它认为残酷的阶级斗争是历史不可缺少的发动机。同样,它确定了人类历程的主要阶段,以某种生产力发展状况作为每个阶段的标志,用体制内部的矛盾解释从一个阶段向另一个阶段过渡的原因。最后,它希望社会主义革命的到来,清除最后的矛盾。

这不仅仅是说,历史的总体趋向由生产力的发展所决定,因此也就是由科学认识及其在工业上的应用所决定。无阶级社会将会是历史斗争的最终点,因为贯穿这些斗争,人类对自然的主宰逐渐推进。马克思主义的构想中并没有向永无止境的目标不懈前进的运动,因此它并非一种进步的理论。它宣告了终结史前时代(如果说不是历史时代)中的矛盾对立的方案,因而也是一种辩证的理论。但是,马克思主义这种辩证的动力,和进步哲学中的一样,出自于理性,也就是科学和工业。

像人们通常那样,只凭借犹太—基督教的千禧年王国或上帝王国观念,是不足以理解马克思主义的。作为基督教希望的世俗化形式,它是进步理性主义的一种辩证的版本,它用某些具体的事件(可能的,或者真实的事件,比如集体所有制、无产阶级专政、生产力的发展)来定义人类历程的终结。

康德哲学的批判适用于自然科学。而对于一种适用于历史思想的批判来说，历史意义的概念会引发三重的讨论。当下对历史的意义的解释，来源于黑格尔和马克思主义哲学，历史的意义既是历史的必然结果，也是人类使命的实现。我们质疑这两者是否一定是同时的。我们能否保证决定论会自动实现人类心中所呼唤的愿景？一种物质或情感上的必然性，为什么又同时会是大善的造物主呢？或者，我们可以更具体地发问，为什么无产阶级和社会主义的胜利是预先决定好的？

这个初步的讨论引发了另外两个讨论：历史的未来究竟在多大程度上可以为我们所预知？在未实现之前，行动者所知道的未来究竟有多少确定性？这里我们没有足够的时间分析历史的因果律，我想我在《历史哲学导论》和《知识分子的鸦片》中已经简要地予以阐述，在这里我将仅仅复述一遍主旨思想。

在理论上，捕捉延伸到未来的一种因果联系，并不比捕捉过去所观察到的联系更为困难。过去和未来，本身就是同质的。我们的预见能力与解释能力是齐头并进的。因果必然性使我们有预见的可能性。但是，在所有科学，当然也包括历史科学中，我们只在孤立的事实之间确定因果关系；这些事实产生于它们的环境，而整体之间的关系则不是这些科学的考虑对象。就历史学而言，我们在孤立事件之间确立的因果联系具有不确定性、模棱两可的可能性最大，原因有很多：因为这些事件没有得到完备的界定，因为事件的序列从不可能完全被分离开来，因为外在的现象可以调整、扭转或打乱事件预定的进程。局部的历史预见——比如体制会不会被一场革命所推翻——与在事后对革命进行解释是同样的不可靠。

历史意义的决定论解释所宣称的那种预见应当是全面的。它不会满足于确定孤立事件之间的必然顺序,而是要把历史的整体收入囊中。历史演进也许确实有某些趋势,比如说,在经济—社会秩序领域,我们可以看到的倾向有城市化、"大众化"(massification),国家经济职能的扩大,西方民众生活水平的提升等等。但是,把趋势推及无限则是非常莽撞的:原材料的枯竭可以终结经济增长;未来某个阶段的科技水平(我们现在还没有遇到过)可能要求人口分散居住。如果向某个先决方向运动的连续性并不是必然的,我们又怎能宣称社会主义或苏联的必然胜利呢?事实上,社会主义中算得上是必然的部分,不仅在苏联,在美国也同样能够找到,甚至更为明显,即生产力发展和城市工业人口集中化所带来的社会主义元素。

如果预知全球的、必然的未来超出了人类知性的禀赋的话,那么,如何决定史前时代的终结,即如何确定在某个社会中人类的天职已经完成,可以有另外一种方法,不过会让这两个术语几乎同样具有欺骗性。或者,我们用一个非宗教的、没有神秘和奇迹的事件定义史前时代的终结,并且,这个终结是人类能力所能及的;但我们要自问,为什么我们要美化一个平庸的历史片段:例如,如果说共产党当政或者生产工具的国有化打破了人类事务的正常运作,哲学家(不论褒贬)为这个事件赋予的巨大特权不由得让我们惊讶,因为这个事件并没有从根本上解决人类数千年来与之作斗争的那些问题。或者,我们用某些极端的新事物定义这个裂变:人类全面主宰了自然,生产力的发展足够让阶级之间不再因收入分配而斗争,物质条件极其充裕。在这种情况下,公共生活的问题毫无疑问并没有被解决,而是改变了。声望和权力将会是群体、个人之间斗争的导火索,只不过集体资源分配的问题不再会引发竞争了。但是,没有任何经济或政治革命能够承诺在很短的未来让物质条件极其丰富,所有经济体制,不论是资本主义还是苏维埃式的,只要能提高劳动生产率,就有助于我们向这种状态靠近。

不论我们所考虑的这另外一种方法如何命名,我们没有任何理由为工业社会现有形态中的一种赋予特别的地位。我们可以讨论生产工具的个人所有和集体所有分别所具有的优点和不便:不论哪一种所有制,它本身都不足以保证集体劳动的人道性和效率。同样,对于中央计划的结果,可能是褒贬不一,但是消除市场机制并没有提升所有人的平等与自由。社会主义没有发掘出之前意想不到、未曾利用的财富。权力的主人,企业的管理者,不论在资本主义还是在社会主义体制,不论在昨天还是今天,都需要用严格的集体组织纪律管理劳动者,激发斗志,分配收益,防止懒惰,惩罚疏忽。西蒙娜·韦伊(Simone Weil)在讨论马克思主义的论文中看到了这一点:现代工业所体现的非人性并不应归咎于所有权的状况,而应该归咎于收益的分配权,这是任何体制都无法回避的。

可能但平常的事件,或者宏大但遗失在未来的阴霾之中的事件,它们的取舍,因为 20 世纪的历程驳斥了马克思的马克思主义典型的历史观而变得更为明显。马克思曾试图将历史的两种解释合并在一起,一个是用阶级斗争和无阶级社会中斗争的最终消解,另一个是用生产力的发展来解释历史。但是,这种综合要求生产力的发展和阶级斗争的辩证协调一致,换言之,社会主义革命应当在生产力发展之后,在资本主义框架下不可能继续发展之时才爆发。不过,这种生产力的发展,或者可以说,美式资本主义框架下的持续经济增长,还有社会主义革命,或者所谓的这种革命,在生产力发展之前就出现了。因此理论上也就没有什么还能规定革命后于资本主义成熟,而且经验证明,苏维埃式的生产力发展方式,不仅没有减轻马克思归咎于资本主义本身的罪恶和痛苦,倒反而加重了。

这些有关历史意义的概念的难题,或是批判性的,或是历史性的,让我们得以理解对这种哲学的各式各样的解释。正统的,也就是斯大林主义的解释,是通过命令和灌输来克服这些难题的。苏维埃革命成了无产阶级革命的典范,也因此,无产阶级的历史使命转交给了共产党。马克思对社会主义提出的条件、生产力的发达是否实现,就变得无关紧要了。社会主义是不可避免的。历史的法则确保它会登上历史的舞台,而且这种社会主义符合无阶级社会的理念。人们发觉这种浅薄而自相矛盾的哲学,只有通过禁止非议才能维持下去。

存在主义哲学家,虽然其思想本质上是个人主义的、似乎排除了一切的真实,但也同样探寻过历史的意义。阅读他们的著作,我们再次发现了我们之前已经分析过其主要构成因素的或然性(problématique)。梅洛-庞蒂(Merleau-Ponty)先生在写作《人道主义与恐怖》(*Humanisme et terreur*)时,承认最终或半最终状态可能与人类的使命相一致,但不一定是必然的。但是,在他看来,无产阶级是唯一真实的主体间性(intersubjectivité),是唯一能够实现无阶级社会的阶级。从这里衍生出了苏维埃政权的专长,也就是把恐怖作为解决人类共存问题的激进手段。也许,苏维埃政权并没有在创造这样的同质社会,即唯一得到良知所接受的社会。它也没有试图创立这样的社会,因此也就像相比之下也许没有那么暴虐、但却冷漠无情的资本主义社会一样,不能获得人们的宽大对待。

这种推理模式承认了有关历史意义的哲学的一半内容(包括终极体制、无阶级社会的观念,并在这种社会的实现过程中,为无产阶级赋予特殊的职能,在生产工具的集体所有制和无阶级社会之间建立联系),但否定了另一半内容(这个终极社会不是必然的,确保人类向这种社会过渡的历史法则不存在)。

八年之后,梅洛-庞蒂先生在《辩证法的冒险》(*Les aventures de la dialectique*)中越过了外围的步骤,逐渐回到了客观的判断上。苏维埃革命与其他国家的制度之间,不再缺少共同的评判标准,它是众多革命中的一个,是众多经济体制中的一种。一般性的理论可以具体地指出这种组织相比于其他组织所具有的优点和问题。一位杰出的哲人需要十多年的冥思苦想,才能让自己和他的门生相信常人从来没有质疑过的命题的真实性。

梅洛-庞蒂先生认为苏维埃的事业应该像其他历史上的事业那样受到评判。不过,让-保罗·萨特先生不同意他的看法。我们且听他是怎么说的:"不论人们是否乐意,社会主义建设在这一方面享有特殊地位,我们要理解它,就应当赞同它、接受它的目的;一言以蔽之,我们应当以其所欲为名评判其所为,根据其目标评判其手段——尽管对于其他所有事业,我们是根据它们所不知、所疏忽或者所拒绝的方面来评判的。"

让我们努力地去理解这种令人震惊的思想方式。既是历史必然也是人性的实现的终极阶段不复存在。革命的所有插曲也无法再用言语来粉饰:人们注意到了这头嗜血的怪兽,人们谴责苏联干预匈牙利。但是,社会主义的特权,考虑到推动它的意图,是仍然存在的。人们根据错误或者不足评判资本主义,而最终根据终极意图来评判社会主义。至此,这个反衬的荒谬性已经显而易见,唯有通过哲学才能对此作出解释。人们的哲学预设是,生产手段的集体所有制、无产阶级的专政构成了走向人道主义社会的唯一途径。历史意义的概念已经贫瘠了、走样了:剩下的只有它的残篇。人们继续把一个公平社会的降临看作是某个人类群体的成就,一种所有制关系发生剧变的结果。这也就让某个阶级、某个政党、某种经济组织技术获得了特权。当一个事件揭示了这种技术的破产或者这个政党的丑恶,愤怒的人们却没有在两种相互矛盾的解释之间作出选择:人们将斯大林主义的恐怖解释为工业积累的需要;将后斯大林主义的恐怖,解释为苏联人仍然停留在斯大林时代的做法,而没有跟随工业建筑的发展而前进。在这个时刻,有关历史意义的哲学变得尤为脆弱和乏力。只有十分狡黠的哲人才能承认一种事业独一无二的特长,而又不否认其暴行。

真的信徒,在最近几年来,一直都看得不那么清楚。不管他们是基督徒还是理性主义者,他们被这种盲目必然性和天命乐观主义的结合所煽动,有的是因为客观力量的牵引,有的是因为相信这种正在实现的历史的真实性。有的人在无意识间感受到了基督教希望的回响,没有觉察到千禧年论异端的死灰复燃。另一些人自以为是严格的理性主义者和科学主义者,他们不明白这种伪科学的理论之所以能够激起人们的热情是因为它拥有任何科学都无法给出的结论,即有关整个未来的认知,以及事物的法则终将契合于良知的必然性。

这个分析可能看上去纯粹是消极的。我在最后还想指出这个批判所包含的积极结论。我们的处境与修昔底德的具有可比性,这个世纪发生了战争的灾难,就好比当时发生的伯罗奔尼撒战争。我们可以像古希腊历史学家那样,相信人类所永恒具有的激情,从而理解历史的整体。这样做的话,事件就不再有其他的意义,而只能向战争首领提供经验教训,培养他们的谨慎,而对于这种教育的效率,我们不要抱有太大期望:人类总是服从于统治欲,相比智慧,他们更喜欢荣耀和帝国的冒险。第二种态度即基督徒的态度,他们虽然也参加俗世的活动,但却用彼世的角度观量个人和集体活动的意义。俗界历史中喧嚣的一幕幕,和个人、人类的神圣命运之间,有怎么样的关系?这些章节究竟有多少意外的成分，又有多少是神意？所有基督教的历史哲学都在回答这两个问题。阿诺德·汤因比最终也被归入了这个学派当中，他本人就将一个普世教会的形成看作是所有文明到达终点的标志。人类实实在在的统一，会史无前例地推动一个真正普世的教会出现。

第三个学派也就是我们今天刚研究了的学派。它综合了决定论和天意。您不妨假设修昔底德认为伯罗奔尼撒战争不仅是城邦毁灭的原因，而且也是构建一个普世帝国、使城邦之间相互和解的手段：这时候您所看到的历史哲学，就和根据冷酷的阶级斗争预见到人类和解的那种历史哲学一模一样。

我们已经尝试证明，这种同时具有决定论和神定论（providentialiste）的解释，在它的两个方面上都是无理无据的，它们的伪综合就更为离谱了。但是，用康德哲学的话语来说，它是对理性的观念的一种规范性运用。不论它是有关决定主义还是历史的终结，这两种概念本身并没有受到历史理性批判的谴责。在这个时代，它实际上成了我们所需要适应的力量，因为我们无力击败它，它成了一系列需要我们引导的运动，因为尝试去停止这些运动注定是螳臂当车。无疑，这些推理方式是危险的，因为它们经常是懦弱的借口，或者成为接受失败的理由。当理据充分的时候，正是需要历史学家，而不是哲学家出面发言。哲学家能做的，也应该做的，是在人们将理据应用到整体历史上去的时候，去指出原则上的错误，尽管这错误在一些狭小的领域是可以容忍的。

同样,通过思想而选择出能够同时满足所有憧憬的一种社会状态,这样的做法越是荒谬,建构一种有关理性的观念越显得正当。它作为一个注定而公道的集体的象征,让人在回顾过去时,似乎能够看到人类这条悲惨而血腥的长路之所以存在的理由。

在这样一个让智者满意、人类根据理性生活的社会,人们是无法抛弃对它的希冀的,因为人类,至少是西方人,从未曾屈服于不公,而将之诉诸上帝或宇宙。但是,将这个理性的观念与一个政党的行动、与一种所有制的状态、一种经济组织的技术相混合,是在把自己托付给虚妄的幻象。想要让历史拥有一个意义,就是在要求人类主宰他的本性,让共同的生活秩序符合理性。声称自己预先就知道了终极的意义和救赎的途径,是用知识和行动上冰冷的进步替代历史神话。

如果人类停止了探寻,如果人类自以为已经道出了最终的结论,人类也就丧失了自己的人性。

第二部分

第三章 证据与推论

证据(*évidence*)和**推论**(*inférence*)这两个概念,尽管在法语里可能有着一种合理的意义,却并不在我本来的词汇当中。第一个词在我看来,指的是**给定条件**(*données*)的整体,学者(就我们讨论的问题而言,学者也就是历史学家)拥有了这些以后,就能向**推论**(也就是各种各样的研究方法)进发,据此得出多多少少较具普遍性的命题;这些命题并不蕴含在给定条件之中,但却是可以从中合理地提出或推导出来的。这两个概念有一个尤为宽泛的内涵:第一个概念既包括历史学家的**文献**(documents),也包括物理学家的实验结果或社会学的统计数据。第二个概念既涵盖了爱因斯坦的理论假说,也涵盖了苏维埃学专家的心理学假说;后者从大清洗的给定条件出发,想象出斯大林的**意图**(motif),或者是让大清洗日益迫近的**盲目机制**(mécanisme aveugle)。

难以想象这样宽广的概念提出的问题会是简单而明确的。事实上,这些概念提出了**所有**实验科学的问题。这些问题,旧的逻辑学将之归入推导或归纳的范畴之下,就像分析心理学或者理解社会学(la sociologie compréhensive)的实践所启发的那些问题一样。更有其甚者:我们在给定条件和推论之间所定下的区分太过清楚,以至于扭曲了事实。所有人都注意到,在最为发达的自然科学中,昨天的推论成了今天的给定条件。不久前通过推论得出的命题,在今天成了给定条件、学者的出发点。理论与事实结合得十分紧密,以至于我们难以强行将它们分开。有时候新的给定条件迫使人们修正理论,但这些事实本身,只有经由这受到质疑的理论,才得以成为**给定条件**。

心理学上,我承认人们无时无刻不在区别学者拥有或积累的**给定条件**,以及他从中得出的推论。逻辑上,这些命题本身,在科学的成形过程中,无不先曾是一个推论的结果,然后成为一个给定条件。我们研究学者的心理或者科学逻辑的心理是否是恰当的做法?

在历史学(是否应该称之为**历史科学**?)领域,这个问题在我看来更悬疑不决。历史学的对象(没有与诸社会科学混淆)是一种本质上不再存在也不再会出现的真实。罗马帝国的衰亡仅此一次,独一无二(用德语来说就是 einmalig),没有任何东西可以让它再度发生。然而,历史认识,就如历来的流行解释,恰恰是致力于**捕捉**(*saisir*)诗人阿尔弗雷德·德·维尼(Alfred de Vigny)所形容的"我们不会再度见到"的事情。(我这里用含糊其辞的"捕捉",正是因为其他更为具体的词语,比如理解、解释、讲述,也许会受到争议。)

当此之时,**证据和推论**的对立向我们提供了第一种意义。根据定义,我们只对当下的真实有直接的体验。对于已经因为不复存在而消亡的过去,我们不具备直接的体验。给定条件可能是实际的事实,文本和庙宇,纪念章和铭文,废墟和坟墓,手稿等等——简言之,即我们归结为两个英语词汇 records(记录)和 remains(遗存)的所有东西,我们在法语中称为 documents(档案),monuments(古迹),témoignages(证据)和 oeuvres(作品)的所有东西(作品同样也承载着创作他的人的观念与情感的见证)。

不过,我犹豫是否要采用这个对立的意义。如果这是你们在这个会议上想要提出的意义,你们更应该把它说给职业历史学家而不是哲学家听。唯有职业人士才真正知道,从时间盲目的选择中幸存下来的文献出发,重构过去需要什么。而且,这里的重构不应该用单数。重构所碰到的问题,根据专家的不同倾向而截然不同:有的努力破解克里特岛上的铭文,有的则在试图以预审法官的方式,重构希特勒下令杀害六百万犹太人时所处的情境。换言之,从(当下的)文献出发,确立(过去的)事实,逻辑上是历史学家的第一步,但它会根据事实的时代和次序,而有非常不同的问题,我们只有用武断的抽象简化才能将它们归入统一体之中。

我们再来看看这些概念的第二种词义,也就是法语中人们常说的**历史综合**(*synthèse historique*),或者是更含糊的术语:**历史解释**(*interprétation historique*)。此时,给定条件不再是(实存的)文献或遗址,而是(过去的)事实;这些事实是在有了历史分析的初始步骤之后才得以依照假设而被重构的。这第二种意思也不是没有阻碍。如果区分纯粹事实(恺撒在3月15日遇刺)与解释(罗马的共和政体已病入膏肓)或假设(恺撒想要建立东方式的君主制)轻而易举,那就有各种介于两者之间的陈述存在:如果刺杀事件没有被放到罗马共和国的危机、元老院贵族抵制个人权力等等所构成的整体当中去,它不会引起任何人的兴趣。所有这些居间陈述既不是未经加工的事实,也不是历史解释,它们是凭借人所采用的概念、渐进地组合起历史—社会整体,才得以被人们所理解的。新的给定条件因这个整体而取得意义,就像物理学或化学的体验,因为定律或者理论,而具有了原创性的启示。

解释,这个概念,相对于事实而言,并不比对(过去)事实的解释相对于(实存)文献更能为我们提供研究的主题。事实和解释犬牙交错,解释的种类太过繁多,我们不可能总体地对**历史解释**进行讨论。如果不考虑这两种经典区分(文献—事实,事实—解释),也就是不考虑历史批判和历史综合的话,我们面前还有什么通路呢?让我们自问,什么是历史认识(**主题**)的客体。或者说,用别的术语来提问:历史学家(历史科学具体的意向性)的意向本身是什么?若是回答说历史学家想要知道过去发生的事情,这其实是在将历史学家和编年史作者相混淆。确切说来,历史学并非编年史学,历史认识不是简单的事件积累。在活人的精心阐述下,历史旨在重建逝者的存在。活人的好奇(如果没有的话,历史就不复存在)以及科学的意志(不是想象、臆测,而是重新发现过去)同时决定着历史。它有别于自然科学①,甚至有别于旨在解释过去、现在和未来之事的社会科学。它与这些学科的共同之处在于,它们都力求严谨,有证据,接近真实。

接下去我会集中讨论属于我们平常所说的历史综合的步骤(不过有些步骤涉及到从文献得出事实)。但我会参照历史学家的意向性(intentionnalité)来组织它们。既然我们承认,历史学家只愿意肯定那些符合给定条件的事实,那么他的推论,具有何种倾向呢?我们可能想通过解释各种现象来预见并最终操控这些事件,这其实也就是对此问题的回答。我们想要知道在某日某时发生了什么,但这并非立即明了的事情。事件不会重演,罗马帝国不会复生。我们想知道过去的什么?我们的历史科学,其对象是包含在给定条件中的,还是只是和这些给定条件相符合?

1

历史不是编年史,它的目的不仅限于枚举事实和根据时间罗列事件。那它究竟比编年史要广在何处呢?在我看来,主要在于四个因素:历史事实同样也是人类的事实、社会的事实。历

---

① 物理科学或生物科学这两个分支除外,因为它们力图重构地球和自然物种的历史。

史上的人们，与我们既相似也有差别，曾生活在我们所分析的制度之中，他们的庙宇和塑像证实了他们的信仰。历史学家接触其他人、其他人性，想要通过自己的祖先了解自己，或者，通过发现其他人是什么样来获取自我的意识。

第二点，事件既不是以季节那样常规的方式，也不是以晴雨天那样明显没有规律的方式连续进展的。历史学家迫切地想要知道事情的经过，为什么罗马帝国土崩瓦解，是因为帝国内部的危机让它的覆灭成为必然，还是因为活力尚存的帝国突然被蛮族入侵打垮？

第三点，历史学家不收集事实，而是创立整体。每个历史学的分支都假设切分事件的合法性，假设历史统一体部分而有限的真实性；因此我们有了帝国、时代、文明。

第四点，历史学家在上升到某个俗世整体的高度时，倾向于不仅仅是陈述出发和到达的时间，还要重建终始之间的中间阶段，将某一种历史统一体中的变化模式，与另一个历史统一体中的相比较。

简而言之，这四个问题似乎显示了历史学家意图的特征。行动者曾如何生活？这是为何、如何发生的？什么是历史统一体？变迁的模式（也就是英文中的 patterns of change）是怎样的？或者，我们想理解行动者，解释事件，阐述与实际相符的历史统一体，发现人性的整体，每个历史的统一体所服从的历史的大主线。

列举了这么多意图，我们可以提出不少问题。每个问题都具体意味着什么?这些问题之间的区别,纯粹是抽象的和方法论上的,还是具有哲学上的意义?这个列举是否是完整的?

对于文献充裕,不会因为缺乏史料而遇上困难的情形,我们可以举出一个简单的例子:1914年的第一次世界大战。研究其起源的历史学家不可能不试图去*理解行动者*。贝特曼-霍尔维格①、威廉二世、奥匈帝国的大臣们、沙皇还有他的大臣们等人都想着什么,希望着什么,又知道什么?如果我们在观察行为的时候不能理解历史人物意识里所发生的事情,历史叙述将会丧失这些富于戏剧性而合乎人情的维度。某种意义上,纯粹客观的叙述,也就是某些美国和法国小说家所采用的风格(比如阿尔伯特·加缪的《局外人》),也许不仅是无法理解的,而且也是荒谬的:事件、外交记录、大臣与大使之间的对话,产生于意识所经历过的经验事实,产生于那些意识所追求的意义。对于事件的叙述,本身就意味着理解行动者。

它还多少明确地意味着回答第二个问题的努力:历史是为何、如何发生的。*为什么*和*如何*这两个问题,根据我们所处层次,还拥有多重的意义:这个"为什么",有时候取决于一个或多个行动者的意图(奥匈帝国的大臣向塞尔维亚发最后通牒要的是什么?),有时候取决于相对一步步走向战争的篇章而言更为深远的因素和力量。

---

① 贝特曼-霍尔维格(Bethmann-Hollweg),1909—1917年时的德国首相。——译注

与前两个问题相反的是,有关第一次世界大战的历史叙述并没有牵扯到问题3和问题4。这不是因为这种历史叙述不包含某些历史统一体(毕竟,在我们说到1914年的这场战争的时候,我们就创建了一个历史统一体),而是因为20世纪的历史学家并没有被要求在斯宾格勒和汤因比所命名的"西方文明"这个历史统一体中给第一次世界大战定位,更不用说以汤因比的方式将这场战争与伯罗奔尼撒战争,或者20世纪的战争与罗马帝国晚期的战争进行类比。(历史学家,即便是专业人士,是否也未提出这样的问题,这个我们不予作答。)

尽管微观层面上,前两个问题也许是无法分开的,尽管在某种意义上,后两个问题也是实证历史学家所要思考的,所有四个问题,如果用某种方式来解释的话,传达出的是人类自身提出的有关其过去的一个终极质问。第一个问题,归根结底,是人类身份和多样性之谜;第二个问题,事件之谜,即必然与偶然的交错;第三个问题找寻整体的起源与延续(时期、文明);最后一个问题涉及到在**方向**(*direction*)和**含义**(*signification*)这双重词义中各种变迁的意义。

同样,我们知道,历史科学的著作,有些主要是受第一个问题的启发,有些则是受第二个问题的启发。旨在重构和理解某个时代、某种文明的历史学家,对于战争和革命的激变相对关注较少。相反,思考罗马人的辉煌与衰败,或者拿破仑史诗的历史学家,首要的希望就是找出因果的长链,评估大众和大人物、盲目的必然性和人类犯下的错误、曾可能发生的事情和出人意料之事的责任。

与前两个问题相反,后两个问题并不意味着历史科学具有两种导向。究其极致,它们标志的是历史重构所具有的根本的不确定性,在最高的层面可以归结为人类历史甚或整个人性(人性只有一种还是有多种?它会向何处去?)的相对不确定性。科学和历史哲学也有同样的问题不应该让我们惊讶,因为根据层次不同,相同的问题,其范围也会发生改变。假设要讨论的是一场战争(这是研究历史认知的逻辑学家,也是小说家所偏爱的例子):战争在何种意义上是一个统一体?这个统一体是真实的还是观察者所拟构的?不论对这些问题是如何回答的,历史学家可以不费功夫、没有疑虑地认为基本的统一体是真实的,并在他的叙述或重构中使之成型。在马克思的笔下,人类历史有如下几个阶段:原始共产主义,亚细亚生产方式,奴隶制经济(古代),农奴制经济(中世纪),雇佣劳动经济(资本主义)。他如是写作,是发现了历史的真相,还是通过他所使用的概念本身创造了这些巨大的实体?而且,在有关斯宾格勒和汤因比所定义的文化或社会的研究中,同样这个问题有更重的分量。

随着分析的深入,这四个问题之间的关系还会更清楚地显露出来。即便在我看来,它们之间的区别并不全然是抽象的,将它们纳入方法论中对我而言便足够了。这会使我们得以触及历史推论的四个问题:理解行动者,历史决定论,对整体的捕捉,变迁的模式。即便它们不代表所有问题,每个人都至少会承认,它们的确指出了一些真正的问题所在。

2

也许探讨历史理解问题的最佳方法,是选择一个例子,然后尽可能地深入分析。让我们选一个较好的例子,以免理解因为缺乏给定条件而无从进展。因此,让我们以对苏联领导人的理解为例。无疑,因为他们是当代人物,我们有可能见到他们,与他们交谈,将他们的言语、姿态和相貌写入书籍和收入档案的文件之中。但这没有在理解政治局委员和理解恺撒时代罗马元老之间建立起一种本质上的差别。未来的历史学家将不会认识列宁和他的同志们。他们会需要以像理解"领导伯罗奔尼撒战争"的伯利克里以及"穿越卢比肯河"的恺撒的方式,作必要的修正后,去理解这些人物。

在基本的层面上,我们所说的**去人格化**(*dépersonnalisation*)有助于我们理解伯利克里、恺撒或列宁以及他们命运之中变动的决策。行动者被归入的角色越细致,他就越受到自身行动的目的的定义——伯利克里就越算得上是雅典的战争首领,恺撒就越像是一个君主制的觊觎者,列宁就越是一个革命者,夺取权力迫不及待——所以理解的不确定性也就越少。事实是,当伯罗奔尼撒战争爆发时,伯利克里正主掌雅典政局,事实是,恺撒穿越了卢比肯河,列宁下令发动政变,紧随其后的是动摇世界的七天。历史学家越紧贴事件,他就越容易将人物归结为他们的历史人格,而不太会探究他们的内心世界。

但是，历史学家如果仅限于承认布尔什维克的领导者们在1917年秋天尝试并成功地发动了政变，用战争和第一次革命所创造的有利条件来解释他们的行为，那会是极为肤浅的。列宁和他的同志们是根据某套理论来思考政治的，而这套理论似乎反驳了他们的事业本身，因为它认为社会主义应该接替资本主义，要求发达的生产力，这是当时的俄国还未曾有的。因此，研究俄国革命和苏维埃政权的历史学家努力根据他们的理论、各个时刻对理论的解释、情境和他们的气质等等，来理解列宁及其同志们的行为方式。

如果我们想要更为直接地捕捉到这种理解的目标和**或然性**，我们可以从列宁转向赫鲁晓夫。后者认为一旦发生核战争，资本主义将会灭亡，社会主义会取得胜利。他在说这番话的时候，是真心认为如此吗？他对社会主义必然胜利有何看法？人们是用哪些特征来定义必然胜利的社会主义的？决定现任苏共书记行动的历史观（vision historique）是怎样的？他的策略和手法有何规则可循？这些问题都不是学术问题，而是政治问题，因为回答这些问题也就能预测这些共产党领袖未来的决策。在这个意义上，根据一个老生常谈的公式——历史重构就是**回顾性的预见**（*prévision rétrospective*）——历史重构倾向于精心阐述一个解释系统，以此预见有效达成的行为。

如果我们仔细思考一下有关共产党领导人的例子，我们可以立即观察到如下几点。人们经常讲，历史理解要求历史学家超然世外，承认其同胞（某些同胞）的相异性。这个老生常谈是十分公道的。罗斯福总统所犯下的诸多错误,原因多是他相信与他打交道的是一些与自己相似的人,是一些略带暴力倾向,但归根结底拥有理智、拥有美国政治家的理智的民主派。整个三巨头在德国和日本战败后主导世界和平的构想,是与共产党领导人"是和我们一样的人"的观念联系在一起的,他认为他们的世界观和美国领导人的本质上没有区别,他们对俄国利益和共产主义事业的利益的看法,与美国的利益或者欧洲的利益没有根本上的对立。历史学家所解释的历史人物是变化的。

但是,这些变化的人也有共同的特征,历史学家如果不知道就不能理解他们。历史理解在于异中求同或者同中求异。在我们所选择的例子里,差异在于世界表征、价值排序、行动战略的规则、终极目标、对历史进程的假设等方面,简言之,是思考历史—政治世界时在方式上的差异。让我们用抽象的话语表述这个例子的启示:随社会和时间而变化的人是**文化中的人**(homme de culture)。这些变化与生物意义上的人类的稳定性、完全合乎逻辑的功能还有心理机制并不矛盾。苏维埃的人们没有一种社会主义的物理学,他们否认心理分析,但心理分析学家不承认他们需要用其他理论才能理解这些人。心理分析学家用相同的概念解释不同的人。[①]

---

① 有必要说明的是,这个分析在理解人类方面有很大的简化。人类学家和人种学家也遇到了这个问题。人类本质的稳定性应在何种程度上予以形式化不可能先验地或者通过理论决定。

如果是要理解行动者的话,给定条件和推论之间的关系又是如何呈现出来的呢?给定条件有多种:行动,记录,言语,遗迹。科学的目标不是理解一切(要收集一切布尔什维克的记录和行动是不可能的),而在于理解整体。同样,在给定条件和推论之间、在我们所知道的事件和我们推论出的事件之间确定一种严格的区分也是不可能的。苏共领导人过去的行为整体上构成了我们借以**推论**他们未来行为的证据。给出了斯大林及其同志们的思维方式,我们是否能够预料,如果俄国军队占领东欧,得到"解放"的国度是否会被苏维埃化?"专家"给出的回答有何依据?专家的依据就是他们对文献的较长时期的熟悉,对共产党意识形态体系的深入分析,以及有关斯大林本人的心理的假设。假设所推测的事件确实发生了的话,我们就说它被**肯定**(*confirmée*)了。说它得到证实并不妥当,因为假设——某种思维体系或者某种心理机制——并不是我们得出推论的唯一根据。(沙皇政府会不会努力巩固它在东欧的统治?共产主义意识形态的普遍传播是否可以解释东欧的苏维埃化或者简单的俄国"民族利益"意识?)

因此,在理解行动者的例子里,给定条件和推论之间的关系,体现了文本和人物解释所具有的合理的循环性特点。一个行动者所说的这样一句话是什么意思?我们需要了解这个行动者整体的思想,才不会出大的偏差。但是,除了积累细节,我们还能怎样触及到这个整体思想呢?整体与部分之间的来回摆动是不可避免的。通过提炼部分以及捕捉整体这两个本质上没有止境的方法,论证逐渐水落石出。

不过,难道不应该捕捉一个使整体可以为我们所理解的核心论点?这个疑问把我们带到后面会讨论的有关历史统一体的问题上。在这里我仅限于给出基础但根本性的看法:没有任何东西证明,人类、种族、社会、时代只有一种解释可以自圆其说或者比任何其他解释更说得通。我们只需试想理解一个人的时候,答案所具有的多元性,就能明白这一点。

有可能,分析者在经过长期研究之后,能够确定名副其实的、有关某个人的心理史。心理分析学家所讲述的纪德的历史,并不一定是对安德烈·纪德著作或思想最为深刻或最有教育意义的解释。如果分析涉及到很多人——种族、政党、时代、社会——心理分析的解释能否达到分析个人时所能达到的似然性就有疑问了。无论如何,即便解释达到了那种程度,它对于历史学家没有多大的教育意义。对布尔什维克的意识形态世界的理解,不止是意味着要理解(这里的"理解"一词是模棱两可、不确定的)决定了布尔什维克的思维和行动方式的心理机制。

理解布尔什维克的精神世界,难道不是研究 20 世纪俄国的历史学家为自己设定,或者将要为自己设定的目标之一吗?理解公元前 5 世纪雅典人的精神世界,难道不是研究古希腊史的历史学家的目标之一吗?而且本质上,这种理解是未完成的,总是可以加深并添加细节。认识中不存在解释的统一性,因为实际中可能并不存在本原创造者(principe formateur)的统一体。人类的真相本身是难以看清的。一个人对另一个人的理解取决于他们分别是谁。一部分人去理解另一部分人本质上说是一种对话、一种交换。

历史学家的科学努力,不是去压制这种对话的成分,而是去除武断、不公和偏见。一种文化总是会影响到整体解释中的一部分推论,但这种解释只要用上了*所有*给定条件,就仍不失科学性。历史学家不是通过自身的去人格化,而是让自己的个性服从于严谨的批判和谨慎的论证,从而保证研究的科学。对于过去,他所拥有的图景从来不是盖棺论定的,而有时候他对于过去所拥有的图景,确实是有道理的。

3

第二个问题——事件是为何和如何产生的——是一个历史决定论的问题。的确,将某个事实看作一个事件,也就是承认它可能没有发生过(至少是在其发生的那个日子上)的可能性。我们探究奥匈帝国向塞尔维亚发最后通牒或者1914年欧洲大战的原因,因为最后通牒还是大规模战争都是出于某些人的决定,而这些决定本身似乎不是必然。在自然科学乃至人文科学中对法则的探究假设了它所要阐释的决定论。对历史事实,尤其是人类历史事实之原因的研究,需要假设偶然性的存在(但这并不意味着它具有非决定论的性质),即在某个时间、空间点,会有不遵循必然法则的给定条件出现(冲出护栏撞上行道树的汽车,是完全符合自然法则地在运作:为避让前行的行人而踩急刹车则是不一定会发生的。)

在微观层面,当我们寻找一个与一人或多人有关联的事件的原因时,这个原因的问题通常会与有关意图、行动者自己所决定的目的、决定其行动的理性考量或激情的问题相混同。每个历史学家探究战争的起因都会关注历史人物的心理。每本讲述 1914 年 8 月 2 日战争爆发之前的几天和几周的书,都要解释每天的行动,努力捕捉意图还有行动。但是,这种类似于预审法官职能的探究,带有两面性:我们或是在意识中考究过去,或是追本溯源,推及因果。在**逻辑上**,探究的这两个方面是有区别的。

维也纳的大臣们是否曾想过塞尔维亚会屈服于最后通牒?他们是否曾认为如果奥匈帝国教训一下小小的塞尔维亚,俄国不会干预?这些问题涉及到行动的动机,某些决策就是在这种视野下敲定的。历史学家此时有权自问,最后通牒可能的结果是什么?冲突地区化的可能性有多少?行动者的推测与历史学家的分析之间所具有的偏差,可以用于测度行动者犯下的错误或者自欺欺人的幻觉。而且,历史学家致力于决定决策在多大程度上,是境况的必然结果,还是起因于形势所没有决定的人的主观意愿。换言之,给定一个事件,历史学家回溯过去,找到这个事件存有变数的那个点,然后下溯未来,从而找出可能是单个人的有意识行为所造成的结果。

这种探究的意义何在?我们的例子已经使之显而易见。我们假设我们得出的命题是,维也纳内阁向塞尔维亚发出的最后通牒导致了地区性的战争,而盟友们的搅和使一场欧洲大战几乎不可避免:我们因此就将爆炸的直接"原因"分离了出来。这个原因的效力,与我们就塞尔维亚的情况所推定的必要性之合理与否没有关系。人们设想这些必要性是合法的(鉴于萨拉热窝刺杀事件中一些塞尔维亚军人的复杂性),而且,不论如何,塞尔维亚的半消极回应,以及俄国的干涉,在政治方面是可以预见的、不可避免的。

人们会问,对如此具体的问题作出回应,可有何依据?是给定条件抑或是假设?可供利用的事实有哪些?有哪些可能的推论?在我们的例子所选择的微观层面,想要得出一个无可辩驳的论证肯定是徒劳。我们所知道的就是,在奥匈帝国的最后通牒之前,欧洲并不担忧战争即将爆发,最后通牒之后,所有政府的高层都判断普遍战争即便不是很有可能,也至少是有可能的。能够论证这个断言的事实,一方面是最后通牒所定下的严苛的条件,另一方面是不可能让冲突以地方化的形式解决的同盟体系。历史学家的分歧,或是在于维也纳大臣们的意图,或是在于奥地利方面的要求在政治、道德上的合法性,最后还有最后通牒发出之后战争爆发究竟有多大的可能性。可能性的程度与因果关联的程度几乎是混同的。我们难以完全规避可能性程度中存在的不确定性:事件只发生一次,我们只能想象(而不是知道)如果某个行动没有实现,过去本会发生什么。但是,我们并不需要获得一种绝对的确定性,因为这不仅违背了真相的本质,也有违我们的认识的本质。

因果探究的目的,如我们之前就一个具体例子所作的分析,在于抽出历史进程的结构,在于整理大量千丝万缕的联系和分成小块的事件。关于这场战争的直接起源,科学的研究似乎证明了其本质:战争起于一场"外交上的失败"(raté diplomatique),所有政府都没有明确和坚决的意愿参与全面战争,没有否认其可能性。是维也纳的当政者在获得了柏林所承诺的支持后,采取最初的行动,加剧了战争风险。人们讨论奥地利的要求的合法性、圣彼得堡和巴黎仓促的反对以及伦敦的犹豫不决。事实允许我们大体上重新发现这种意志与必然性、偶然与宿命之间的交错,它构成了人类历史的经纬,历史学家的好奇心也正是为了将之重建。

这个探究很少延伸到我们所处的微观层面。一个事件的直接起因并不总是如此晦涩不明而需要科学解密的。但是,在一个更高的层面,我们遇到了一个类似的问题。不少历史学家认为探究 1914 年第一次世界大战的直接原因没有多少益处,因为他们认为,这场战争不论如何都会发生。科学地讲,直接原因和遥远原因之间是没有选择余地的。它们都能吸引历史学家的注意,但是如果历史学家认为,遥远的原因使他所研究的事件不可避免,研究直接原因也就几乎丧失了意义。如果 1914 年欧洲的局势是,不论由什么突发事件来点燃战火,发生战争完全已成必然的话,突发事件也就不再是突发事件了。

问题再一次出现了:这样的命题要如何证明呢?而回答将会再次如此:给出无可辩驳的证明是不可能的。我们不可能让经验重复，剔去1914年7月的突发事件，让历史走上另一个进程，来验证"不可避免"的假设是否真实。我们所能做到的，也就是精神体验而已。我们努力将局势基本的给定条件与各种事故整合起来，得出在大多数情况下（或者在所有情况下，或者仅在少数情况下），该事件会发生的结论。推论源于事实但高于事实。

这种推论的可能性程度如何呢？我认为不应该贸然作出概括的结论。对我而言，给定了慕尼黑之后的欧洲局势，要避免1939年的战争，就应当根本性地调整希特勒政权。换言之，1938年末以来，战争是大势所趋，除非出现不大可能的事故，诸如希特勒突然死亡或者被密谋推翻等等。1914年，局势十分危险，大多数观察者认为战争十分有可能爆发，但日期并不明确，而这日期本身就可以引发遥远的后果。这场欧陆大战如果在1920年或者1925年爆发，事态的发展还会带来相同的结果吗？

通过在思维中将过去与另一种可能而非真实的进程进行碰撞，判断过去发生的事情的原因，事实上就是在为过去预见未来。一个事件实际上是否发生，我们在它过去之后便能知晓，但是我们不知道它是局势（视其主要特征）使然，还是拜一个人或一系列交汇所造成的突发事件所赐。由此往后，当我们确认了一个局势和一个过去事件之间的因果关系时，我们作出论断与预测一个同类型的事件，同样是可受争议的。（"事件曾经发生"的判断是无可争议的，而判定"它是最符合此种局势的结果"则可能会受到争议。）

有关历史的因果律,以及从过去发生的事与过去可以发生的事之间进行精神上的碰撞所得出的判断,有多种形式。第一,合情因果律(causalité adéquate)的判断:一种形势使一个事件(几乎)不可避免。第二,偶发因果律(causalité accidentelle)的判断:形势并没有决定这个事件,它是由一个零散的事件、照会或人格所激发的(不言自明,这两种判断是互补的:如果1938年10月欧洲的形势让一场欧陆大战不可避免,只是时间问题的话,它也是由在其爆发前的突发事件、各国的外交官的行为所导致的)。第三,为一个事件或者一个人赋予**首要推动**(*premier commencement*)角色的判断:奥匈帝国的最后通牒是导致1914年战争序列的**首要动因**(primum movens),1917年布尔什维克党夺权也是导致共产主义政权在半个世界扩散的事件序列的**首要动因**。第四,对一个事件或者一个人物是在与之前的趋势"背道而驰"还是在"逆转"它的判断:欧洲在自由主义制度的意义上的政治演进,因为1914年的战争而终止和倒退。布尔什维克党逆转了欧洲社会主义向和平的政治手段演进的进程;苏维埃政权的建立,是延续了俄国历史旧的进程,还是逆转了这段数十年来转向宪政或自由主义的历史进程?第五,将一个运动或政权可能本身就具有的特征归咎于一个人的判断:如果假设革命危机会不可避免或十分可能地导致军事独裁,拿破仑本人的天才怎能在法国和欧洲刻下印记?如果假设列宁死后,个人专制权力不可避免(或十分可能),苏维埃政权又有哪些方面是由"铁腕男人"(斯大林,l'homme de fer)的特立独行所决定的?

顺理成章,所有这些判断是同一种类别的。它们向我们提示了这些备受讨论的有关伟人的角色、决定论和突发事件的问题,具体是如何提出的。这些问题不是哲学问题,而是科学问题。它们与价值无关,而与事实有关。争议更多在于程度,而不在于原则。没有人会认为,如果换了一个人而不是拿破仑或者斯大林,1798—1815年的法国,还有1924—1953年的俄国不会发生任何改变。也没有人会认为,拿破仑和斯大林如果统治的是完全另外的国家,他们会完全相同地行动。伟人可以改变一些东西,但是他们不能改变一切。

他们能改变什么?这种问题没有一个普遍的答案。伟人的功效,多少受不同时代的限制。而且,我们从来不可能确切地予以衡量。如果头把交椅不是斯大林坐,苏维埃政权本会是怎样?没有人能够具体说清这个问题,不过,我们可以确定的是,如果苏共总书记的位置由托洛茨基或者布哈林来坐,大清洗之类的现象可能不会发生。如果我们认为这两人当权都不能避免这些现象,那么我们的推论就只有是,能够解消这些现象的人,必然不具备造成苏维埃主义某些方面表现(如强制悔过、清洗,等等)的心理特征(les singularités psychologiques)。科学地讲,如果我们证明否认斯大林的作用是不可能的,那他的作用便是确定无疑的。如何重构由另一位领袖领导而没有斯大林的五年计划的俄国? 不论想象力多丰富,这也不是常人所能想见的。但是,某些现象与经济—政治—社会形势没有必然联系就足以让斯大林的人格看似是其可能的原因,并至少可以假设它的人格拥有一种历史力量。

这个证明的局限性解释了理论与判断之间出现分歧的原因。个人的效力我们是难以抹去的,这是事实。但是,有的人会将之推广到极致。一位没有拿破仑那种野心和天赋的将军是不会利用法国的革命力量横扫欧洲的。一位不像斯大林那样多疑、残忍的独裁者,不会在五年计划的高压之外,还毫无怜悯地镇压农民叛乱,以及伴随着一系列审判,将列宁的同志清除殆尽。另外一种观察者则相反,他们倾向于与此对立的命题:在同样的位置,另一个人也会因一种社会或者心理机制而不得不做出同样的暴行。根据不同的案例,两个理论各显长处,个人的责任大小也各有不同。逻辑上,我们所确定了的是,证明一个人或一个偶然事件无关全局是不可能的,因此,根据形势不同,一个人或者一个偶然事件多少都有可能起到或大或小的作用。

如果讨论涉及到一个事件序列最初开始的原因,它的范围就更大了。没有列宁和托洛茨基,布尔什维克革命会成功吗?如果布尔什维克党没有带来这样一场革命,而采用的是完全不同的渐进方式(在民主政权下进行工业建设),这是否可能(也就是说,它是否与俄国形式的根本给定条件相契合)?对于这两个问题,给定条件都不允许给出一个明确的答案。历史推论、有关这两个人对苏共成败所负责任的假设,还有有关没有布尔什维克化的俄国自身演进的假设,都没有必然性可言。各种假设的相对可能性在不同人看来是不一样的,易于引发争议,而历史学家们也根据他们的偏好,坚决地作出选择。有的讲述的是事情不会有另外一种轨迹的历史(除了细节之外)。有的则在讲述这段历史的时候,强调在他看来可归因于个人的部分,以及调整了一些细节之后本会出现的情况(一个非布尔什维克化的俄国)。

这些极端的理论、它们本身的对立,揭示了历史真实的结构。我们所说的历史必然性,对于其行动者和解释者而言,从来不会是不言自明的。当两方都给出了对必然性的解释时,唯有事件可以决定真伪。如果事件还未来临,我们对预测未来不抱希望。但是,为什么借用后见之明我们就会认为我们可以作出预测,即形势所给出的大量条件预先决定了整个结局?也许一些人,一个好的或者坏的机缘巧合,打破了事态的平衡。当很多人想要成为必然性的代理人时,我们身处当代的人不会相信,征服者的改变完全不会引发事态的变动。为什么对于过去,不同于当下和未来,我们采用的是另一套标准呢?

我方才探讨的历史决定论的问题,深层地说,就是行动和必然性的问题。有的人认为,超个人力量的唯一必然性主导了历史的进程,因而抹去了个人的行动。有的人认为,历史的进程总是被不可预见的干预所决定,因而抹去了整体理解的可能性,将历史归为混乱。关心决定论的历史学家不同于文化史学家;他们不与其他人性打交道,而致力于捕捉历史的戏剧性特点,这个历史是由人和他们的处境、必然与偶然的辩证所定义的。

要除去辩证的任一终点,我们就应当在很高的高处看事件,以哲人或者神学家的方式,只记下标志着人类在救赎或自立的过程中走向一个新阶段的事件。或者,相反地,我们需要像真的行动着的人一样,身处复杂的境地,几乎无限地委信于意志,而对于其他的一切则听天由命。历史学家既不是行动者,也不是哲学家:握有这两个终点,他寻找唯一能吸引哲学家注意的事件是如何发生的,行动者的意志、遭际和命运是如何共同实现了所有人最终所创造的、所经历的,而未曾受任何人预测或希望的成就。

4

哲学家、历史学家或者逻辑学家,若是思考过人类事实的重构,都会被人所经历的历史所具有的不一致性和人所讲述的历史所具有的秩序之间的反差所震惊。最通常人们会选择一场战争作为例子。1815年6月的一天,在比利时的一个平原上发生的事情,构成了我们所说的滑铁卢战役。这场战役的真实是由什么构成的? 无数的人思考过,行动过,生活过,被打垮过,然后死去。历史的真实是由无数个人的行动所定造的吗? 如果从外部观察,也就是从对各个人的思想所做的抽象来看,这些运动是疯狂的。真实因此是由这些运动以及相关意识的状态所定造的,后者赋予前者以意义。但是,是什么创造了这无数的思想或运动的统一性? **物质上的统一性**即地点和时间的统一性:战役在某天的某个时刻在某处打响,也同样在某个空间—时间点上终结。但是,这种空间—时间上的统一性是严格物质性的(而且,即便在这个方面,统一性也不是完备的:它的后续延续到了何时、何处?)。意识的状态是组成历史真实的整体的一部分。多种多样,难以计数:就我们命名为滑铁卢战役的历史事件而言,它们的统一性从何而来?符合逻辑的回答如下:历史统一性是构造出来的,而非人们所真实体验的。

描述一个小小轻骑兵所经历的战争的小说家,想要展示出战争中个体战斗者的体验,与历史学家为之赋予的修饰过的表征之间,必然存在反差。这种反差是存在的,但这并不能说明战斗者的经验就是真实,而历史学家的表征就是虚构。对于只知晓部分的人而言,整体是不具有意义的;对于总览全局、理解其内部纹理的人来说,历史学家的表征也可能是真实的。

历史学家致力于在何种层面上捕捉这场战争?一切都取决于他的好奇心的定位。如果他感兴趣的是这场战争的战术铺陈,他会降到细节层面。如果他对于指挥艺术更感兴趣,他会以两个军事首领的计划为出发点。在各个层面——不论是个体战斗者还是大的战略层面——他都会根据某个人或者某些人的计划,找到一个可以理解的整体。

一场战役,尽管不是一个原子,也通常被视为一个历史事件。事件与更为广阔的统一体,比如民族、时期或者文化是相对立的吗?历史统一性总是具有相同性质的吗?如果它们在本质上有所不同,主要又是在哪里加以区别的呢?

让我们从第一个老生常谈但仍有结论可得的观察开始:滑铁卢战役,在历史学家的眼中,应该放入一个更宽广的整体之中。要理解法国军队的组织及其战场上的表现,就不能不上溯到若干年前,上溯到革命军队兴起、转型、然后成为帝国的军队。在比利时的原野上交锋的法国和英国军队,先前都经历了漫长的战争、胜利和败绩,彼此也都因为战事的洗礼而经受了塑造、削弱或者训练。如果我们将滑铁卢追溯到大革命军队诞生之初,我们还需要上溯更远,上溯到王室军队乃至更早,没有终点。

我们需要明确一下观点:我们并不是想说,要理解或者解释1815年6月18日所发生的事情,就应该知道,法国军队中哪些方面是可归因于君主制传统的。但是,历史学家要寻根溯源,他不满足于陈述事件,他在过去为之寻找原因。由于他对事情发生的方式感兴趣(wie es gechehen ist),他追寻也不能不追寻时间的次序(从过去到现在或者从现在到过去),因为每个时刻都是先行时刻的继承者,而且只有关照先行的时刻才能拥有意义。这种逐步扩大研究的必要性,是汤因比在诸多前人之后也坚持认为的。这种必要性不仅导致了人类历史的连续性、此时此地制度和观念的存在,而这些制度和观念的发端,早已在无尽的过去中消逝:这种必要性也是历史学家本就具有的好奇心使然。研究巴黎历史的历史学家,作为历史学家,既不能也不想停留在它还被称为吕泰斯(Lutèce)的古罗马时代之前。社会学能够而且应该将时间倒推的限度确定下来。

当我们从"滑铁卢战役"转向"大革命和拿破仑帝国的战争"时,我们改变了研究范畴吗? 拿破仑帝国的战争的时间—空间整体,虽然轮廓没有"滑铁卢战役"那么清晰,但是它们在根本上没有不同。这些战争在时间中有一个开始和一个终结。它们有一套我们可以具体述说的过程。的确,我们也许能够看到一场战争的整体,但大革命和拿破仑帝国的战争所构成的整体仅仅是思维上的对象。就此来看,1914年9月的马恩河战役,应当属于"战争"而不是"战役"一类:它实际上不是单个人所能觉知的。

在滑铁卢战役的例子里,时空统一性几乎可以通过两位将领的计划的统一性而得到确证。事件没有准确反映这两个人的计划,但是这两个人的精神在这个事件发生之前就尝试对之进行思考。如果我们思考大革命和拿破仑帝国的战争所构成的那个整体,情况就有所不同了。后面这个整体显然没有人能够预先料到。两者差异明显存在,不过我并不认为这是决定性的。许许多多零星的事件——攻占巴士底狱,8月10日攻占杜伊勒里宫——大概不是人预先安排的。它们是无数种姿态、意图和个人行动的结果,而这一结果对于每个人来说,可能完全出于有意识的料想之外。不过,如果"攻占巴士底狱"或者"攻占杜伊勒里宫"具有一个整体的意义而且当时的人们,以及历史研究分别见证和证明了它所导致的结果,历史学家从中看到一种"历史统一性"就是无可厚非的。

随着我们的视角向更广阔的整体提升,历史统一性的两个基本要素(空间—时间统一性,一个或多个人类计划的统一性)消失了,但是统一性并不会因此变成纯虚构的。我们谈论"大革命和拿破仑帝国的战争",是因为1789年的大革命开启了一轮冲突,而推翻传统政权和军队转型,是其主要的目的。帝国让法国回到过去的维度,一个君主政权标志着大革命的终结。我们之所以能够理直气壮地将这些战争当作一个统一体来讨论,是因为这些事件,尽管是多种多样、延续时间各不相同的,却依附于赋予它们连贯性和意义的少数原因。

致力于捕捉历史的大时期的历史学家,同时也在寻找主导每个时代的事实,以及那些激发断裂的事件。"历史分期"的本意是合理的。我们需要知道的就只是,在何种程度上,给定条件可以证明某个分期的真实性或者有效性。

让我们以一个最为著名的历史分期为例。马克思在《政治经济学批判》(*Contribution à la critique de l'économie politique*)的导言中,向我们展示了他对经济史的分期:原始共产主义、亚细亚生产方式、奴隶制经济(古代)、农奴制经济(中世纪)、雇佣劳动经济(资本主义)和未来的社会主义。这个历史分期的原则,所秉持的核心标准,是人在劳动中的依附关系。如果在每个阶段,被认定为拥有决定性的要素,因其状况改变,而能够使一切都改变的话,这样一种分期方式是绝对有效的。换言之,如果这条标准与某种能对社会其他部分起决定性作用的原因相融合的话,它就有理有据,使人信服。如果它所涉及的是次要的现象,它也就不会有多大的作用。选定的标准总是处于这两个极端之间。它们既不是排他性的原因,也不是没有重要性的给定条件。

人类在劳动中的依附关系,也就是雇佣劳动的概念所表达的意思,引发了一系列结果。历史学家武断地认为,雇佣劳动完全排除了这种或那种变迁(生活水平提升,雇主与雇员之间的人际关系),也就是错误的开始。资本主义一词备受争议的使用就与这种范畴的错误有关。用"雇佣劳动"定义了资本主义之后,人们宣判,它本质上就是邪恶的,而且不具有改革的可能。质询资本主义框架内有何改革的可能,也就是在质询这个所选例子中雇佣劳动的事实,作为这个经济制度的标准,有何积极或消极的结果。要证明某些变迁并没有受到雇佣劳动的阻碍,有些变革是技术或经济演进所决定而无需废除雇佣劳动不是没有可能。

我们从这个例子中可以合乎逻辑地得出的,并不是说历史学家应该放弃确定历史分期或者用他认为具有特殊重要性的一个事实作为一个时期的特点。我们获得的教训不在于此,而是更为复杂的。历史学家在为一个历史时期(或是一段具体的历史,政治史、经济史,或是全球史)定性时,在标准的选择方面有一定的自由。但他不能赋予他的选择以只有实证研究才能为它提供的适用范围。经济学家可以断言,他最感兴趣的是劳动中人与人之间的关系,他可以断言对企业家的依赖与对国家的依赖之间有很大的差别,但他应当从现实中寻找(不是推断或想象)这种差别在生活水平、物质条件或者劳动者情绪等方面的结果。

让我们再提升一个层面。对于斯宾格勒命名为"文化",汤因比命名为"社会"或者"文明"的这些漫无边际的整体,我们当作何思考?他们是真实的,抑或只是历史想象的幻影?先前的分析已经体现了真实这个概念应用到历史世界所具有的相对性。物质上讲,只有个人是真实的。但是,历史真实不是物质的,它由人所经历的体验,或是这些体验所指向的意义构成。这里的意义是超越个人意识的。人类的行为有时候揭示了一种秩序,一种行动者未曾预想的一致性。事件或历史意义的可理解性不是微观的,我们不能先验地排除巨大文明的真实。

但这种真实并非不言即明,而是需要研究才能得到。"文化",就斯宾格勒的意思而言,因如下原因而更显真实:第一,文化之间没有交流;第二,它们之间有划分清晰的空间—时间界限;第三,它们呈现出一种内部一致性,可归因于某一个原因的决定性行动;第四,它们对于各自而言,都具有原创性。斯宾格勒肯定地认为,每个"文化"都是由单一的精神所激发,完全不能交换,都是自我封闭的;每个文化在它的各个方面携带有其人所无法理解的意图的印记;最后,每个文明各自都穿越了宿命中各个相同的阶段。

汤因比没有论述到如此之远。文明相互孕育,相互借鉴,它们不是完全无法相互理解。但是,汤因比越接近于事实,就越不敢确信这些文明的真实性本身。他首先将文化与民族对立起来,理由是前者(而不是后者)为我们提供了"可供研究的领域"。但是,第二代文明,如果不参照其母文明,会是无法理解的。文明如果没有清晰的界限,也并不自足的话,就应当有一致性和原创性。每个文明的原创性又是从何而来的?汤因比暗示宗教是这种原创性的起源,不过他没有明确承认,没有证明,也没有坚持这个原创性。我们之前列举的真实的四个要素,在汤因比所说的文明中都不起作用：文明相互交流，它们没有明确定义的时空界限，也不具有一致性和完全的原创性。它们至少是否全都有一种典型的演进模式，从而使我们承认它们是同一属中的不同类？我们不敢承认这一点，因为普世帝国可能迟到1000年才出现（东方基督教文明），"僵化"的文明"典型的演进模式"长期停滞不前。

汤因比的这种文化多元论构想，内部剩下的是空无一物的吗？我们还没能到作如是推断的地步。还有价值体系、集体组织、宗教信仰的多元性存在。从这个意义上讲，人类历史不是"一个"历史。还有存疑的，是文明之间分离的程度，每个文明的一致性程度。一旦我们能够避开斯宾格勒的教条主义，放弃文化完全不可渗透、完全单一的看法，我们就能够看到生活方式、思想、信仰之间无可争议的差别，以及使这种多样性构成少数几个整体（既非纯粹虚构，也不是无可否定的证据）的组织方式。

不过，若是从这些证明整体的多样性和模糊的真实性的给定条件出发，推论出一种形而上学，将这些整体比拟作有生命的存有，同样需经受生死之劫，我们就会误入歧途。

我们本应该放慢分析的速度，考虑所有类型的历史统一体，但这会使我们发现一些类似于我们已经探究过的问题：历史统一体的真实，本质上是模糊的，给定条件暗示诸多统一体的存在，但是并没有指名道姓。因此，历史学家永远不应该忘记他所重构的统一体的性质，并且也不能赋予感知模式以它所没有的因果意义。证明一个由具体标准定义的整体可能发生哪些变异的,是经验,而非直觉或者推断。

5

就如历史的统一体以某种方式与行动者的理解连接起来一样,变革的模式也以某种方式与怎么样和为什么的问题连接在一起。这些模式多多少少包含有关其决定性因素的明确解释,反之则是十分罕见的。

也许在历史思想的历史当中,历史周期性的构想是最为古老也最为流行的了。政治学的哲学家们,从柏拉图和亚里士多德开始,就许许多多次地描述或者想象了政权的更迭(君主制,贵族制,民主制,后者堕落为煽动者的政治,君主统治从中重新出现,成了新周期的开端);他们也许从人类历史的进程中找到了星座更迭,还有大的宇宙周期的对等物;这种模式更多的是他们的臆度,而不是观察所得。尼采本人则直觉地认为,有对一种延伸到整个宇宙的永恒轮回(eternel retour)以及适用于每个事件的(冷酷但也许也鼓舞人心的)循环法则。

科学的历史学家并没有在各种历史变迁的模式(周期还是进步)当中进行选择的必要,但是,他不可避免地会遇到与模式无法分开的问题。**变迁的本质,以及它们的模式,取决于人类活动或所涉成果的实质。**历史的意义,与那些我们追溯历史所凭借的人类活动成果的意义密不可分。

变迁的模式,来源于两个时间点之间的关系。两个事件之间的关系——欧洲的和平,非洲土地上的帝国主义狂潮——可能是一种连续关系,因果关系或者只是简单的巧合关系,它可以将外交官、官员或者人们的对白,看作是大陆和平的证据,而不管怎样,这种关系因所涉事件的不同而不同,只有经验探究才能够道出其本身在各个情境下的特征。假设,相反我们要探究的是两个艺术作品或者两个数学定理之间的关系:关系会因为作品本身具有另外的意义而不同。菲迪亚斯(Phidias)的塑像,兰斯大教堂的塑像,还有象岛石窟的塑像,从不会像数学公理或者物理法则那样组织成一个体系。艺术的历史,**正如艺术本身**,是多种多样的创造力的产物,数学的历史,则是对体系的阐述的历史。

让我们再次重申,这些命题涉及到的是各种作品本身。所有作品首先都是一种意识的展现或者表达。科学发现的历史,并不比艺术创作的历史更有序。在这历史中,曾有过停滞的时期,也有发展的时期,有前进的时期,也有倒退的时期。就人和事件的方面而言,科学史的模式并不比政治制度史或者艺术风格史的模式更容易为我们所预见。我们把从哲学或者意识形态包裹中所展露的真实分离出来,并且在这些真实所第一次出现的包裹中,对有利于或不利于科学发现的社会形势进行抽象,由此我们才可以将科学的历史看作是进步的历史。我们从作品本身的美中分离出其不可或缺的技术手法以及它所采用的、长期训练所造就的风格,也正是在这种意义上,我们得以将艺术的历史看作是纯粹多样性的过去。真的、科学的命题,实质在于累积,通常还在于组织成体系;美好事物的本质,在于接踵而至,每个都独一无二,无可替代。

97　　当作品的性质本身就是模棱两可或者可作多种解释的时候,历史的意义也就体现出相同的不确定性。哲学就是极佳的一例。哲学是对各个时期的某种世界观的严格表现形式吗?如果这就是哲学的内在意义,那么它的历史就必然与一般的历史密不可分,它反映的是思想上有详细阐述的观念,而这种观念是每个时代、每种人性本身所具有的。相反,对于另外一些哲人来说,这种世界观(*Weltanschauungen*)的历史,不是哲学探究的核心领域,因为这些世界观几乎没有任何哲人都不愿放弃的对真理的自负。*作为严格科学的哲学*(*Philosophie als strenge Wissenschaft*)*或者世界观的心理学*(*Psychologie der Weltanschauungen*),胡塞尔和狄尔泰指出了这两个极端的术语,而在两者之间,还可以置入其他的解释。如果对于逻辑实证主义者来说,哲学的历史是渐进地发现各种有意义或者无意义的问题,那么对于黑格尔派(或者马克思主义)哲学家来说,哲学的历史既反映了人类意识连续的阶段,也反映了向整体真理进步的阶段。

　　一个专门领域的历史学家多少会有意识地赞同于这个领域的某种理论——这种理论更多地属于哲学家而非历史学家。并不是说对历史给定条件进行了抽象之后,这种理论就有了立足的基础。相反,历史给定条件从不指定一种理论,或者说,除非它被以某种方式解读之后。因此,对于我们的问题,我们只需要记住,决定一个作品本身的性质以及这个作品的历史所具有的具体意义,既不会完全建立在事实给定条件的基础上,也不会完全依靠于对实验性质的归纳;它需要的是一种本质上属于哲学的论证。

就有关历史变迁的模式(进步,周期,多样)而言(这里所说的模式不是相对于一段具体历史的实质,而是相对于事件而言),问题自然而然可以用简单的话语提出。我们应当探究事实,而不要求从它们获得回应。逻辑要求我们不去参照某个活动的具体意义,从而不为事件赋予一种持续的导向性。例如,技术的历史是进步的历史,但这并不能说明,一个给定社会的技术会持续进步,甚至也不能说明,像我们这样的对这种进步有所意识和意愿的社会,就不会遇上停滞的时期,甚或是,如果碰上了核弹灾难,技术反而会发生倒退。在这种具体历史和经验历史的分辨以外,我们还可以具体地确定变迁模式的有效性;这种有效性可以在一个给定时期、一个给定部门观察到。例如,我们观察到在最近半个世纪中,国家职能向外扩展,而个人主动性所发挥作用的领域被缩减。推论此类演进会无限进行下去是危险的。我们可以设想这种演进停止、调头。总而言之,如果我们要从事件中推论出这样一种无限演进的话,我们的推论不仅应该有过去事实所展示的倾向作为支持,也应该有对使之不可避免的那些事实的分析作为理由。历史的推论往往是最为危险的,因为它涵盖的范围有限,低估了历史真实的复杂性,并忽视了与向一个方向推进的力量相反的力量。对于历史进程,我们应当用各个相对自主的力量之间的斗争来描述(这场斗争的结果不是预先决定好的),以此代替一种总是在同一个意义中奔流的历史。在我看来,冲突的图景胜于江河的图景。

历史变迁的模式,往往与历史统一体的构成联系在一起。变迁模式的典型例子,我们已经在这篇的开始提及,即认为政府的形式周期性更迭。马克思主义的模式则确立了奴隶制、农奴制、雇佣劳动制和社会主义的演替路径,暗示了历史统一体的构成、历史阶段的划分,是根据一个变量而定的(即人类在劳动中的依附关系)。这种模式的益处,首先也就是已构成了的历史统一体的益处。如果把马克思所观察的19世纪初英国纺织业的组织和20世纪中期美国的大企业放在同样的资本主义这个概念下,那么历史统一体的意义会是十分微弱的,因为这里所谓具有决定性的变量,呈现出过分的多样性。另一方面,如果我们假设,用国有企业替代私人企业就能够消除劳动中的依附关系的话,从资本主义到社会主义这一被断定为必然的过渡,会与企业国有化的事实本身一样没有什么意义。除此之外,国有化能够消除依附关系的推论是无法证明的,因为在部分实现社会化的国家,这种社会化既没有引起也似乎不能意味着完全的社会化。

最后,还有最后一种变迁的模式,我们想对之作一些评价。我们是否能够观察到,或者推论某个模式适用于全人类的历史?在逻辑上,捕捉历史整体性包含两种形态:一种是我们把整体与人类存在的某个方面联系起来,我们判定这个方面在价值上(而不是在效率上)具有决定性;另一种是,我们分析这种类型的整体,从而确定其具体描述、决定性变量,并且既能够解释其过去的阶段,也可以预见其未来的阶段。这两种形态往往被混为一谈,或者至少说是区分还不仔细。经济活动对于马克思主义来说之所以至关紧要,是因为它决定了其他一切,还是因为人类存在的意义就是劳动?马克思主义者在此之间摇摆不定,希望这两者同时为真。

历史的神学也许是通过唯一具有决定性的因素来捕捉整体性的最为纯粹的例子。这个决定性因素就是得救(le salut)、人类对造物主上帝的关系。斯宾格勒或者索罗金(Sorokin)的哲学(也许还有汤因比的哲学)可以归入第二个范畴。斯宾格勒的意义里,"文化"指的是由一种根本意图所生发的统一体,因为这种意图符合于历史的真实,所以根据它来解释各种文化是正确的。历史的神学和"文化"的哲学都自称掌握真理,但前者的真理与它所属的宗教紧密连结在一起,后者的真理则是那些据称可以用于证明此真理的事实。

不论本身的对错,"文化"的哲学难以驳倒历史的神学(即根据人类的宗教职责解释历史)。这个论点也可以推广到历史神学的通俗化版本。有些哲学家认为,历史在发现科学真理的过程中完成了它的使命,因此他们把所有"文化"(即便斯宾格勒是正确的)归结于这种决定了人类本质的主要活动。历史学家想把各种人类活动放到同一个蓝图中去,而他们则会在此之外,发现其他变迁的模式。

但是,我们在前面已经看到,历史统一体的真相与"文化"的概念同样宽泛,经常是模棱两可的。"文化"从没有完全被整体化过，不论是通过一个原因的决定性行动，还是借助于一个思想和价值体系的逻辑。从某种意义上讲，一个相同变迁模式的重复出现可以确认多种的、原创性的"文化"存在。各个"文化"的历程的相似性，远不是一如既往地明显。汤因比之所以能够到处找到"战斗者国家"(États batailleurs)和"普世帝国"(empire universel)，是因为这些概念构建起来就是简单地用来指主权国敌对和帝国大一统的形势。而且有时候，人们需要等待一千年，才会有一个姗姗来迟的普世帝国。

变迁模式的问题基本上集中了先前三个问题的或然性，同时也将我们从科学带入历史哲学。

有关某个局部、处在一个有限时间上的模式，同对"为什么"以及历史统一体的分析相互关联。历史的进程，会因为某些给定条件的改变而发生改变。这个事实越深入人心，人们就越不大会去拟构不可避免的未来，因为这种决定论的模式是根据一种地方性的趋势所作的不合法的推论，忽视了与此趋势相竞争的力量，突发事件的可能性，以及行动着的人们。至于确立历史统一体之间的延续关系的模式，它们的价值取决于被它们连结起来的统一体。宣称社会主义的必然性无异于在宣称社会主义的定义。人们可以宣称具有必然性的那种社会主义，在我看来离西方资本主义更近，而不是苏维埃政权。根据当前共产主义政权的特征所定义的社会主义,绝不具有必然性。

除了这种有关一个方面的模式以外,我们还探究关乎一切的模式。但是,在此之际,当我们越过了一切科学探究之时,我们回到了最初提出的问题上(即人的理解)。一项成就的历史所呈现的意义,与这项成就的本质是相联系的。整体历史的意义,与我们对人类存在和这整体历史的历时形式的沿革所赋予的意义密不可分。

人类是否在探寻着什么:灵魂的得救,自然的真相,抑或是真理本身?还是说,人类只不过是一头野兽,注定要保持这种状态,徒劳无益地建立着各种文明;这些文明都独一无二,也都注定要死亡。要科学地重构过去,我们并不需要回答这些疑问,或是在答案中作出选择。但是,这些答案十分微妙地影响着每个历史学家重构过去的方式。历史整体既非并列,也不是完全一致的:我们分析其纹理,而无需严格地将这种分析与在各种活动和人类成就之间所确定的价值秩序相隔绝。逻辑上,历史哲学由于解释了全球史,即不论明确与否,回答了人类在探究自己的过去时向自己提出的疑问,因而脱离了科学。这是历史经验所没有给出的回答,更确切地说,我们对过去所持的经验,是由我们在探究过去发生的事情之前,就已暗暗有了的回答所决定的。

在我们这个时代,工业社会为自己设定的目标,明了地镌刻在钢铁巨物上,也镌刻在政治家(des hommes d'État)的宣言中:掌控自然的力量,以确保所有人拥有体面的生存条件。但是,田园城市(cité-jardin)降临人间,会不会使人们觉得,他们已经实现了自己的探寻和冒险？无疑，还有许许多多可能的灾祸、许许多多真实的悲剧，不允许我们早早去担忧物质极其充裕的国度，那些幸运的公民会做些什么。幻想物质充裕可以解决我们的一切疑问，和相信它在某种经济体制下会必然实现一样地荒谬。对于未来我们所看到的不确定性，原因是我们的知识有限，而真实世界又极其复杂：历史的意义具有不确定性，原因是人与上帝（不论存在与否）开启的对话还尚未结束。

第四章　论历史学的对象

我很乐意用一个修辞学上的探究作为这项研究的开头。有谁会否认为了理解当今世界,认识过去所具有的必要性?我记起了瓦莱里最为残酷的几句话:

> 历史是智力的化学所调配出的最危险的产品……它让人梦想,让人沉醉,滋生他们错误的回忆,放大他们的反应,让他们的伤口久久不能愈合,折磨得他们不能休憩,把他们带入伟大或迫害的妄想,让民族悲伤、辉煌、恼人而且空虚。①

他还说道:

---

① 《对当今世界的看法》(*Regards sur le monde actuel*),第63页。

我们投入了更多的努力,变换了方法,扩大或限制了研究的领域,从很高的层面考察了事物,或是参透了一个时代精微的结构,剥开了各种特殊的档案、家庭的文件、私人的文书、过去的报纸、地方的决议;这些不同的发展没有交汇点,也不受任何一种独一无二的观念的限制。它们体现了各自作者的天性和品质,往往只能证明一点,即将观察者和被观察事物,将历史与历史学家分开是不可能的。①

早在这位法国诗人之前,尼采就已经(不是否认了历史学知识)质疑了历史学家和历史哲学家的一些明确或不明确的公设。热衷于自然科学、志在提出法则的历史学家,尼采是反对的:

历史中就算有法则的话,它们也是毫无价值的,而且历史本身也会是毫无价值的。

反对进步论的历史学家和哲人,他如是断言:

不对,人类的目的不能在过去中寻找,而只能在它本身最具典范性的代表中寻找。

对于那些幻想让历史学家和物理学家一样冷酷无情的人,

---

① 《文集》第四卷,第 131 页。

尼采带有蔑视地写道：

> 若是没有高于常人、大于常人的体验，那人也就无力从过去提炼出任何有伟大意义的东西。

我们最后再援引这条犀利的箴言：

> 客观和公正之间没有联系。我们大可以设想一种书写历史的方式，它没有一丁点经验事实，却同时在最高的程度上，有权宣称自己是客观的。

也许瓦莱里和尼采之间有一个共同的思想，正是与本篇文章相关：对于集体和个人而言，遗忘与记忆同样重要。

即便我们打定主意，不去听信异端邪说，不去听信那些带有敌意和怀疑去否认历史科学的人（或者可以说，否认自称有科学性的历史学），我们也还远未能让历史学家和哲人们就历史意识中的**对象**（*objet*）和**意义**（*signification*）达成共识（由于历史这个词既可以指现实，也适用于我们对现实的认识，为了避免混淆，我们用历史认识指代历史—科学）。

1. 历史意识的矛盾

每个集体都有一个历史意识。我这里所说的历史意识，指的是对这个集体而言，人性、文明、民族、过去和未来、建筑和城市所经历的变迁所具有的意义。在大而泛的意义上，不相信进步，不关心如何阐述对于过去的科学认识的希腊人、中国人、印度人，虽然拥有一定的历史意识，但是这与欧洲人19世纪和20世纪的历史意识有大人的差别。

历史意识的三个成分。严格意义上讲，历史意识在我看来包含有三个具体的成分：传统与自由的辩证意识，为捕捉过去的真实或真相所作的努力，认为历时的一系列社会组织和人类造物并不是随意的、无关紧要的，而是关切到人类本质的那种觉知。

第一个成分，历史学家乐于将之称为人类的历史性(historicité)。它接近于另一些历史学家所说的历史真实的普罗米修斯特征。人类不屈从于命运，他们不满足于接受教育所强加给他们的传统，他们有能力理解它，因而也有能力接受或者拒绝它。这种理解没有与自称科学的历史认识相混同，而且前者逻辑上甚至不能导出后者。想要从一个传统中解放出来的革命派，只不过是在重构传统的原生意义，推进它成型。但是，通过行动而希望在历史中自由的人类，也希望凭借知识获取自由。认识过去是从过去解放出来的一种方式，因为唯有真相才能让人最为清醒地给出判断，是同意还是拒绝。这种双重的解放——通过行动和凭借知识——对于人类而言，由于历史实质本身更具有了深长的意义而有了更多的意义。人类想要解放自己，走向永恒的价值，还是走向一种符合普世使命的未来？

全人类都正在向这种形式的现代西方典型的历史意识靠拢。现代西方不仅仅向全球传播了技术和作为技术之基础的数学、物理或生物科学工具,也传播了许许多多理念,其中在我看来,历史意识的理念是让人印象最深刻的。使印度人对自己的过去产生意识的,正是欧洲人。给开化了的日本人提供对本民族历史的解释的,正是欧洲人所运用的科学历史学。激发当前中国领导人对良好社会的构想,还有他们对民族历史的看法以及对未来的想象的,也是上世纪诞生于西欧的一种历史哲学。

如果欧洲的这种历史意识——它具有三个方面,历史中的自由,科学地重构过去,人类历程的人道主义本质意义——正在转型为 20 世纪人类的历史意识,它同时也受着各种矛盾的影响:它的各个成分内部的矛盾,还有它各个成分之间的矛盾。

科学与哲学。第一个矛盾,反映在工业社会的大分立中的,是马克思主义的历史理论与非马克思主义的历史观之间的矛盾。我们可以想见,一种历史哲学上升为国家的教条之后,历史科学因为受到朝令夕改的专制(个人的或者集体的)而衰弱,不得不修改自己的解释甚至为了迎合官僚的心血来潮而变换事实或者名称。还不止有半个世界将我们所称为迷信的东西奉为科学,将我们在西方认为唯一客观的东西批判为偏颇或者主观的解释。

在我们的分析框架内,这个矛盾在于历史意识的最后两个成分:在马克思主义者看来,重构过去,唯有从过去中把握住本质意义和主导力量才是科学。在大多数非马克思主义者的眼中,在广大西方历史学家眼中,科学地重构过去,受到了历史学家的偏好的浸染,只要没有越过科学的界限,就既不能得出各个成分的终极意义,也不能得出事物生成的法则(或者深刻的原因)。

我们可以提出反对的意见,即科学与哲学的分离是所有学科的常态;这种分离出现在有关宇宙的知识中,在历史学中也是一样。但我不认为这一说法是有理有据的。占星术和天文学长期以来相互并存,而且科学天文学没有完全消灭占星术。但是,后者在天文学蓬勃发展的时候并不是国家所规定的真理。随着人们发现了自然中可证实的真相,神学逐渐失去了世俗权威的支持。马克思主义是差不多9亿人的官方真理,而近一个多世纪,也是对历史学方法有具体规范,对历史学严谨性有具体要求的时期。

这个显见的悖论,原因在于科学与哲学之间的关系,在有关人类过去的认识上,与那些以自然为对象的学科不同。在我看来,我们可以证明,那些自称事物发展的客观法则的,或是幻想,或是没有证据。我们同样可以证明,马克思主义者,在撰写历史的时候,与非马克思主义者所秉持的对过去的认识没有本质区别。但是,这些反驳或者论断并没有完全将问题解决。因为,只要我们承认,一种以生产关系和阶级斗争的概念为主导的对过去的视角自有其一定的合理性的话,马克思主义就仍然还是其他可能的多重解释中的一种,与一种政治意愿相互依赖。一个历史学家并不总是秉持着这样一种阐释详尽的历史哲学。可能,他能够甚至是应该注意到人类知识的界限、未来的不可预见性、所谓法则的虚妄,但是,他自己可能明确或不明确地有一套有关事物发展模式和历史真实对于人类之意义的观念。

因此,我们可以轻而易举地解释,为什么在历史科学取得进步的情况下,历史哲学还能取得胜利。这是因为人们拒绝忽视历史的意义(方向和含义),而它是触及到人类实质本身的。人类热衷于知晓过去,而不满足于科学所得出的局部结果,因为社会的更迭是人类灵魂本身所感兴趣的。

有关过去的认识和指向未来的张力。即便颇受讨厌也仍然被其他文化的人们当作模范的西方人,既一如既往地好奇于自己的过去,同时也向着崭新的未来走去。换言之,西方人既是历史学家也是革命派,这两种态度绝没有相互矛盾。西方的历史学家不会否认崭新的事物。如果他们对人们不会再次看到的事物感兴趣,他们会在原则上承认,明天的事件和昨天一样,会是独一无二的。但是,历史学家正因为是历史学家,所以对于历史的延续性、对于集体生活和国际关系的某些明显恒定的特征十分敏感。相反,革命派则走到了期望的极致,确信自己将终结人类业已认识的历史,而再度开启人类历史上崭新的一章。在这个方面,马克思主义也是一个典型,因为它将科学的回顾和革命的希望结合到一起——而且这种结合只是一种错觉:整个过去把人类引向革命,从而宣告史前的终结,人类到达其历程中史无前例的阶段。

这种调和是真实的还是虚构的？也许接下来的章节(来自埃里克·德·丹皮埃尔的《法国百科全书》)已经隐隐答复了这个疑问。事实上，前三个章节——经济史、社会史、人口史——关注的是社会的基础设施，是发生突变、崭新事物(如果有的话)出现的部门。随后的几个章节——集体心理、宗教、政治制度、国际关系——则有关一些事实或者概念，它们提示的是历史的连续性(如果不是固定性的话)。无疑，经济或者社会阶级的形成具有连续性，而政治或者国家之间关系具有新颖性。但是，这个崭新的时代，只有消灭阶级斗争才能降临。消灭阶级斗争本身又要求物质的极其充裕，要求几乎无限的生产力，要求科学技术发展到过去的文明引以为豪的知识和力量所难以企及的高度。

马克思主义根据它的解释和具体情况，通过强调诸种力量，生产关系或者无产阶级专政，而断言式地回答了这些问题。为了避免下断言，非马克思主义者没有忽视探究的必要性。这是因为他们同样认识到了自由意识和对过去的(科学的)好奇心之间、科学的好奇心与探究历史意义之间的辩证摆动。他们之间的区别在于，共产党所给出的答案，在变动的情况或者利益的支配下，成为了一种正统学说，它使对过去的重构发生了变形，或是将自身置于一切客观研究之外。西方的历史意识中也体现了这种辩证，但尚未形成一种教条式的答案。

人类的科学探究不断发展，好奇心也不断扩大。但这两者与其说解决，不如说提出了这些共同的问题：在历史中行动的问题和历史的意义问题。

2. 好奇心的扩大和更迭

每个时代在重构自己的历史时给了自己一个过去。承认这一点已然是司空见惯的了。受到好奇心的驱使,选择事实,将事件置入一个视角之中——所有这些符合当前潮流的步骤,即历史学家在面对一个既不是完全没有成型,也不是预先完全建构好的材料时所按照次序进行的活动。

研究领域的扩大。毫无疑问,就目前而言,当前历史认识的相对性这个题目,首先强调的是一种完全相反的倾向。我们这个时代的历史好奇心,在时间和空间上扩大,直至研究起了保留着新石器时代生活方式的部落,或者是加拿大北方的族群;我们努力地去触及历史真实的每个方面,既有最厚实也有最缥缈的方面;我们研究大众和艺术作品,工具和宗教意识引发的颤动。历史学家对这繁多的对象兴趣并非一致,他们分成好几个对立或者自认为相互对立的学派。这些学派构成了一个整体,只要有文献,就绝不放过过去社会的任何表达。我们越是靠近现代,我们的历史认识从社会科学中得到的益处也越多。历史认识越是浸没在社会科学的概念和结论之中,它与历史叙述的差别就越大,那些寻找与自己的好运相匹配的辉煌的祖先或者起源的城邦,也正是认识到了这一点。

历史认识转向大众的生活条件和经济现实,一部分原因在于当今文明的特征以及今日人们所接受的价值体系。不论是在苏维埃国家还是在西方国家,官方的意识形态都宣称,每个人都有体面地存活的权利,生活水平逐渐提升是可能的也是必须的。今日历史学家在重构雅典或罗马的日常生活时,也就是在为当今的历史学主题——大众——做昔日的官方历史学家为他们的主子所做的事情:他们在寻找起源和祖先。

但是,这种兴趣上的转移,同样带来了知识上的进步,因为它要求历史学家不能忽视数量、工具、生产和财产模式、合作或竞争的社会群体。自然,所有这些现象对于过去的历史学家而言都是陌生的。但是,由于采用了社会科学的方法和亲身体验了这个世纪以来的人口、经济倾轧,历史学家变得尤为敏感,即便文本没有发出声音,也去提出问题,或是找寻事实。

只有在我们的这个时代,人口管制的现象才凸显出来,人口学家和历史学家才注意到了这一点,并尝试系统地重构过去的那几个世纪,因为在这之前,这些世纪中似乎只有皇位的光彩、军事的荣耀或者城邦的众神才值得受关注。同样,当前的历史学家不辞辛劳地通过各种手段,从过去所留下的一切痕迹中,寻找各个时代的工人曾使用过的工具,从共同劳动中形成的合作、服从或敌对的关系,财产和权力之间的关系,经济等级和社会等级。因为从今往后,这些问题是我们的问题的中心,历史学家们从中挖掘出史前史——我们的祖先曾在习俗或物质的晦暗中生活过的时期。

历史认识的连续与更新。促使历史认识扩大的,不仅仅是我们之前已经暗中提及的社会科学——人口学、经济学、社会学。人种志学、语言学、比较宗教学加深了我们对古典文明最初几个世纪中所谓历史时期、罗马的起源和希腊或罗马的信仰的理解。更抽象地讲,人种志学家、考古学家、文化考古专家让我们感受到,那些可以上溯到新石器时代拂晓时分的神话和习惯,在我们的时代也依然存在,即使这是一个科技和城市化建设的突飞猛进正在加速传统的演变、加快古风的消亡的时代。

历史认识是否因为它致力于从已经消失的社会中发现社会科学在当今社会所研究的东西,而可以说在其方法、对象和结果上发生了根本性的改变? 我并不这样认为。人口的数量、财产的状况、工具的性质、群体之间的关系——所有这些现象从今往后都是我们所想要重构的雅典或者罗马(共和国或者帝国)的整体组成部分。历史学家忽视这些内容也就是在自降身价。但是,如果把银矿开采方式或者雅典的商业体系当作是唯一有趣的,或是比菲迪亚斯的艺术或者伯利克里的战略更为有趣,这是陷入了相反意义上的教条主义。再次引用尼采的话来说,宏大历史在关注大众、工作和日常生活的年代,保留着合法性和效力。社会科学,即旨在理解集体的性质和结构,并解释其运作的那些学科,为自己的正当性辩护,就如所有追求一般性的科学,都带有一种知识,有时,还有一些行动方式。对个体(个人或集体)的独特存在感兴趣的历史认识,孕育了一种好奇心,它合理的理由,既有人情上的,也有理论上的考虑,既是存在的,也不完全是智识的产物。在每个时代、每个国家,历史学家都努力寻找着不应该消亡的东西。

从某些方面看,好奇心的扩大更新了历史学的研究方法。毫无疑问,重构过去仍然需要依靠文献。历史认识如果不以给定条件为基础而给出结论的话,就不具有科学价值。人类所经历的过去已经过去,而且永远不会再次出现;仍然存在的是永远不会消失的历史痕迹、表达和文物。今天的历史学家与过去的历史学家一样,无法完全摆脱这种束缚。但是,如果涉及到的是比较近的过去,历史文献纷繁浩瀚,有时候恰恰是它们的丰富,而不是缺口让人尴尬。即便有关于较为遥远的过去,文献的概念也几乎是很广义的。书写的文献逐渐丧失了它们特别的地位。历史认识不是根据偶然保留至今的书面文献讲述过去,而是在知道我们想要发现什么、所有文献的主要观点有哪些的情况下,让我们去寻找能够帮助我们走入过去的那些文献。

从希罗多德的叙事抑或是古希腊、古罗马历史学家的批评讨论当中,都难以推出马拉松或萨拉米斯战役的参战人数。但我们可以研究战场,分析社会结构和军队招募的方式,从而估算文本所没有提供的数据。这无异于估算公元前5世纪雅典的公民人数、罗马帝国的居民人数和18世纪法国的人口流动。

历史学家提出事件发生时人们所没有提出的问题越多,他就越想要将主导过去的阶级所忽视或想要掩盖的集体生活的那些方面公诸于众,而对文献的解释也就越远离于(不论内部的还是外部的)对文本的传统批判模式(它与历史学家的实践从来没有一致过),越远离于试图通过比较和修正不相吻合的文献版本而确定真实版本的解释。不论是有关工具、价格、商业还是阶层,主要的文献不是观察或讲述过去的人所记录的文献,而是那些间接地提供信息的文献。只要我们能从中提取出有关过去的人的物质生活或者精神生活的些许信息,一切——货币、雕刻、雕塑、宫殿遗址、故事、诗歌——都是文献。好奇心的扩展丰富了文献收集和知识。

历史以书面文献为基础。书面文献有的话,也许是这样的。但是,如果没有任何书面文献,我们可以也应该不借助书面文献而得出历史。没有四处可见的花朵,历史学家要产出蜜来,需要用上自己全部的创造力。因此,他们要找出词语、符号、风景、瓦片、田地的形状、杂草、月亮的圆缺、套牲口的项圈,他们需要地理学家对石头的专业知识,需要化学家对古剑的金属作分析。一句话,他需要借助于一切属于人类、依赖人类、服务于人类、表现人类和意味着人类的存在、活动、口味和生存方式的东西。①

学派的多样化。 当今,是否已经出现了各个历史学学派之

---

① 吕西安·费弗尔,《为历史学辩护》(*Combats pour l'histoire*),第428—429页。

间的对立？这些学派各有自己的原创方法，对自己独特的视角引以为豪。但说实话——也许这会使所有学派的追奉者惊讶——我不这么认为。首先我们避开马克思主义者和非马克思主义者之间的对立不谈。西方的马克思主义者，在**真实地**书写一个世纪或者一个社会的历史时，在书写方式上与他们的同行非马克思主义者没有根本上的差异。我们也不必去管各国学派之间的差异。虽然这可能并非人们所希望的，但历史认识是与国家联系在一起的：一个国家的历史学家抱怨他们在国境另一边或是大洋彼岸的同行没能与时俱进跟上他们对自己国家的历史认识的脚步早已经是我们司空见惯的了。

在一个国家的范围内，比如说法国，历史科学是否已经丧失了自己的整体性？林立的学派撕裂了学者们所必需的共同体，历史学家是否因为这些学派而被分隔开来？此外，我们能否用保守和革命、传统或创新来为这些学派冠名？

无疑，法国历史学家都有各自的倾向（如果说不是学派的话），而且他们之间的论战一直以来都是活跃的。有四种原因可以解释他们的分歧：政治倾向（或者说政治和宗教信念）；所关注的那部分历史真实；专门知识对专家产生的影响，以及最后，为历史认识所定下的最终目标。我们只需要援引一个例子就能看出这四个原因。

皮埃尔·加克索特（Pierre Gaxotte）和乔治·勒费弗尔（Georges Lefebvre）即便都承认大部分事实的真实性，讲述法国大革命时，他们的风格仍然是截然不同。如果我们仔细看的话，他们都认为自己的写作*未带私人情绪*(*sine ira et studio*)。而事实并非如此。历史事实难以与价值判断区分开来;历史学家在价值判断中表明自己的倾向,他的叙述不可避免地带有自己的政治或哲学立场。

研究劳动史和战争史的历史学家不会各自得出相同的公式。让我们撇开蔑视军事史的经济史学家的幼稚不谈。敢于轻视战争和战斗者在人类社会形成过程中发挥的作用需要一种超常的盲目。哲人大可以断言战争无用,唯有劳动创造一切。这个判断在我看来,在很多方面都应当批判。而且,这样做是不是会丢掉很多东西,因为国王和他们的战争,不久前是历史书写的首要兴趣,他们仍然是塑造了我们所观察到的历史的活动之一。某个特定学科的实践所创立和维护的预设,难免体现着人类的一些弱点。有趣的、典型的事实,非但不会造成专家之间的敌对,反而能够体现或确认专家之间必要的合作,以及学科分野的刻意性。从德尔布吕克①以来,战争史是政治和经济史的一个章节。而在我们这个时代,谁又会忘记,经济史同样是国家冲突史中的一个章节?

专家们的方法也没有本质不同,它们反映出来的不同习惯也不见得更少。研究国际关系、讲述1914年8月欧洲爆发大战之前最后几个太平日子的历史学家,经年累月地去剖析档案、外

---

① 德尔布吕克(H. Delbrück,1848—1929),德国军事史家,著有《政治史框架之下的军事史》《波斯与勃艮第战争》等。——译注

交官或者大臣的笔记、谈话的记录。他们根据文本工作,致力于从文字中重新发现行动者的意图或是行为和事件的发展路线。他们不知不觉中形成了一种不同于研究20世纪初的产能增长或者商业贸易的经济学家的工作方法和世界观。研究战争起源的历史学家不能不自问:这是谁的错?研究1929年危机的历史学家也逐字逐句地提出了相同的问题。19世纪欧洲的扩张,在历史学家眼中似乎是被一种无可抗拒的自然力量所推动的:个体、文本消失了,渐渐为统计数据所取代;工厂、矿山、阶级这些全球性的具体的历史真实,轻而易举地转变成了非人的力量,甚至是被赋予客观实在性的抽象。

有关解释的问题。是不是说,好奇心的扩展和更迭终结了学派之间*实存*的冲突呢?或者是,将之化简为专家之间的争执?专家们各行其道,采用的方法皆出自于某种特定的经验,而作为范本被提升到一种哲学的高度,成了各自的职业定式;他们否认研究自己好奇心以外的事实次序有多少益处。我认为所谓学派间的争论,大多属于这种类型。这样的争论无论如何,都会使对自身学科有更宽广认识的历史学家和局限于传统、狭隘的视角的历史学家之间产生对立。在理解或者解释的广泛性上存在的这种不平等并不构成逻辑或者哲学争议的对象。

问题不在于此。所有历史学家都不难承认,欧洲的扩张,"经济矛盾",国与国之间的利益冲突都与1914年的世界大战有联系。但是,它们与这场战争有什么样的关系呢?莫拉泽

(Morazé)先生在他的《胜利的资产阶级》(*Les bourgeois conquérants*)中,为叙述一段整体的历史而下足了工夫,把工厂、铁路、田野,还有梦、歌曲和作品都囊括在内。他的综合强而有力,整体比细节更具有说服力。

> 这个年轻的经济体注定要受到危机的侵袭,十年左右的周期性发作已经让这一点暴露无遗。1783 年之后是第一次巨大的转型运动,1793 年之后是 1804 年,英国人因为担忧自己北海贸易的前途而迫不得已求和(斯堪的纳维亚国家和俄国支持法国)。(第 116 页)

看一看"英国人迫不得已"这句,我们立马就能提出一连串问题:是否有证据证明,当时的英国人曾有意识地承认了商业困境是迫使他们签订和约的理由? 是否有迹象表明,商人阶级(或者它的一部分)曾对政府施压? 这种必然性是否真的是通过间接手段施加的?

> 击败了路易-菲利普的信用危机,缘起于兴建铁路所需要的大规模资本。(第 253 页)。

真的是信用危机击败了路易-菲利普? 这种解释看似比传统的解释——战争、鲁莽的王朝对立、国王的衰老、基佐的固执——更有道理、更深刻。但它是否更为真实? 这些炫目的解释所体现的东西,又属于什么样的类型呢?

我举这些例子为的不是引起争论,而是提出一个问题。我们所有人都不厌其烦地重复,学科之间需要合作,历史真相是一个整体,对它的认识也应该是包罗万象的。但是,仅仅通过罗列事实,或者罗列各个部分远不能构成一个整体。仅仅在叙述20世纪的外交波折时添加经济或意识形态起源一章,并不足以重构我们所试图捕捉的**历史进程的次序**(l'ordre du devenir)。换言之,好奇心的扩展和更新,更多带来的是一种科学和哲学的问题意识,而不是学派之间的争吵:历史存在的每个方面都不能孤立对待,但是,如何将它们一个一个串联起来,而且同时既不忽视他们之间的联系,也不忽视他们各自具有的相对独立性?

3. 历史统一体

人们所说的唯心主义哲学家和自称现实主义的哲学家,都认为自己属于事物发展历程中的一个集体。历史是存在的,历史认识并非由虚构中创制;它讲述和重构过去的事物、演变形成的事物。我们今日的经历会在明天成为历史:我们确信围绕着我们的世界具有真实性,它是过去的一部分,历史学家则试图讲述它,或者使它复活。

不过,这些现实主义的定论没有解决历史认识的对象问题。今天,物质上留存下来的,只有先是被历史,然后是被历史学家收集和筛选过的古迹和文献。今天的凡尔赛宫在物质上与路易十四或者路易十五时期的凡尔赛宫大同小异。就此而言,过去是实际存在的,因为它作为古迹仍然受到人们的参观和理解。但是,假设我们的目标是发现它落成时候的人们——那些建造它、支配它、居住在其中的人——对它有何看法。这样的话,构成对象的,就是有关人们的意识的事实,这些事实曾经存在(或者可以说,人类曾经经历过),但不再存在,也不会再度出现。同样,在德南(Denain)打仗的人,他们共同经历、建构了这场战斗,而他们的种种姿态已经消逝了。这些东西都没有被某种神秘的东西储存起来,数百万意识的颤动,都如水上涟漪,稍纵即逝。我们想要认识的东西已然不再。我们好奇于不复存在的过去。历史的对象是不再存在的真实。

这种真实是与人类有关的。战斗者的行为是有意义的,而且战斗不是一个物质事实。它是一个内在逻辑并不完全一致的整体,由各个行动者的所作所为构成。他们的所作所为受到军队纪律和将领意图的协调,足以成为可供人们理解的统一体。战斗是否作为一个统一体而真实存在?历史真实完全在于历史的诸多成分之中,还是说,整体同样也是真实的?

对于这个在形而上学上模棱两可的主题,我们只需要做出几个简单而无可反驳的评价即可。只要涉及到的是人类的真实,捕捉原子和捕捉整体是一样困难的。但如果只有原子是真实的,我们认为是历史真实的最小碎片的那些姿态、行动、事件,又是什么呢?我们是否应该说,历史认识的对象是社会的形成、演化,而社会则是由个人组成,因此,唯有后者是真实的?实际上，意识是个人所特有的，集体既没有生命也不会思考。但是，个人作为人类和社会存在，其之所以为人，就是因为他们被纳入了一个群体当中，并从中吸取数个世纪流传下来的技术和文化。任何人类的意识都不是封闭自足的。只有意识在思考，但是这思考都不是封闭起来独自进行的。战斗与物理上的个人，并不具有相同意义、相同模式上的真实性。文化与个人的意识并不具有相同意义上的真实性，但是我们是无法理解孤立的个人举动的，脱离于历史—社会背景的意识也是如此。历史意识的对象，不是一个唯有真实事实所随意构成的集合，而是受到详细阐述、可以理解的整体。

统一体的各个范畴。这些整体是什么？让我们区分如下几个范畴：第一，或大或小的事件，都是人类举止的整体，具有大致的时间和空间界限，或多或少清楚地受到某些行动者的意识的思考。一场战斗与每个战斗者的姿态同样真实，因为它是由这些姿态所造就的，历史学家并没有将统一性强加到这些姿态上去，它是印刻在其时空界限所决定的性质之中、印刻在军事统帅的命令当中的。第二，如果我们置身于一个更高的层面，空间—时间的统一体变得更为模糊，我们纯粹是通过事后的回顾才得以理解统一体：我们能够标识出"大革命与拿破仑帝国的战争"之开端与终结；这些战争以整个欧洲为舞台，战火从里斯本燃至莫斯科，而且没有人在事前就预料到这一切。我们把在某天某地发生的奥斯特里茨战役称为**事件**，把大革命和拿破仑帝国的战争称为*序列*。后者可以被看作是一个整体,因为这些战争是由某些事件所引爆和终止,但这些事件的展开,则是一系列意图、行动和行动的结果交错在一起的结果,在行动者的预料之外。第三,历史学家和社会学家一样,用一种特殊的类型来表达历史真实,最为显著的例子就是"国家"。没有人见过国家,但也没有人能够思考复杂社会而不诉诸这个概念。国家不会自己行动,只有以人作为中介,下至芝麻绿豆官,上至战马上或宝座上风光荣耀的领袖。物质上而言,国家不是真实存在的,但它也不是一个简单的抽象概念、观念或者词语。作为人们意识当中的理念或者义务,作为组织的原则或者理想的原则,国家是极为真实的;正如法律是这个看不见且强大的整体的表现,官员、政要、士兵都是它的仆人。第四,民族或者阶级——即集体(les colletivité)——是个体事实,不可胜数。这些集体的真实存在于三个层面:生活方式或思考方式以及每个人在其环境中习得的文化遗产方面的共同体;归属于某个集体的意识,对于这个事实境况或者对于这种意识的自发或刻意的回应。成为一个阶级或者民族的意愿,从来就不仅仅是集体中少数人所拥有的。第五,思考政治、社会和经济组织需要借助于概念,以区分各种类型的制度。无疑,具体而言议会制度在各个国家都有不同。法国和英国的议会政治差异显著。两者属于同一种政治体制,且历史学家相比社会学家,并没有对确立类型采取更为回避的态度;通过确立各种类型,历史学家标识出一个民族形成历程中连续的时代,或是人类政治史的各个阶段。第六,具体的社会科学仅限于分析和比较它的研究对象中所体现的部分的整体。历史认识则不仅试图理解法国的议会政治或资本主义，它想要在各个方面捕捉到法国的历史。然而，毋庸置疑的是，不同学科所研究的领域，既具有相互联系，也具有本质上的模糊之处。"信用危机打败了路易-菲利普"，还有纯粹而简单的政治叙述与经济研究——历史认识在这之间游走，还没能在这些毋庸置疑的联系之中，找到准确的事物发展模式。

完全统一体的性质。对于这些统一体的研究，从某个角度来说，是与如何决定历史认识的对象相同的。采用批判性的或现象学的分析，我们得以超越于一切形而上学，而恰如其分地具体阐述整体的真实的具体性质。但是，这个分析还没有回答刚才提出的这些问题，以及有关科学和历史哲学的问题。

历史认识不放过社会的任何一个方面。它对于工具与情感，卑微与荣耀，日常生活与节日盛典，政府模式和艺术形式具有同样的兴趣。通常情况下，历史认识既承认它的研究的普遍性，也承认个人知识的有限性。每个历史学家在集体著述中表达自己的观点时，讨论的都是他自己的长期经验所让他熟悉的内容。但是，将一切并置是放弃的一种形式。在上个世纪法国的经济演进与政治不稳定这两个独有特征之间，我们不能不怀疑两者具有相互的联系。也许并非是信用危机让路易-菲利普垮台，而应该是相对缓慢的工业化，所有制度根基薄弱、难以扎根构成了系统性的解释。但这是怎样的一个系统呢？

哲学或半哲学理论,可以说是对这个系统的性质所作的假设。通俗理解的马克思主义理论承认经济因素的第一性,而也不排除意识形态或政治现象反过来对经济产生影响的可能性。"文化"(取这个词在美国人类学中的意义)理论解释的是继承了相同习俗、信仰传统(它们是一种相同的心理、相同的客观精神的体现)的行动所带来的政治、经济和智力上的多样演进。多元论的理论强调的则是一个集体本身多样的活动所具有的相对自主性。为什么上个世纪的资产阶级法国会迸发出如此多的绘画作品?通过精巧的叙述,人们将从德拉克罗瓦①到马蒂斯②的法国绘画的诸多特质归功于资产阶级的法国。塞尚(Cézanne)这个人和他的天才之间的联系仍然是神秘的,19世纪法国社会和这个伟大的绘画时代所具有的关联性(如果存在的话)同样让我们捉摸不透。沿着这条思路,在第一因的决定作用,以及无数个殊心理的表达之间,我们不妨插入一种解释,它不否认活动与作品的相互联系,而同时指出每种创新相对于社会—经济背景所具有的、无法再约分的**原创性**(l'originalité)。

多个历史还是一个历史? 在我看来,这三种理论似乎是哲人所共享的;或者,我们也可以说,是历史学家在对历史进行哲学思考时都会采用的。马克思主义是首要决定因素理论中传播

---

① 德拉克罗瓦(Delacroix,1798—1863),法国浪漫主义画家。——译注
② 马蒂斯(Matisse,1869—1954),法国画家、雕刻家。——译注

最为广泛的版本。(现代社会本质上是经济社会,这就很好解释为什么人们倾向于肯定经济的首要性。)根据《历史研究》的理论,历史的各个部门由诸多巨大的整体构成,也就是汤因比所说的社会;每个社会的统一性来源于一个独特的灵魂,或者一种独特的启示宗教。职业历史学家大多数而言既不遵循首要决定因的理论,也不遵循有关社会(或者斯宾格勒意义中的"文化")的理论。他们既不确信历史整体的结构,也不确信统一体的数量和性质。我们可以将相同的意思转变成几个问句:历史是一部关于人类的历史,还是多部关于多个文明的历史?而这历史,或者这些历史,是否具有同时或历时的结构,是我们可以辨识和理解的?

历史的主体,兰克认为是民族,斯宾格勒认为是"文化",马克思则认为只有一个主体,即人类(l'Humanité)。马克思认为,历史的阶段是全人类共有的,它以经济体制为标志,如奴隶制、农奴制、雇佣劳动制和社会主义(这里我们暂且搁置亚细亚生产方式的概念,它提供的是人类进步的另一条线索)。根据斯宾格勒和汤因比的理论,每个社会(或者文明)都要经过相同的周期而最终解体,随之而来的,或是新的野蛮时代,或是普世教会的兴起。对于民族历史学家和历史主义(依照迈内克给这个词赋予的定义)的信奉者而言,历史是各个时代和集体的多元并存与连续演替,而每个时代和集体都是个殊的、无可替代的。

我们是否有可能超越有关历史主体和历史认识对象的这些显然相互矛盾的理论?或者,我们能否至少阐明一种问题意识,通过它我们得以理解这种多样性?

4. 历史学家的意图和历史解释

努力重构已然死去的社会的生活,是活着的人的意图。历史学家受到这些意图的激发,而开始书写历史。也许对这些意图进行一种类型上的分析,并将之与历史解释的类型进行比较不失合理之处。

历史学家态度的对立。历史学家置身于某个时刻,试图在事物的发展历程中为自己定位。因此就有了追根溯源的研究:胜利的古罗马,以世界主人的姿态重构了自己的过去,使之与它当时的显赫相符。从罗慕路斯(Romulus)的史诗到斯大林本人亲自编写了一部分的《联共(布)党史》,人们一直都有根据当下而改造过去的闪念。从儿童到成人,从种子到果实,生长也许看似持续不断,但其中有诸多变数。更何况,历史学家并不需要依靠生物学的类比,因为断裂与连续性是历史中的人们所同样意识到的。连续性的要求和断裂的可能性构成了一对反命题,分别对应了一种存在的态度,一种历史学家的意图。革命派想要否认遗产:雅各宾党人不会自称为国王的继承人,因为他们是暴君,施的是恶政。保守派则自称继承了数个世纪、数代人所积累下来的智慧。

连续或断裂同样意味着变迁。在这个方面,历史学家可能受到两种不同的意图引导。不论保守派还是革命派,他们可能都对"其他人",对于那些崇拜另外的神、根据另外的范畴思考宇宙、梦想着另外的天堂、认同另外的宿命的人有所好奇。但是,如果没有某个共同体的支持,这种相异性将会是我们无法理解的。各种世界观的类型学——也就是对人类本性的预感——与这种对人类样本的探寻形影不离。

有的历史学家想要理解他人,从而更好地了解自己,或者取得有关人类的更丰富的体验——他们喜好沉思。有的历史学家从历史中获取教训,并认识到人类事务中的常态——他们服务于行动。他们的期望是做君王的顾问,成为他们的教育者。国王或者大臣们想在自己的遗嘱中把他们从自身经历中得出的结论传递给他们的继任者。这种类型的历史学家,从马基雅维利到班维尔①,绞尽脑汁地把相隔若干世纪的局势作比较,以遵守或者无视事物的永恒规则为原因,解释这些人的成功和另一些人的不幸。

历史学家不得不去解释历史,换言之,他不得不将他所追寻的连续或不连续的变迁插入到一个模式当中去。他必然会倾向于某种极端的形式,认为人类的历程是**走向生长或者死亡**,进步或者衰败,这历程是**无限循环**的周期,除非他全然否定任何模式化的做法,而满足于欣赏人类和人类作品无尽的多样性。李维证明罗马的过去将之带至帝国的辉煌,马克思证明人类的苦旅

---

① 班维尔(Bainville,1879—1936),法国记者、历史学家。——译注

走向社会主义。所有进步论哲学都判定过去无罪,因为是过去产生了现在。周期论的哲学家带有悲观主义倾向。这是一种行动者的悲观主义,他们对战胜混乱没有希望,而只有在对无序和死亡作斗争中才能看到人的尊严(马基雅维利)。思辨上,这种悲观主义拒绝超验或未来的慰藉,用恒常轮转的观念,固守超越周期之不可能性。

连续与断裂,变迁与稳定(或者说,历史多样性与人类统一性),进步与周期,这些是一个方面;保守主义与革命,灵魂的好奇心与君王的教育,乐观主义与悲观主义,这些是另一个方面。这两个序列的反命题相互呼应。历史学家的意向性体现在历史解释当中。这是不是说,这种相对性是否就是结论,而历史学家的科学意图并没有消减历史解释对历史学家的存在态度的依赖?我们并不这么认为。

真实的各个方面。就真实的各个方面所作出的这种或那种解释,不是强加在真实之上的,也至少是真实所提示要我们去这样做的。国家之间的关系展现出多种常规性,而通过适当水平的抽象,这些常规性可以构成历史的教训或是超历史的真理。社会不停地变换主人,用无名的统治者取代受过加冕的首脑。政治是同时存在断裂和稳定性的场所。共产党的战士占领了克里姆林宫,取代了沙皇和他的达官显贵们的位置,但不出几年,在大人物的肩上和制服上,装饰并不比旧时的少;这些人是新制度养活的,但排场并不比世袭君主制的时代小。苏联共产党人曾谴责沙皇的秘密外交和阴谋诡计,而正是这些人,在成了统治者之后,采用了他们曾鄙弃过的这些手段。如果说外交和政治专家对于明显的断裂和深层次的稳定性十分敏感,这有什么值得惊讶的呢?

同样,连续性可见于习俗和信仰方面,而断裂——至少是从两个世纪以来就开始的——将经济的发展历程切分成若干片段。科学与技术让人相信历史通过积累而走向一个最终极限。国家和文明的脆弱性引起了它们的崩塌和重生:在某些情况下,一个时期的终结必然标志着另一个时期的开始,民主沦为暴政,而反过来,暴政最终又以自由而告终。就这样,根据希腊城邦的经历,周期论的观念诞生了。

如果每个专家可能都不得不对过去作出某种解释的话,他们必须做到让两个方面的任何一个都不把另外一个完全排挤出去。政治在重演,但它也许会向公民身份普遍化或是世界帝国的方向演进。技术的发展决定了经济的动向,但是群体之间的分化至今为止仍然是经济社会一个固有的特征。

正是在一个更高的层面,在哲学本身的那个层面,这些解释才成了有问题的。仅仅记得在集体存在的一切领域,我们都能找到连续性和断裂,稳定性和变迁,有时候多少具有常规性的重复以及多少受到引导的独特历程是不够的——尽管这样做出于必需。当我们思考整体的历史,思考人类本身,这些解释的互补性消失,而一种矛盾显现出来。

最后的疑问。战略家如果拘泥兵书,把本是因时因势推导出来的谋略当作一种永恒的真理,则是犯了与历史学家相同的大错:沉迷于似曾相识的事物,而忽视未发掘的。不论在政治还是战争史领域,能够分别哪些相同、哪些不同的眼光是敏锐的。但是,在我们这个时代,这条寻常而理智的公式没有回答真正的问题:每次技术创新,悲观主义者都哀叹战争的残酷性,而乐观主义者则表达了他们的期望,恶能够生出善来,让武器无边无际的威力得以平息。到目前为止,双方都错了,事件还是随着惯常的序列展开。这一次也会是相同的吗?所谓的大规模破坏性武器——原子弹和氢弹——难道没有让我们在人类毁灭与和平之间作出抉择吗?

同样,人类数个世纪以来都梦想着出现人间的天堂,物质极其丰裕,财富平等分配。这些千禧年主义的幻梦,在这个技术进步使国民生产倍增的时代,难道没有发生意义上的变化?人类一体的理念绝非新近出现,所有有关人类拯救的宗教都给出了自己的公式。但是,在20世纪中期,人类正走在一条统一成为一个共同文明的道路上——这个文明从欧洲出发,正在将所有大洲都包括进去。战争不再可能发生,不通过剥削而增加财富,所有社会具有相同的劳动组织——这三场革命不正标志着一次断裂,而唯一能与之相提并论的,也许是新石器时代的革命:人类开始耕种和畜牧。新石器时代的革命产生了历史,也就是我们六千年来所认识到的,有关文明、城邦、帝国和民族的历史。煤炭、石油和原子能共同引发的革命,难道没有为人类未来开启一个崭新的时代?

历史学家没有义务,也许也不可能回答这个疑问。但是,这是在我们的处境上难以抗拒的问题,它体现了我们的历史意识所具有的终极不确定性。工业社会是人类的共同命运,除非发生了突如其来的灾难。它是否摧毁了文化的连续性,存在和劳动的多样性?政治、习俗、信仰的制度,要有怎样的多样性才能够容忍这种独特的社会?它是否会终结有文明兴衰的历史以来的这条法则:胜利与失败、光荣或者卑鄙而又总是没有任何结果的冲突十分单调地交替出现。

历史认识,如果我们运用正确的话,可以帮助我们理解我们所见到的这个世界是如何形成的。但是,它非但没有教导我们太阳底下无新事,反而让我们不得不承认有我们还从未见过的事物。同科技革命,这场无限地扩展了生产和破坏手段的革命相比,即便是搅动了国与国之间的力量关系、将欧洲带到亚洲一角的政治革命,也只不过是第二个层次上的变动。但是,没有任何迹象表明,这场革命消除了千禧年主义文化、与人类本身的性质有关的制度稳定性的主要特征。历史的形势或者人类的境况:历史认识没有也不能忽略这二者中的任何一个,因为今天的人类必须叩问,他们所经历的革命有多大的能耐,超越于知识和机器之外,他想要为他的存在赋予什么样的意义。

用柏格森的话讲,如果人类确实是一个造神机器的话,那么人类经历的是一场变形,而不是神的死亡。

第五章　修昔底德和历史叙述

战争史已经过时了。生产力、社会结构以截然不同的理由吸引着后世的注意。学院派的历史学家中,已经没有或者几乎没有人,再把军队和武器看成是人类历程的主要成因。唯独还有经济,似乎能够得出综合或者总括性的原则。

历史学家很少是"唯物论者"或者"战争论者"。尽管在理论上,人们能够为自己所厌恶的人或制度赋予历史中主要的地位,但是心理上,我们倾向于忽视自己较不喜欢的事物。一切对过去的重构都是一种选择;毕竟,我们用今天的兴趣来衡量过去某个方面的重要性是情有可原的。如果我们贬低"经济",强调"战争"的话,我们可能会疏离于"进步论的"、"开明的"观点。

初看之下,这种态度与我们这个世纪的经验相去甚远。与诗人一道,我们也许会倾向于呼喊:还有哪个世纪的战争比当今的更为无益呢! 我们发现欧洲——这个半个世纪前还曾享有霸权的大洲,在一个德国将军的指挥下,它的一支小小的军队就能在北京耀武扬威——分裂而且无力,一边在苏联专员的统治之下,一边受到美国议员的控制。如果不是两场残酷无情的战争,我们能够想象,欧洲会作为最弱小的一方,向欧洲之外的权力求助,来赢得战争吗?20世纪的前半叶是世界大战的时代,与尼采这个预言家所宣告的如出一辙。未来的历史学家会不会也对之作如此的解释呢?

我们所有人回答这样一个问题都会有所顾虑。但为何如此呢?修昔底德曾具体地讲述过远征、战略,还有陆上的重步兵、海上的三列桨战船的相互冲击。他感兴趣的是伯罗奔尼撒战争;除此之外便无二者。他快速地掠过了数个世纪,在城邦的形成之中分析战争遥远的起因。具体的叙述部分则留给了各城邦会议的深思熟虑,城邦政治家和军事将领的对话,战役中指挥官的战术和士兵的英勇善战。人类行动本身——或者就伯罗奔尼撒战争史来说,*一个或某些人对付另一个人或另一些人的行动*——即是修昔底德关注的中心,是我们至今为止看来仍然是一部大作、一部古代史学巨著的写作对象。为什么1914—1945年间德国的战争没有发现它的修昔底德呢?为什么我们似乎倾向于不假思索地给出回答,确信20世纪不存在一个修昔底德,也不可能存在呢?

接下去的文章正是为了回答这个疑问。这是因为我们所讲述的历史是不同的,还是因为历史学家发生了改变?

1

修昔底德所讲述的历史①,在其叙写的内部,带有批判性的解释以及实用或哲理的教训。很少有历史学家会打破叙述的连贯性而插入自己的观点。他这样做的时候,几乎总是作为一个旁观的评论者,置身事外,因而也就可能作出公允的评价。因此,在第七卷末尾,修昔底德对尼西阿斯作了如下评论:"在我这个时代的所有希腊人中,他是最不应该遭到这么悲惨的结局的,因为他终身致力于探求和践行美德。"通常情况下,行动者的话语能让修昔底德无需自己介入,便将普遍性的命题道出。在《伯罗奔尼撒战争史》中,修昔底德再现了公元前5世纪的希腊人;这些人没有暴露在各种意识形态造成的虚伪和犬儒主义的双重危险之下。雅典派出的使者坦然地向卡玛里那的希腊人说:"在希腊,我们在同盟中的领导权是适宜于使每个同盟国对于我们最为有利。开俄斯人和麦提姆那人供给船舰,并且是独立的;其他同盟国大部分处于较为苛刻的条件下,给付定期的贡款;而有些同盟者,虽然他们是岛上居民,很容易被我们征服,但是他们享有完全的自由,因为他们占据伯罗奔尼撒沿岸附近便利的地位。"(VI,LXXXV,2)苏联的专员或者美国的议员应该不敢说

---

① 熟悉修昔底德的解释的读者应该很容易发现,后面几页的很多内容都出自德·罗米伊(Romilly)夫人。如果不是担心我所给出的表述会折中属于她的那些观点的话,我本可以也应该在每页引用她的话。

这样的话。

修昔底德的历史叙述没有意识形态的沾染——掩饰或者辩解——无疑是可以解释它本身就包含了批判性分析以及一部分对事件的哲学解释的原因之一。但这不是唯一的原因。要理解修昔底德的叙述所给出的完备性(la satisfaction),我们应当捕捉事件的本质和历史学家所赋予它们的意义的本质。

在修昔底德看来,战争当然不是**历史浪潮**(*vague historique*)表面上病态而可笑的动荡。它不是一种残酷、血腥的手段,以不可避免的方式,用以执行人类宿命的宣判或者实现变革。我们将看一看,修昔底德的叙述中是否有一种历史的宿命(也许也可以说是一种"历史决定论")。历史学家十分看重人类的行动,因为唯有这些是值得后世去认识的,它们构成了历史的进程,历史的进程借之得以实现。书写伯罗奔尼撒战争的历史,即是讲述雅典人如何因为自负和权力欲,忽略了伯利克里的忠告,而以沉沦告终,即便他们富有英雄气概,还有超人的努力。这场悲剧的结局为所有旁观者所知,同样,这场巨擘之间的战争将会走向何方,读者在读到风暴一触即发之际伯利克里的演讲时,就已经能看得明了。如果我们是理智的,就会因为我们是最强而去征服——这几乎就是这位演说者的主题。也许修昔底德①是在

---

① 修昔底德在编纂或者修订第一卷的时候知道这个事情吗?注释家们对此有所讨论。在我看来,修昔底德知道雅典最终战败,因而调整或者保留了这段著名话语的文本,从而让他的话语保持正确性,凭借最终的事件而拥有悲剧性的意义。

说,雅典人如果从头到尾都很理智的话,实际上就不会被征服了;修昔底德没有禁止读者相信,本能够避免失败的那种智慧,不可能*符合人之常情*。

历史学家可能会随着时间和年代的倒退,而对于事件的叙述不感兴趣,因为他知道这些事件的结局。他会像悲剧的观众一样,对《俄狄浦斯王》不感兴趣,因为他从表演的一开始就知道伊俄卡忒会自杀,俄狄浦斯会弄瞎自己的双眼。这种联系仅仅在表面上看是悖论的。因为它说明了叙述的合法性,但受到给定情境的限制。不值得回忆的人的生活自然不会流传到后面的世纪。历史—叙述预设了历史学对象——即经历过历史学家所要追溯的事件的那些人——有某种**品质**(*qualité*)。这品质本质上是存在于政治秩序当中的,而且在修昔底德看来,它存在于政治的最高级行动,即**战争**之中。

当今,"政治"(politique)一词,由于英语中政策(policy)与政治(politics)的区分,以及日益升温的怀疑——即我们曾习惯于称呼为政治的东西是否具有首要性——而变得模棱两可。政策,比如米其林或者通用汽车的政策,石油公司或甜菜厂的政策,是行动的方面;它或是依照设计它的人(米其林,通用汽车公司),或是依照它涉及的领域(石油,甜菜)来定义的。政治则是在大的意义上,指的是在一切社会存在领域中行动的方案;一些人将其设计出来,目的在于命令其他人。政治学因此研究的是政治体制,也就是决定组织和命令的规则的模式。人们可以讨论大企业的政治体制(在大企业中,发号施令者不需要咨询接受其指令的人,也无需获得他们的同意。从这个意义上讲,它推行的是威权体制)。但是,至少在希腊人眼里,城邦的政体是最为重要的,因为对它而言,城邦的领袖主宰的不是一个局部的活动(劳动),而是对自由人的存在(也就是政治)具有建设性意义的活动。

话休烦絮。城邦是人们的共同生活。每个集体活动都包含有一种政策,有助于将城邦置于一种组织之下。但是,组织各种活动,对各种活动的出色领导,正是典型的政治艺术。每个政体都代表了某种组织共同存在的方式。公民或是想要在体制框架内影响其他公民,或是想要建立或者调整一个体制,从而使他们之间的个体关系符合它对于人类、自由或者道德的看法,因此他们在政治中自我实现。

这样定义的话,政治便总是包含一种对话的元素,是约束与说服,暴力与平等磋商这两极之间的对话。当政治在相互认识的人之间进展时,它是辩证的。当它将人对立起来时,它是战争,因为这些人承认他们彼此的自由,同时又自称彼此是陌生的;他们是城邦的成员,每个城邦都珍视自己完全的独立性。由此,我们也可以觉察出为什么战争是政治的最高形态,而同时又是它的否定。

人们若都根据理性生活,政治就会走向终结。然而,这种生活只有在城邦之内,在法律帝国之下才有可能实现。如果某人专断地发号施令,另一个人要服从,而不论主子的命令是什么、服从者的情感如何的话,前者将会成为自己激情的奴隶,后者则丧失自由，因而不可能拥有高尚的品德。政治的德行催生法律，并因之有了城邦与和平。

因战争而对立起来的，不是个人，而是城邦。尽管杀害自己的同胞是一项罪行（除非是刽子手合法地行刑），战斗中将敌人置于死地却是一项义务。战争的暴力有悖于仅在城邦内部有效的政治秩序，但也并不标志着人们重新堕入了原始的野蛮状态。战争中的人表现出他的某些动物本能：人也疏导和利用这些本能。

战争的双重特征——动物性的和人性的特征——在各个层面都有显现。作为希腊人和自由人，如果他们的城邦没有宣称自己是自由的，如果集体存在的自由与公民自由无异、仍然需要遵守法律的话，交战中的士兵也许会冷静下来。战斗虽然是疯狂的，但胜利通常属于更机智、更有序的那一方，也就是遵循理性的那一方。

战争既是合作也是竞争。它考验人们联合起来对抗他人的能力，而他人也同样在抵抗的意志中联合起来。它激发起统治和征服的骄傲，而这种对抗又没有完全脱离理性。斯巴达和雅典达成停战，各自立下誓言（不相互攻击，不离间对方的盟邦等等）。他们有一套国际法，如果不是设计出来的，就应该属于习惯法。它规定了主要城邦的责任，未卷入的城邦的以及两个阵营中的城邦的义务。在每个阵营中，称霸的城邦及其盟友或卫星城邦之间的关系，遵守具体的规范。修昔底德很简单地解释了城邦之间为什么会签订不平等的条约，以及让城邦加入一方或另一方的各种原因(强迫,信念,利益,审慎)。他在解释的时候没有任何矫揉造作或是愤世嫉俗。我们离现代的国家平等原则很远,也离一种更为粗浅的形而上学很远。这种形而上学想要忽视这种既没有被无视又没得到遵守的规范。修昔底德并没有天真地去怀疑,归根结底在战争中利益的考量胜过法律或正义的考量。但是,如果武力没有因违反法律而一直走到自己的终点,走向自我毁灭的话,战争也许就不会是一种极度具有人类特征的表现。

战争是合作与竞争、纪律与激情、勇气与智慧、法律与暴力的辩证,它在相对立的极限之间游走,因为它是行动中的敌对,运动中的矛盾。完美的政治是让这些矛盾停息,是和平。战争是解放这些在稳定政权下被压制的矛盾。如果政治是理性、美德与和平的话,战争就是其否定。如果理性、美德与和平只有在短暂的幸运时光才存在的话,战争的形象就是穿越人类存在的火车;人类无力实现他们所构想的秩序,无力企及他们所朝向的终点。

不过,在修昔底德的眼里,伯罗奔尼撒战争是一场完美的、理想的①战争,因为有充分的事实证明,它展现了战争的潜质,所有对立的词语在战争中出现,在战争中生发。这是一场殊死搏斗,持续了三十年之久,以我们所说的"绝对胜利"而告终:斯巴达及其盟友占领雅典,雅典制海权毁灭。其军事行动的持续

---

① 这里我们采用马克思·韦伯赋予这个词的意义。

时间,参战者的数量和顽强,士兵的英勇,战争范围的扩大,结局的宏伟,都是无可比拟的。但是,这场战争之所以是理想的战争,不仅在于它的空间与时间维度,也在于其具体或抽象成分体现出来的条理性(stylisation)。

战争开始之际正是城邦达到顶峰,也是希腊文明本身达到顶峰之时。在这个光辉夺目的文明中,最为璀璨的是雅典和斯巴达。这两个城邦几乎各成一体。它们曾为对抗波斯人而并肩作战,但是却因为一个城邦的扩张必然威胁到另一个而成为敌人。用我们耳熟能详的修昔底德的那句话来说,冲突的真正原因,是雅典的兴起引起了斯巴达和其他城邦的恐惧。但是,这种敌意一旦从"力量关系"中浮现出来,并被双方所承认的话,带头的城邦就会从对方的相异性中找到除了敌意以外的动机,而历史学家,则在手足相争中再次找到了感叹命运之手笔的理由。

民主政治对寡头政治,海洋对陆地,勇气对谨慎,冒险精神对保守的智慧——古希腊历史学家提出的对立,我们是难以穷尽的。即便行动者并未曾实现过如此多的成就,事件的美感让观察者激动不已就足以为这样的叙述正名。现代的读者只要别忘记,在其他古希腊人眼中,推行帝国主义的,是雅典的民主政权,而不是斯巴达的寡头统治。雅典对外国人开放,持续不断地变动;用现代的词语,我们不妨说它比它的对手更自由。但是,它对其他城邦自由的威胁,并没有因此减少。

我们用于限定这个事件的限定词,既可以按照流行的意义来理解,也可以按照马克思·韦伯赋予它们的意义来理解。修昔底德所讲述的战争史,在我们看来受到了风格化和理性化的润色;不过,整个叙述紧贴于连续的情节所具有的独特性。修昔底德的这种原创性,让解释他的现代人头疼不已,因为他们用的只是十分含糊的概念——特殊,一般——所有这些概念都显然不能与修昔底德的做法相协调。虽然修昔底德不提出一般法则,不与某地某时所发生的事情脱离,但是,事件的意义也从没有在细枝末节中耗竭。在我看来,一种受马克思·韦伯影响的方法论驱散了这种矛盾的印象。

历史学家讲述的是行动。官员或军人的行动并不是盲目的,他们并非受反射或者本能的驱使,他们能够思考。不论是科林斯的代表在斯巴达人的集会上演讲、向他们展示雅典的权势所造成的威胁时,还是伯利克里劝说雅典人重新开启对抗、援救科西拉时,这些人在据理力争,力图说服别人,他们唤起演讲的听众对安全的担忧、他们的自爱还有他们的爱国主义。换言之,外交和战略领导,本质上讲是我们可以理解的。今天的人,虽然很难重构战斗中的希腊人的组织,对于修昔底德笔下人尽皆知的事情(智力上的和道德上的,这些事情构成了每个存在的结构)也没有体验,但是实质上讲,他们在直接理解大使的辞令和指挥官的决策方面并不逊于古人,也无需借助于一般法则或者普遍性的命题。

为什么?因为这里涉及到的是行动,也就是马克思·韦伯所说的目的理性式行动(zweckrational):行动包含的是对达成目标用何手段的算计。目的,也就是寻求同盟,与理解为此所采取的手段（言辞或计谋）同样简单明了。但是，韦伯的这条公式——"相对于一个目的的合理性"，在我看来似乎不足以具体说明外交或战略行动的特征。韦伯的定义实际上覆盖了工程师、政客、指挥官和观众的行为。然而，我们至少要对这四类人作出区分，他们作为行动者，分别操纵着物质，操纵着他们想要指挥的人，在多少有些条理、有些暴力的竞技中与另外的人相对立，最后还有力图从竞技中获益的——这场竞技几乎与他没有切身的关联，一方的成功并不等同于另一方的损失。我们且不谈工程师的技术行动和观众的思辨行动。外交行动和战略行动属于两个中间范畴，为了执行对抗他人的行动而操纵众人。在其多种多样的形式中，演讲是这种人类特有的行动的象征。

尼西阿斯在领导雅典海军做最后逃亡前的演讲，是这位领导者在尝试带动应该听命于他的人们。伯利克里演讲的性质与之相同，它的目的不是给公民大会打气，而是要影响它的某个决策。不论是科林斯和雅典的代表在斯巴达公民大会前争锋相对的演讲，还是雅典人和叙拉古人在卡玛里那公民大会前的演讲，目的都在于让既非朋友也非敌人的人行动起来；这些人并没有义务服从，但对他们动武还是有可能避免的。众所周知，这些演讲绝非字句不差的原文；我们无从知晓，修昔底德给我们的演讲，同真实的演讲究竟有多相似。对于我们来说，重要的是这些演讲本可以或者本应该在实际当中与此书所述的相同。演说家自然要努力去说服，因而这些文本反映的是外交或战略行动虚构的合理性，甚至是，或更确切地说，尤其是考虑到这合理性的特定内涵。

初看来,法则或者概念的普遍性,对于修昔底德所讲述的历史的合理性而言并不重要;他所重视的是对象的本质,即人类的行动。我们理解为什么雅典、斯巴达、科林斯、科西拉、尼西阿斯、德谟斯提尼在那种历史情境下会那样地行动:形势已经给定,而目标——独立、胜利——也基本明了,决策就是算计的结果了。这决策,即便修昔底德并没有把它当作唯一的可能,但它在我们看来是合理的;即便它最终被证明是错误的,它在我们看来也是可以理解的。

不论是有关外交还是战争,对于合理性和不合理性,人们都可以直接理解。修昔底德毫不疲倦地讲述的战斗,时而验证,时而违背了指挥官的算计。通常而言,历史学家指出两方的有效兵力、战术布置,以及各方在某一方面通常得到承认的质量优势(斯巴达重装步兵和雅典海军的优势)。然后偶然事件,尤其是那些指挥官无法阻挡的事件,以多种形式开始影响局面:在激烈的战争中失控的士兵(回想一下前来增援尼西阿斯的德谟斯提尼军队第一次夜袭,一开始有所斩获,却最后在黑暗和混乱中演变为灾难)。修昔底德通过将战争与指挥官的计划、与相互对抗的智力关联起来而极力使之容易理解。但他也同时使我们得以理解辜负了一方指挥官(有时候是两方)的事件。如果这场战争真正不可能在其大的主线中被理解,那能做的就只是陈述其结局了。("在白天,事情当然是更清楚的,但即便如此,那些当事者并不知道所有发生的事,每个人只知道在他周围的事;在一场夜战中——这也是这场战争中唯一动用大规模军队的战役——如何会有人清楚地知道所有的事呢？ VII, XLIV, 1")

作为工具的、冒险的行为，其可理解性在观察者眼中，与任何行动者都没有期望或预想到的事件是相通的，而不论这事件是个体行动的混乱所造成的"突发"结果（夜战的例子），一方的诡计让另一方陷入混乱，还是自然现象——夜晚、风、月食——促成了一些与原本采用的决策不同的反应，以至于否定了原来的决策。修昔底德直面行动者的意图和所发生的事情，将个体行为过渡为超个体事件，这在叙述中比比皆是；而他同时也没有打破连续性，没有为提出一般性命题而放弃对事实的重构。

修昔底德在将一个行动者的行动的可理解性扩展到这个没人曾预料过的事件的同时，通过采用抽象的社会学或心理学词语，将这个事件提升到了历史特殊性之上的层次。

这里说到的抽象分析，我们可以给出很多例子，这里仅举其一。修昔底德考察了西西里远征最终战役前夕雅典的盟军。这些人既非雅典人、叙拉古人，也非斯巴达人，他们为何要兵戎相见呢？修昔底德首先分辨出了四个因素：正义、种族的关系、利益和强迫（$δική, ξυγγένεια, ξυμφέρον, ἀνάγκη$）。就雅典而言，已经给出的是种族（$γένος$）对立：他们是艾奥尼亚人，将要攻打多利安人；与他们并肩作战的是拥有相同语言、相同制度的移殖民。但是，种族关系不能解释雅典军队的成分，因为虽然优比亚人或者其他岛屿的人几乎都发源于雅典，他们却是受到制约才支付贡金、提供战船的，他们是帝国的臣民（$υπήκοοι$）。在非艾奥尼亚人之中,伊奥利亚人也服从于强力($\chi\alpha\tau'\,\dot{\alpha}\nu\dot{\alpha}\gamma\kappa\eta$)。唯有普拉提亚人(Platéens)因为仇恨贝奥提亚人(Béotiens),所以服从于激情而并不服从于必要性。岛民采取何种立场主要是由必要性决定的(雅典统治着海洋)。仇恨推动了科西拉人反对他们的殖民者科林斯人。例外的只有少数:主要是出于对德谟斯提尼的友谊和对雅典人的忠诚而出手相助的阿卡迪亚人,麦加拉(他们的城邦中当权党派的政治反对派)遭到放逐的人,以及受革命环境影响的修里亚人(Thourioi)和麦达蓬坦(Metaponte)的希腊人。

叙述没有停止,而我们所说的社会学分析也浮现了出来。一个由相互嫉妒对方的独立性的政治统一体所构成的体系,就其内部所发生的普遍战争而言,有少数的动机决定了每个统一体的立场:处于某个大国统治区域下的小国必然不可能保持中立,也通常不可能加入与统治它们的大国相敌对的另外一个大国。有时,是否同盟是由种族关系、语言或者体制所决定的;有时却又恰恰相反,是兄弟种族或语言之间的仇恨,对攫取了权力的公民同胞的仇恨,将科西拉的希腊人或者麦加拉的流放者推向了雅典的阵营。几乎没有必要更进一步普遍化,让这些对于特殊例子的解释也适用于其他世纪。

在叙述中插入社会学分析是艺术的效果抑或是真实的反映?我很乐意同时回答这两个问题。伯罗奔尼撒战争本身就是**条理分明**,几乎带有**理想化**色彩的。两大主角几乎各自代表了一种纯粹的类型。雅典总是处于运动当中,由一批富有激情而并不稳定的人统治,它的权势建立在它的海权和财富上。公民大会的决策,接二连三地,都将会是这个海洋权力最终需要服从的**必要性**的结果;是它的人民无法避免的**未经考虑的冲动**的结果;是雅典的代言人自己也认为是最为普遍、最为常见的冲动的这种**统治欲**的结果。记住这三个动因就足以理解解释的可能性与预见的可能性之间的差距,也足以理解修昔底德所提出,借以推出法则,或者,至少说是推出一般性命题的情感——这一点是很多评论家所认可的。

一个海洋权力,为了维持其对海洋的掌控,就必须逐步制服它想要统治的那片海洋中各个岛屿、海峡、半岛。这个命题显然过于空洞了,因为岛屿的战略价值根据海洋战争技术、在岛屿上扎根的人口资源等因素而各有不同。但是我们仍然能够理解它,因为它符合拼死斗争(la lutte à mort)的必要性。海洋权力试图控制重要的岛屿,以免敌对权力通过那些岛屿对它构成威胁。它也要控制海峡和半岛,控制交通要道。修昔底德认为,对于这种抽象的必要性,雅典也未能超脱。他没有像社会学家那样,试图通过列举各种决定或限制这个命题适用的情境而使这个命题获得论证或具体的陈述。他暗中坚持着这个命题,从而使战争决定论即便在它暴虐地对待人们的时候,也不会断了与他们的联系。

这些心理学或者心理—社会学的似然性,同时能够让我们理解人性与非人性,这是历史命运的悲剧性特征。海洋权力需要时刻掌握制海权,有必要保持或者总显得自己是最强的力量,从而维持它的帝国。受到这些因素的役使,它预先就受到了后退的推力。但是,为了增强它的实力,它应当进行新的征服(西西里),向它的盟友索要更多的舰船和金钱。雅典的帝国,就因为战争本身的缘故,而变得越来越严苛。雅典应当对反叛和不满表现得残酷无情,因为它已经不能再指望盟友或支系的好意了(这一点它是知道的)。

就低于战争的层面看,有三个因素造成了意图和事件之间的反差:意图的对抗,行动者的失控(即破坏了预想秩序),未曾预见的事件介入(尤其是物质世界的)。在政治层面,意图与事件之间出现差异另有原因,更为复杂,也尤其具有悲剧色彩。

战争本身就迫使行动者进入一种非理智状态。发生次要冲突之际,战争因为雅典人的强权引发了希腊城邦尤其是斯巴达的恐惧而爆发。它怎样才能结束呢?是要等雅典取胜,将它的帝国囊括所有希腊人,包括在小亚细亚、西西里和意大利的希腊人?也许在修昔底德看来,这种胜利的结局在一开始就已经不具可能性:雅典的权力根基太过狭窄。雅典的很大一部分收入日益依赖于它的盟友和附属国来提供,它的帝国因而受到叛变的威胁,而且随着它的扩张,叛变越来越有可能出现。伯利克里也许在这一点上正是修昔底德从事件中所获取教训的解释者。他建议雅典人不要扩张他们的帝国,并向他们保证,如果他们遵循这条谨慎的规则的话,他们最终会占据上风。但是,如果他们不扩张他们的帝国的话,他们会满足于防守性的、局部的胜利。这样做,他们就可以警告斯巴达,不要打不利于雅典的主意。战后的和平与战前的和平一样,都是各个城邦保持不稳定的平衡,大多数城邦围绕在两大巨头——雅典和斯巴达——周围。这样一种回归"先前现状"(statu quo ante)是否可能?修昔底德本人是否认为、是否说过它是有可能的?

我们很难回答这个问题。修昔底德批判民主制以及那些他认为要对最终灾难负责的人(克里昂或者亚西比德)。他谴责过分的骄傲,认为它导致雅典人忽视伯利克里的智慧,而做出过度的举动。但是,鉴于民主的性质,鉴于人类的本性,雅典人真有可能满足于不被征服的状态吗?一旦战争打响,一方难道不应该被完全征服吗?雅典和斯巴达必须你死我活①,抑或是还有第三条路?修昔底德没有明确提出这些问题,但他却激起了读者的思考。城邦的终极动机,在于对独立和统治的双重关注。每个城邦都想要保护自己的独立,更为强大的城邦(雅典首当其冲)意在称霸,而这样做的理由是对安全的担忧。"我们宣布,我们在那里统治那些城邦,是为了不用服从于别人,我们是作为解放者而征服这里,以避免别人毁灭我们。"(VI, LXXXVII, 2)城邦之间为了保证安全和权力而发生的角逐,本可以延续下去而不爆发一场生死决战。但是,鉴于这场角逐的性质本身,我们就能够理解,这场战争为什么会——用克劳塞维茨的话说——走向极端。绝对的安全意味着绝对的统治。一方的安全以另一方

---

① 雅典取胜并不一定要占领斯巴达,对于斯巴达取胜而言亦然。雅典主宰的是一个海洋帝国,它可以在斯巴达不受最大的羞辱的情况下称霸整个希腊。

接受奴役为基础。所有城邦为了自己的独立而努力,结果就是一切和平皆不可能,因为也许正如大卫·休谟写的那样,每个城邦想要取得的,是一种非物质的利益,即满足自尊或者荣耀。或许归根结底,更应该为过分的战争和雅典的毁灭负责的,不是民主的不稳定,也不是去统治别人的激情,而是所有参战国的终极目的。如果每个城邦都想使它的优越性得到承认,那唯有一场完全的胜利才能满足某一个城邦的野心。为了这个无法实现,从某种意义上讲也是没有尽头的挑战,所有城邦都死战到底。成败的奖赏或代价,是荣耀或者羞辱,而不是荣耀或羞辱之后的利益和损失。

没有人预料到这场战争,没有人事先思考过,从事后看,它没有任何始作俑者,更不用说是城邦、制度或者战斗的必要性使然了。在这个悲剧性的事件中体现出来的,是人类本身,是受到恒定的动机推动的永恒的人类。这个事件是对自身行动有意识、但对他们的命运毫无所知的行动者的作品。

2

这种书写历史的方式是否有时代错误?我们是否有能力,借助我们的方法或者科学,给伯罗奔尼撒战争做一个崭新的阐述,革新叙述风格或解释模式?

首先让我们回忆一下修昔底德本人书写历史的两种方式:其中一种他在第一卷中采用,他用粗线条追溯了诸城邦的形成、对抗米底亚人的战争以及两个相互对立的同盟的成立;他回顾的是经济、政治和社会史,与今日历史学家主要试图了解的历史有紧密的联系:城邦的发展,不同的制度,海上力量关系、海军和金钱的作用。这个探究并不完美,比不上当今历史学家所能做的重构。但它们之间没有本质区别。真正令人惊讶的是,修昔底德满足于回顾战前几个世纪的主要事件,随即进入这场大战的细节。

修昔底德关注过去事件的发生方式。他这样做是否有道理我们暂且不论,而先问这样一个问题:我们一旦承认年复一年或日复一日地讲述这场大战是值得的,那么修昔底德的方式是否是错误或偏颇的?

人们多次自问,修昔底德的叙述中,经济解释本可以或应该扮演多大的角色。修昔底德并没有忽视我们今天所说的经济原因的重要性,这一点第一卷就足以证明。但是,一旦涉及到战争本身的叙述,政治、策略和心理的考量就几乎完全消除了所谓的经济的考量。也许,增加财富、获取贡金或者确保小麦供应的欲望多次影响或者决定了事件中的各种决策。金钱和商品是城邦生活和动员士兵不可或缺的手段。但是,一旦军事上的胜利成了目标,它还有其他什么意义吗?

对于一场战争做所谓的经济解释,可能有三个不同的种类:也许是参战国因为经济的需要或者困难而出现冲突(它们对此是没有意识的),这种类型的解释即列宁主义的帝国主义理论;也许是参战国利用战争达到经济目的;再也许是经济因素决定了同盟的形态,各国采取的立场以及冲突的过程。这些解释在伯罗奔尼撒战争的例子中都不明显,更确切地说就是都不大可能。人们最多也只能辩解说,城邦之间无止息的战争是受到相比人口的数量而言资源相对匮乏这个原因驱使的(而不是被它所决定)。我们还没有发现什么东西让我们可以相信,城邦的公民想要自由,每个公民、每个城邦都要求自己的自由,但他们为的却是另一个目的,而不是自由本身。统治欲与财富欲同样地自发、同样地原始,后者通常服务于前者,如同前者之于后者。至于友谊和敌对,成功和倒退,它们显然有着多种原因,修昔底德也完全没有理由将它们归结为一个独一无二或者具有特殊地位的原因。

修昔底德用大的线索简短地描述伯罗奔尼撒战争之前的历史,而在叙述战争时他给出的细节要丰富得多,这样的一种反差,在现代历史学家所写的历史中可能不会体现得那么明显。要做到这一点,只需要丰富战争之前的历史,缩短对战争的叙述即可,而核心思想没有因此发生改变。不论是像亚里士多德那样对城邦、城邦的政治体制或者经济组织作社会学分析,还是书写城邦、殖民地和海军如何创立的历史,都不能解释和取代对事件的叙述。根据精确详细的叙述理解事件的唯一办法,是在它们所处的时代、它们发生的地点将它们呈现出来,如同修昔底德所做的那样。

不言自明,叙述的技巧可能因此而有所不同。历史学家也许不会赋予自己伪造未曾宣说的话语的权利。至于真正在议会演讲台上或是大堆扩音器前宣说的话语,他们的力量比不上修昔底德重构的那些话语,因为现代的演说家在意识形态或群众的盲目性面前作了让步。温斯顿·丘吉尔曾大声说道:"*给我们工具,我们会完成任务(Give us the tools, we will finish the job)。*"但此时他不会忘记,人的必要性不小于工具。

修昔底德讲述了一个受到终极考验的文明。由于他是这个文明的一员,很多在三十年的战争中保持不变的给定条件他并没有说清楚,但这些给定条件对后世的读者理解这场战争却必不可少。他没有描述双方的武器,对于排兵布阵、战斗方法和我们在战前战后多少能够观察到的非实用规则(les règle non pragmatiques),他也只是给出了概括性的描述。但是,修昔底德在叙述西西里远征时增加了众多技术细节。这也许体现了他的假设,即意图的敌对、诡计和创新的竞争,在不同的情境中发挥着不同的作用。

不论修昔底德的叙述受到多少补充或者修正,它的特质是不会改变的。社会学家以及研究文化、阶级、物价、工业或者意识形态的历史学家,如果对于1914—1918年的世界大战感兴趣,就不得不在叙述中把行动与行动者关联起来,把既成事实或者大的整体与行动者相互矛盾的意图关联起来。事件的历史不能归结为社会的历史、阶级的历史和经济的历史,它在公元前5世纪是如此,在公元20世纪依然总是如此。这种不可归结性包括什么?它的原因是什么?

我的思维中立刻出现了一点:事件之不可归结于形势,不能与政治不可归结为经济相混淆。在经济方面也是一样,事件不能归结为形势:自由企业或是黑金热并不意味着洛克菲勒就能获得那么多财富;五年计划也不是永恒的俄罗斯或该国1928年的地质结构、地理、经济的结果,而显然是一个或某些人的意志。"事件"一词,在我们看来指的是"某个或某些人在某地、某时实现的行动"。在这层意义上,它永远不能归结为形势,除非我们在思维中抹去那些行动过的人,并认定不论是谁,在他们的位置上都会做同样的事情。既然事件是个人(或者多个人)的行动,我们就只有通过将之与行动者分离开来,将行动者用任何一个人替代(即去个人化,或者说去人格化),才会将之想象为必然的。

就事件一词的第一种意义而言,可以称之为事件的,不仅仅是宣战或者西西里远征。任何作品的诞生就是一个事件。如果独一无二的人——康德——不曾存在,《纯粹理性批判》就不会存在,这个说法不是一种理论,而是一个明显的事情。事件是意识在一个空间和时间点上做的干预,它并非为政治所特有,而是人类过去的一个方面(不论活动的次序是什么)。不过,这个方面在各种次序中所具有的意义是不同的,而且根据所涉及的内容是哲学、科学、艺术、经济还是战争,抹除事件的意义也不尽相同。

在对于某个具体作品的专门历史研究中,历史学家想要保全事件。他所要保全的,也就是一个人或一种创造的奇迹,重新发现整体和连续性;整体可以是风格上的、学派上的或者时代上的，连续性则可以是有关一种发现、设计或者征服的。虽然科学的连续性与艺术或哲学的连续性不同，但是两种独特性之间的张力在每个例子中都能找到：一种是包含在其唯一性中的独特性，另一种则是作为一个整体的元素、作为事物演变的当前状态的独特性。我们不会问，如果康德未曾存在或者在五十岁前去世，有什么东西会因此改变：《纯粹理性批判》就不会问世，而这个缺憾本身就是一件大事。"最终，一切难道不都是殊途同归吗？"这个问题理论上讲完全会有人提出。但是，它不会有什么影响，因为没有了《纯粹理性批判》，我们还能想见已经成为我们论域中不可缺少的部分的那些观念吗？

在经济秩序中，人们在诸多情境下对事件持相对冷淡的态度。人们把经济定义为一种反思和计算的问题或者说方式（如何确保欲望和满足的均衡）。工作、生产、商业就体现了这种方式的反思，对这个问题给出了答案。但是，任何一项人类活动都不是完全由它的经济内容所定义的。在经济中，我们可以称之为"事件"的，可以是有人发现了可以修正这个问题的给定条件的知识或者工具，可以是这个问题的某个答案突然被改变，或者也可以是一个或一些人的行动在整体内部引发了轰动的结果，以至于影响这个整体。人们撰写商人或者资本家的传记，因为这些大人物既是他们这个时代的象征，也是它的表达，我们对他们的成就——他们的财富——倍感兴趣，而且这与他们的个性是难以分割的。科学或者技术上的发现，也许十分突然，但更多的时候它们看似是由受社会环境召唤的一系列研究者所准备的。这些发现只是渐进地产生影响。至于为"问题的答案"带来的影响,不论是有关生产方式、交换还是分配,若是骤然发生的,似乎总是政治的结果。地中海因为阿拉伯人的入侵而封闭,俄国农村的私有财产权消失;这些经济革命的源头,其实分别是伊斯兰骑兵的军事胜利和斯大林在克里姆林宫的权倾一时。

我们能够轻而易举地说明,事件在经济领域的不同地位和历史学家对经济事件的不同兴趣,而它们两者也可以相互解释。本质上,经济是一个集体现象:真实或者可能的欲望与资源之间存在着不对等;经济就是人们有意识或者无意识地以如何解决这种不对等的模式思考着的集体生活。与外交官和指挥官的行为一样,我们适宜理性化地解释个人的经济行为。经济行为在生产层面表现为合作,而通常在交换和分配层面体现出竞争和敌对的成分。但是这个成分是个人层面的:商人个人的决策只能影响到整体的很小一部分。由于我们将政治称为试图统一、维持和引导社会整体的行动,我们因此立即觉得政治行为是事件性的(événementielle)。某一些人做出了影响到集体存亡、兴衰的决策,通常我们不会设想如果换一批人他们会做出相同的决策。在此意义上讲,能够撼动经济组织的重大决策必然是政治决策,因为它们是借助于自身地位而有能力影响他人生活的个人的杰作。

对社会学不感兴趣又没有哲学意识的历史学家,经常像瑟诺博司那样说:"政治中,偶然统治一切。"无疑,这句套语太过简单、太过模糊。但是,天真的历史学家想要说明一个社会历史学家或者哲学家不久前丢弃了的真相。事件已经发生,它不能整合入或者归结为某个历史形势中去,比如城邦的组织,政权的模式,经济或政治体制运转的法则等等。站在超越于过去所发生的事件的高度,追溯事物演进的大主线并非不可以。修昔底德的第一卷讲得并不比后七卷错。但是,用第一卷的风格总结后七卷的可能性,既不能说明事件的发展不能按照其他的路径,也不能说明我们对于这发展没有兴趣。

从事件性的角度思考过去的历史学家,会难以抗拒地提出这个问题:如果以前怎么怎么样,原本就会怎样? 我们给事件所下的定义立即让我们觉察到**事件**和**偶然**之间的联系。由于事件是一个或多个人的行动,而且我们自发地认为这些行动是"自由的"(或者可以说是"选择"),我们在思考它的时候就不一定要参考它所处的情境。"不一定"指的是行动者本可以做出另外的决策,而这不会改变他的本质(尼西阿斯本也可以早几周向远征军下撤退令)。它也可以指另外一个人可以更早或更迟地作出相同的决策,或者在相同的时刻作出另外的决策。马克思·韦伯就清楚地看到,没有绝对意义的偶然事件:偶然事件是相对于这些或那些给定条件而言的。但是,一个事件在给定条件的整体面前,成了一种几乎具有绝对意义的偶然事件。换言之,当历史学家讲述事情如何发生的时候,他观察的偶然事件,是"事件序列相交互"——比如坏运气(月食,战争高潮时的无序状态)和致命的决策(本可以采取不同的决策)——的意义上的。需要自圆其说的,是那些否认偶然性的历史学家,那些天真地承认它的历史学家是不必做证明的。

修昔底德没有在必然和偶然上做思辨。他没有阐述有关可能性的推理——这是马克思·韦伯所做的事情。但是,他的叙述本身是根据这种对立性而展开的,必然和偶然轮番受到肯定和否定。每个会议,都有演说词作为强调,提醒我们是人在说话,是一个由人组成的公民大会在决定。历史学家所重构的这种话语竞赛,几乎象征了命运的不确定性和人类智力的能力。雅典的公民大会本可以在战争爆发前夜不受科西拉使节或亚西比德支持西西里远征的演说的劝诱。若是知道战争一旦爆发便会持续许久、血腥而且无常的话,与斯巴达和解的欲求本可以占据上风;雅典公民本可以听从尼西阿斯的话,后者向他们展现了与叙拉古人再战一场的危险,而第一场与斯巴达人的战争则更为残酷。在每个至关重要的突发事件中,行动者的意志是不受任何约束的。必然性与自由选择之间的这种交融,构成了历史的纹路。但是,修昔底德同时通过他让行动者所作的演说和暗中安插的评论将之体现出来。

战争能否不发生?雅典和斯巴达能否不重走谁是科西拉、谁是科林斯的路子?在思维抽象中,回答是肯定的。但是,历史学家也觉察到了我们所说的深层原因,它们将这两个伟大的城邦推向终极的考验:雅典已经变得过于强大,斯巴达、多利安诸城邦还有诸中立城邦担忧它们的自由。雅典本应该用它的节制和慷慨,让这些城邦容忍它的霸权,消减它们的担忧和嫉妒。但是,权力不可避免地会激起他人的担忧和嫉妒,而让拥有它的人傲慢自大。就这样,每个城邦都自由地作出了决定,但从这些决策的事后结果来看,历史学家有了一种宿命感,并将之与读者共享。这些文字的公式,我们可以翻译成更为严谨的概率计算的语言,就像马克思·韦伯所做的那样。概率语言能让逻辑学家更为满意。它存在而且不可见,构成了叙述的结构。人创造历史,但鲜有能够改变其轨迹的。每个人都要经历必然性,历史人物也并不总是这种必然性的主宰。

政治的本质,一是**人格化**,二是**竞争性**。通常——至少在我们所说的历史的六千年中——城邦有其首领,彼此之间相互为战。事件的关键在于**选择政权**(指派首领的方式和行使权威的方式)和**选择胜利者**。历史学家因而要对过去提出这样一些问题:城邦的胜利取决于它的政体吗?取决于它的内部首领吗?伯罗奔尼撒战争中,一个民主政权对抗一个寡头政权,一个野心勃勃、向各种思想开放、在外部看来并不稳定的城邦,对抗一个传统、牢固而富有美德的城邦。伯利克里在冲突的结果尚未酿成前辞世。公民大会听从的是亚西比德,而不是尼西阿斯。从中我们可以得出什么教训? 本来,伯利克里也许能够拯救雅典人;但是,雅典人会从头到尾听从这位稳重的战略家吗?

如果是政权的原因使克里昂或者亚西比德最终得以诱导集体主权采用疯狂的决策并走向毁灭的话,没有人会把这些社会—心理学上的似然性与预先就可知晓的决定论混为一谈。

至于胜利或者失败的重要性,修昔底德没有提出质疑。只有否认行动者所留下的证据的观察者才会这样做。只要这场战争是自爱引发的敌对,是霸权之争,胜利就是参战者的最后目的,除了它所造成的结果外,它本身即是最高的回报。归根结底,雅典或斯巴达谁占上风,最终鹿死马其顿人之手而且亚历山大征服了波斯帝国,这些都不是修昔底德所会考虑的。这不仅是出于十分平常的原因,即他是他所讲述的事件的同时代人,因而没有能力思考哪条线索使这些宏大的战争和英雄主义付诸东流。如果他对行动者不感兴趣,他就不会忠于原样地叙述事件。而如果他对行动者创造的目的不感兴趣,他是不会对行动者感兴趣的。只有在那些对人的行动和他们斗争的输赢毫不敏感的人眼中,事件的历史是没有意义的。我们现在能够回答这篇论文开头所提出的问题了:一种修昔底德风格的历史在 20 世纪依然是可以接受、可以理解的吗?

事件性历史的发展,在 20 世纪也并没有在结构上与以往有所不同。必然性和自由总是交织在一起。没有什么比发现这种我们所谓的命运来理解既成事实和意图之间的差距更容易的了。雅典的权势引发的恐惧,在 1914 年,即德国的权势所引发的恐惧。敌对的理由和战争的剧烈程度不成比例,它也同样要求我们在这两个案例中区分出借口或者直接动机以及真实的原因。即使军事行动的范围逐渐扩大,即使参战人数不断增加,中立国之所以陷入混战之中,有的是受到了强制,迫不得已($\dot{\alpha}\nu\acute{\alpha}\gamma\kappa\eta$),有的是希望在胜利之日得到补偿,分享战利品。探究希腊人或者欧洲人手足相残的狂热之根本动机,也具有同样的诱惑:为什么妥协是不可能的?为什么未能成功征服的政党能够成功地确保希腊城邦或者欧洲国家体系外部的权力竞争？我们有理由提问，雅典是否会因为满足防御战争的胜利而不对西西里动武，也同样有理由提问，如果德国政府没有过分地开展海下战争，美国会不会及时介入。马克思·韦伯在回忆录里讲到德国的战争首脑对抗美国介入战争带来的一系列致命后果。这恰好对应了公民大会做出致命决策前，尼西阿斯所全力宣扬的警告。引发嫉妒或恐惧的权势，本应该在某个日期停止扩张，而安于自保。一心想要获得全面的胜利，最终却义无反顾地走向失败。虽然根据风险和收益计算，这种飞蛾扑火的做法是不符合理性的，但如果考虑到人的激情——表述出来也就是"征服或者死亡"——它不正是合理的吗？一场胜利如果并非绝对胜利，没有使敌人服从的话，它还算什么胜利呢？

很多事件，虽然可以归因于某个人或某些人的决定，却生发出无数个结果。那两支派往东普鲁士、在马恩省被打败的军队，也许本可以逆转军队的命运。如果更为坚决、更有信心的话，法国和英国的武装本可以攻克达达尼尔，从而改变从今往后整个战争历程。在列宁到来以前，布尔什维克党人对是否攻击临时政府犹豫不决。如果没有列宁，俄国革命，就其经过、时间和真实风格来讲，是难以想象的。我们很容易就能找到一场殊死搏斗和革命、东南欧民族问题引发的战争和多民族帝国解体、德国潜艇战的胜利和美国干预之间的联系。这所有联系，都是我们可以理解的，但没有任何一个会必然发生，也不完全是可以预料的。既然我们难以预先把握事态的发展，说过去的事件本来就不会出现不同的状况是荒谬的。

那么，为什么对于事件的历史叙述，在我们看来虽然绝对不是不合理或无趣的——我们已经有了诸多有关第一次或者第二次世界大战的叙述——却在我们解释 20 世纪的时候，不占据中心地位，而相比之下，伯罗奔尼撒战争的叙述，在修昔底德看来，值得流传给后人，立碑永存？在我看来，原因在于现代事件的去个人化（désindividualisation）、去人格化（dépersonnalisation），其现象具有多重的原因，把我们的关注点引向了未来，而不是我们历史本身的纹理。

公民大会在听取了演说家正反两方的意见后做出了伯罗奔尼撒战争的决定。修昔底德用这种风格展示了当时的深思熟虑和抉择，且同时没有使过去变形了的感觉。20 世纪的决策，比如 1914 年 8 月的那些，更为多样、复杂；没有一个决策是由单独一人（部长或者国家首脑）所决定的。无疑，这种复杂的情况甚至引发了无限的研究和论战。人们对于事件的发展方式，对于细节的兴趣，并没有消逝，相反在某些方面还比其他任何时期都要强烈。但长期以来，这种兴趣是由做法官或者审判官的激情所激发的。当控诉敌人的侵犯和为自己开脱的欲望减弱的时候，另一场战争爆发了，这次，战争的魁首承认了自己的罪行。第一次世界大战已是确凿无疑，难以挽回，宛如天数。不再有人像从前那样，迫切地想要知道欧洲的自杀是谁人、是怎样不经意间触发的。

在希腊城邦，演说家和公民大会对话：后者是思考、开拓的智者化身，前者是善于推理但有时候被情绪所控制的人。1914年的欧洲，所有行动者最终都变得很渺小，因为行动者的人数实在太多，因为没有人明确地说过"是"还是"不是"，而且我们不知道在哪一个时刻，天平不可挽回地倒向了战争一边。行动者众多，没有一个人对事件负有唯一或绝对的责任，这造成了事件具有非人格性的印象。

历史的喜剧性特征起源于意图和既成事实之间的较量和反差。而且，这反差不能太大，不然行动者会显得微不足道，而事件显得不合人情。然而，这正是20世纪第一次世界大战中最为常见的情况。主要的几个国家都未曾预料或准备过工业化的军事动员。它们都只有几个月的军需品。它们都没有预料到，这会是一场持久战，终极的结果是撑到最后的阵营取得胜利。战场上的情况也是出乎意料的。将军们滞后的设想和单纯战斗者的切身体验有着鲜明的反差，使得整个事件看上去更像是夜间的混战，也就是修昔底德告诉我们的那种没人能够知道具体发生了什么的战争，而不像是训练有素的正规军，服从于各自首领的理性而交火。诸多作者所说的"物质的战争"成了具有支配地位的方面。武器装备与士兵数量是胜利的主要因素。尽管武器装备能够一定地反映出人的智力，但这是工程师的智力，而不是战略或战术性的智力，因为这个方面的智力表现为能够同时组织参战者的合作，与敌人战斗。

伯罗奔尼撒战争期间，战士的装备和组团没什么改变。1914到1918年的军事竞争则既是士兵的竞争，也是学者、工程师、工厂的竞争。这种竞争本身同样促使事件的去人格化。科学的、技术的还有工业的手段日益统治了行为的逻辑。虽然我们不能荒谬地否认或者弱化鲁登道夫或者福煦、劳合·乔治或者克雷孟梭的影响,但若我们回顾历史,这两位国家要员在我们眼中,最鲜明的特点就是有坚持己见的意志,并且有能力吸引他们的人民。至于两位将军,一位希望在美国部队抵达前取胜,因而加速了轴心国的全面溃退,另一位是联军的领袖,在决策时拥有压倒性的优势。最终,这场人与人大规模的冲击(在战斗中或是在工厂),以一系列新的屠杀取得巨大胜利而告终。布尔什维克主义,国家社会主义,1939—1945年的大战,用它们的阴影覆盖了第一次大战。当然,伯罗奔尼撒战争也未能不落窠臼。斯巴达的霸权只维系了短暂的时间,底比斯的霸权更短;在希腊臣服于菲利普、然后是罗马的时候,所有原是仇敌的同胞们都和解了。可以说,战争的遗产不仅仅在于悲剧的具体展开。修昔底德没有作这样的判断,因为他是事件的当代人,他能够体会到将士的激情、功勋、折磨和希望。

《伯罗奔尼撒战争史》至今仍是激动人心的作品,原因有三。历史,即见证者——过去发生的事情的继承者或者远距离的观察者——有意识的记录。修昔底德的这本书也是一部历史。对于我们而言,它是巅峰之作:通读整个叙述,我们能够理解希腊人是如何思考,如何自治,如何相互斗争的。历史学家修昔底德将战争本身的主线勾画出来,使之具有了一种精神著作的美感,且事件有各种概念作明确的阐述,并没有因此丧失自身的特殊性。最后,这场战争是一场伟大的悲剧,我们知道它的结果,但我们对于重新体验其中的一波三折乐而不疲。

第一次世界大战缺乏英雄,数量、煤炭和钢铁的法则似乎起到了太大的决定性作用。有关它的叙述难以有悲剧性的终结,因为它的结局不够壮观。不止一次,人们同样试图让历史学家不要忘记,即便是既成的历史,在各个时刻,命运都曾踌躇。但如果我们抵制回顾历史所带来的宿命幻觉,如果我们要强调,丘吉尔的天才和喷火式战斗机的功勋并不是预先就有的,那么在我们看来,欧洲的衰退、欧洲海外帝国的坍塌还有苏联和美国的崛起是蕴藏在第一次世界大战的种子里的。正是这个从半世纪战火中走出来的新生世界的意义,向我们提出了终极的问题。

我们想要知道事情是如何发生的,还更想知道发生了什么。

3

修昔底德的作品是一部悲剧性的叙述,蕴含了各种普遍性。我们当代的读者几乎都记住了这后者。我不厌其烦地阅读蒂博代①的《与修昔底德并肩作战》(*Campagne avec Thucydide*)。汤因比曾表示他被伯罗奔尼撒战争与第一次世界大战之间的类似性所震惊。国际关系专家则利用修昔底德的著作,想要寻找出一

---

① 蒂博代(Albert-Thibaudet, 1874—1936),法国散文家、文学批评家。——译注

些适用的命题,来描述欧洲君主国或民族国家之间的关系,就像把它们用于描述各城邦间的关系那样。

大体上讲,可以说我们使用比较的方法是出于两种目的。为了简化,我将它们分别称作**社会学的目的**和**解释全球演进的目的**(或者说历史哲学,但这个概念不包括具体的价值观或终极意义)。

像修昔底德和我们这种类型的比较是容易的。这样做很有吸引力,而且在许多历史学家眼中,如果不能说是完全没有道理的话,也至少是有风险的。容易的原因在于某些多多少少有点抽象的相似之处显而易见,修昔底德的语言也推动我们去发现这些点。城邦之间的冲突与城邦内部的冲突交织在一起。在雅典,既有"斯巴达党",也有"和平党"(但在斯巴达没有雅典党)。在叙拉古有一个支持与兵临城下的雅典军议和的党派。但叙拉古城邦欺骗了尼西阿斯,让他下令撤退,这个党派最终加速了它所希望支持的雅典走向灾难。海洋城邦与大陆城邦之间的斗争,民主城邦与寡头城邦之间的斗争,其铺陈的模式,我们从其他事件中也能察知。每个阵营在某一个战场上的优势就能打破势力的均衡,随后造成斗争的延续。双方展开斗争的决策就要求斯巴达阵营最终统治海洋,或者雅典阵营依靠聚集盟友和附庸,能够在陆地上招募占据优势的军事力量。公元前 5 世纪,第一条假设实现了。在我们 20 世纪,实现了的是第二条假设。我们用各个城邦在一次又一次联合中所处不同的地位,作比 1914 年到 1918 年、1939 年到 1945 年乃至今日 1945 年以来,轴心国与同盟国内部各个国家之间微妙的关系——还有什么能比这更有吸引力?

这难道仅仅是一个令人惊讶的发现,而不具有严肃的或者启发性的意义吗?从某种程度上讲,也许确实如此。不言自明,公民大会、重装步兵方阵(la phalange)、奥林匹斯众神和柏拉图式的对话与现代的议会、步兵纵队、基督教或者民族意识形态有天壤之别。一方面是希腊城邦,一方面是现代国家,将它们内部和外部政治的某些方面作比较,出于一个通常被忽视的理由,是同样具有严肃意义的:政治的终结在某些方面是恒定不变的,国内国外的政权形式屈指可数,显现出相似性。尽管生产或杀戮的技术手段、社会流量、宗教信仰有诸多差别,相似性仍真实存在。就一国内部而言,关键概念指的是统治者和被统治者之间多种多样的关系形态、主权掌控者程度大大小小的扩张。不论我们在使用铁锹还是推土机的时代,权力问题长存不灭。就一国外部而言,主要的形式是以各种各样的模式,在一个由各政治统一体组成的体系内部分配势力。政治统一体都力图维护自己的独立,它们之间的战争和平关系组织生成了一种外交和军事竞赛。

公元前5世纪,这场竞赛发生于一个足够狭小的空间,使得行动者和观察者(甚至是有些距离的观察者)能够理解其整体。他们可以凭借足够明确的规则帮助自己思考,国际法的内部矛盾还远没有显现。行动者数量众多,且相互区别明显,所以大多数可能的情境、约定和拒绝显而易见。也许,具体的事件不仅包括这些形式或者这些情境(两级结构、每个阵营中各个"统一体"的等级秩序),而且也包括技术、社会、心理和宗教的内容。我们可以肯定,内容的转变比形式的相似性更为重要——我赞同这个论断,但也有重要的保留意见。只要一项人类活动是由某个永恒的问题或者恒定的不可变性所决定的,形式上的相似性就既不能说是随意的,也不能说是无足轻重的,因为这相似性建立在可与过去分离的一个方面之上——可与过去分离是因为我们所考虑的行动之特殊性事实上已经将之分离出来了。

然而,这正是战略或外交行动的情况。政治秩序的问题,即统治众人的权威是授予一些人还是一个人的问题是永恒不变的。同样永恒的,是国际秩序的问题,即同属一个文明圈、各自希望独立的政治统一体,为了避免丛林法则,而又不用服从于某个法庭、某个主宰者或者某个主人的法则,所需要解决的共存问题。古希腊的思想家们,通过观察狭隘的政治集体,才得以根据主权的掌控者以及行使权威的模式,分辨出政权的几种理想形态。修昔底德目睹了伯罗奔尼撒大战,捕捉并勾勒出了典型的对立面——海洋与陆地,法律与暴力,(雅典)民主制和(斯巴达)寡头制各自的外交举措。他领会到,也让我们领会到了,不论是对于城邦还是对于个人,追求独立的意志可以演变为追求生存的意志;种族和文明的共同体可能被权力对抗所撕裂,如同党派之争能撕裂一个民族(或公民)共同体一样。一场关切到整个体系的死亡战役,使各种对立面起伏不断,随后有一纸和约将大火扑灭,在小规模的战争中就将其势头遏制住。

外部政治比内部政治更容易分离出来,因为它的问题、不可变性和形式更容易界定,而较少从属于变动不居的因素。每个城邦皆受到生存意识(即不服从的意志)的驱使。如果"单个集体"之间没有确立起一种等级秩序(同盟、联邦、邦联),如果这些集体并没有试图"规范"他们的关系的话,这些意志便会造成霍布斯式的自然状态,所有人与所有人为敌。和平条约,宣战,大使和战俘待遇,盟友、附属国和中立国的义务——不管有没有成文,合不合理,这些就是国际法的内容。但这种规范有一个限度:每个城邦都保留了战争与和平的权利,如果它违反了规则,只有通过战争来予以惩罚。因此,势力关系是一切国际体系的首要给定条件,势力关系的算计是外交或战略行动的理性方面。之所以说古今形势相似,是因为问题——珍视各自主权的国家究竟要战要和——是恒存的,每个国家追求的目的——安全、独立、权势——在抽象意义上讲是相同的,而且深思熟虑的性质——权势的算计——是由这些永久性的目标产生的。我们不能将国际政治化简为经济和社会形势使然,这不仅是由于事件本身的因果关系(局部的、个人化的事实不能演绎出整个国际背景),还有出于主权统一体权力竞争的特殊性的原因。我们且承认这些统一体的每一个都总是根据经济利益给出各色目标(这个假设仍然是含糊不清,也许是不可想象的):为了达到他们的目的,各城邦无法逃脱权势对抗的义务与役使。这种对抗根据自己的法则展开,不能参照外部背景解释。战争、外交和战略的叙述,根据这些具体的特征,既天真又真实,即便在这个或那个

156

时刻,别的冲动或者外部的因素(地理的、经济的)涌入到悲剧的进程当中。

尽管争夺主权的斗争以很多方式与生产方式或者财富的分配相联系,政治从来不可能化简为经济问题。我们在亚里士多德的著作或者修昔底德的第一卷中看到的希腊城邦的社会学,向我们展示了在这个方面,古希腊先贤的见地没有错。但他们从未想到过要承认经济权势和政治权力之间可以对等和交融。可他们恰恰比我们有更多的理由犯这样的错误:城邦公民自行、直接地行使权力,而"垄断资本家"则是坐在公司的办公室里,而不是白宫。入主白宫者受到企业领导者的影响,也许确有可能。但我们仅需要一点点对人类行动的现象学分析,或者用更为谦逊的话来讲,无偏见的观察,就足以反驳将企业的影响看作是决定性因素,而指派官员或者行使权威的方式无足轻重的这种荒诞的观点。政治秩序虽然受到所有这些外部条件的影响,但是我们无法将其简单地归结为任何一个条件或者这些条件的整体所造成的结果。它拥有自己的自律性,因此也就有了政治史,而且修昔底德的这部著作也让我们注意到了这一点。

这并不是说,个人和群体争夺主权的斗争,以及政权的建立(或变迁)不是处在一种社会类型的整体、一个时代或者一个时代向另一个时代的过渡之中。修昔底德本人在第一卷中便讲述了僭主政治对城邦形成所具有的地位与作用。发展落后可能会使什么样的政体出现?一个给定的政体有利于何种发展模式?这样的疑问在今天已是司空见惯。要将大战在一个"社会"(采用斯宾格勒或汤因比给这个词赋予的意义)的发展历程中定位,我们就差一个阶段需要跨越了:斯巴达和雅典的斗争,标志着古代社会发生了一次断裂,先于其解体数个世纪。从这个视角看,整个这场战争成了一个既成事实。他可以复原他所见到的这个事件的维度,叩问这场大战是不是不可避免——换言之,希腊城邦体系是否"分泌"了一场死亡战役,共同自杀。但是,问题和回答都已不重要了。历史事实是,希腊城邦在相互厮杀中耗竭了实力,而且只有一同接受奴役才能恢复平静。这场战争不再是伯利克里、尼西阿斯、伯拉西达①的悲剧,甚至也不再是斯巴达和雅典的悲剧。这场曲折的壮举,有很多我们耳熟能详的名字,而他们与我们无关。悲剧是城邦的悲剧,是古希腊的悲剧,是古代文明的悲剧,而这场大战曾是它的一个关键时刻,一个不可缺少的动力。去人格化、抽走了时间和地点后,这场大战成了死亡战役的理想类型,所有参战国共同消耗自己的实力。由此看来,我们当代人,在思考半世纪前还称霸世界的欧洲如今为何会被打压下去的问题时,倾向于将两场大战作富有教益而又十分忧伤的比较,又有什么可以惊讶的呢?

我们不会去探寻伯罗奔尼撒或者欧洲的大战是否是任何社会所必然要经历的"断裂"的典型。我们将跳出这个简短的研究的限制,我们需要思考,这些"社会"究竟是真实的还是想象的,它们又在何种意义上是真实的。但是,我们需要汤因比的那些

---

① 伯拉西达(Brasidas),斯巴达著名将领。——译注

"社会",才能将大战插入国际关系理论当中,这一理论受国际体系所有成员关注,而推演到极致的话,会将这个体系本身,以及政治统一体所立足的原则置于死地。只有在被卷入连征服者也要遭殃的斗争当中时,希腊城邦、民族国家才显得离自身的完结如此之近。一切体系是否都会碰上相同的不幸,我们难以断言。然而,所有国际体系的内部矛盾,随着兄弟或仇敌国家文明的发展,有加重的倾向。所以我们怎能不承认,一切体系都受到这种不幸结局的威胁呢?但是,一个体系的毁灭也就等于一个帝国的新生,唯一的主权体扩大了和平的历史空间,最终形成的是与另外一种创制国家的观念相联系的另一个体系。

修昔底德生活在这场悲剧之中,他不能像勾画过程那样描述这场悲剧的后果。我们从后世的眼光所见到的宏大视角,是已经限定了对象的修昔底德所不能描绘的。战斗和死亡鼓舞着这场悲剧的英雄,因而他同样不可能书写我们所说的文化史——对一种独特的生活和思想方式的全面理解。他从未认为,他自称是其见证者的那个事件已经是既成事实,是一个行动者们没有意识到的变革时刻,是一个陌生世界的序章。

欧洲的大战导致了周边国家的兴起,欧洲,这个正在被普及开来的社会模式的策源地,被两个大陆国家所瓜分。大战导致了欧洲海外帝国的瓦解,导致了亚洲国家的重生以及非洲国家的诞生,导致了人类有史以来首次全球外交,导致了史无前例的许多外交关系。事后,我们倾向于将所发生的事情判定为不可避免的、符合经济逻辑的,而忘却了事实证据:20世纪的社会,它们的力量取决于生产方式,发展工业既是它们的目标也是它们的宿命;从这个意义上讲,20世纪的社会是经济社会。但是,在20世纪前半叶产生重大决策、大革命的,是政治,即国家之间力量的对立,国家和政权内部党派的纷争。俄国的两亿人口,中国的六亿人口,不得不触及到力量。的确,但再早二十年,中国是什么模样?国家向社会施加了过分的影响,致使变迁如此迅速。但这也同时表明了政治的首要性。当权者强制性地将一种风格、一些目标、某种资源分配方式加诸工业社会之上。今日,国家之间的对立支配了它们各自的生活。繁荣已不会成为目标,战争——热战抑或冷战——为和平所终结之日,福利经济将会成为法则。只要有战争,政治就在统治,人就要活动。我们怎能忽略列宁、斯大林、丘吉尔、希特勒时代塑造历史的英雄们呢?修昔底德仍然具有当代意义。他是那场悲剧性战争、自我产生而不可避免的事件的见证者,而我们呢,尚未准备好超脱地看待当代的既成事实,也尚未准备好将战斗者们的痛苦和功勋遗忘。

第三部分

第六章　民族与帝国

历史现状必然承载着回忆与预见。我们不能在当下捕捉20世纪中叶的政治世界:每个人从中都能发现我们曾经历过的事件和发展成熟的未来所留下的印记。历史意识、当下的意识,因各个大洲、各个国家、各个政党的不同而殊异。

对于我们欧洲人,当下的意识中有两个重大的事实占据着主要地位:大战侵袭了古老的欧洲大陆,之前几个世纪中逐渐建筑起来的帝国解体,联合王国国旗和三色旗不再飘扬在新德里、西贡、非洲腹地和太平洋的遥远岛屿上。这种"欧洲中心主义"(européocentrisme)会不会误导我们的理解? 似乎不然。

根据我们所选择的观察中心,昔日的倾轧被赋予的价值显然会有所不同。尽管欧洲人慨叹双线大战的狂澜导致了欧洲的衰落,中国或者印度的人们,则为形势加速了反人性的统治终结而欢呼雀跃。前者回忆的是他们曾给非西方人所带去的,后者对经历过的羞辱的苦涩滋味耿耿于怀。前者讲帝国的解体,后者讲人民的解放。这些字面上的对立不应该掩盖人们对这个时代的核心给定条件拥有共识的事实。

是否可以说,20世纪欧洲所发生的战争,会因为美国、俄国、中国或者印度的历史学家(他们也许会认为一个垂死文明的最后挣扎,其重要性不比亚洲的小海角大)而拥有一种不同的意义?就像伯罗奔尼撒战争,如果没有修昔底德的天才,就不可能在罗马历史学家的叙述中有更高的地位,超越于沉睡的希腊城邦在罗马帝国中的地位。我们今日赋予这个喧嚣的世纪的维度,并不排除后人对之进行修改的可能性。同样,要摆脱自身的时代和处境也是不可能的。我们最多能做到的,只是让我们的视角不忽视身处其他地区的观察者认为重要的东西。但视角的放置是也应该是具有时代性和地方性的。

此外,生活于20世纪中叶的欧洲,好处胜于弊端。欧洲发生的事情,在很大程度上,明显是由世界其他地方发生的事情所决定的。我们能够有理有据地断言,印度迟早都会独立:以加瓦哈拉尔·尼赫鲁为首的英联邦成员印度共和国,从两场欧洲战争中诞生。我们倾向于相信,不论如何,中国在经历了因满洲王朝衰败和西方影响所开启的困难时期之后,会重新建立起一个强大的国家,向工业化大步迈进:如果我们不追溯到1917年革命,不追溯到奥匈帝国一个本默默无名的小城一位大公遭到暗杀,不追溯到黑格尔和马克思的话,毛泽东的中国、五年计划还有马列主义,就会是无法理解的。我们把阿莱克西·德·托克维尔的一些话发掘出来,在事后用于确认,俄国和美国的崛起是命运之书上预先镌刻好的。事实上,也许是美国和俄国空间广袤,以及欧洲空间里相互嫉妒的国家利益分化,共同使之成为宿命。而美国意识到自己的庞大,同样还需要德国霸权的两次威胁。欧洲国家的衰竭使苏联在它自己和其他国家看来不可抵挡。假如说战争没有造就它们的霸权,至少也应该是揭示了主导形势的力量。

这些战争被称为世界大战,绝不仅仅因为它的反响穿透了世界最偏远的角落,塞内加尔人或者印度人到弗兰德斯的泥淖中送死,英国人为自己在马来西亚的丛林中开辟了道路,或是所罗门群岛成了美国和日本的战争舞台。开展战争的工具以欧洲文明的价值观(或者词语)为名义。从马恩河的出租车到原子弹,中间有近四十年的间隔,这是两个军事技术和工业文明时代之间的距离。当今,军队的结构和装备,比先前任何一个时代都能够折射出不同的社会。亚洲人群掌握了曾给予欧洲人财富和权势的生产和战斗工具之日,便是欧洲各国优势丧失之时。

欧洲人在出口他们的机器的同时,也出口了他们的理念。一个世纪前,他们宣扬民族原则,同时又好意地去征服遥远的地区,而没有发觉到这中间的自相矛盾之处。他们自认为"优秀民族"有权统治"劣等民族"。这种隐含的种族主义不可能无限制地掩藏其他文明的伟大之处,而欧洲霸权的不稳固性便是明证。战争凸显出了欧洲秩序所建基的原则与在欧洲之外欧洲各个帝国所凭借的原则之间的自相矛盾。法国和英国在本土为了或者声称为了民族自决的权利而战,同时又拒绝非洲人或者亚洲人享受这一权利。民族和帝国的概念环游了地球,并且在表面上构成了一对根本的对立,两个词语一个是好事物,一个是坏事物。这两个词的推而广之,往往也伴随着混淆和含糊之处。

*民族国家*的理想类型,是一个政治统一体,其所有公民属于同一种文化,并表达了生活在一个自治共同体内的意愿。帝国则通常通过武力征服强加于不同语言和文化的人民头上。也许至少还可以添加第三种理想类型,即既没有文化同质性,又没有权力强制的联邦国家(例如瑞士)。此外:这两种理想类型从没有完整实现过,而人们经常会犹豫是否要将中间形态归入一个或另一个范畴当中。

即便是在像法国这样的民族国家内部,我们也能找到一些少数族群,他们的语言(巴斯克语,凯尔特语)和文化与多数族群不同。文化同质性是历史的结果,也就是说,通常而言是征服的结果。最后,实际属于某个文化与愿意属于某个政治统一体并不总是协调一致的。1871年,阿尔萨斯人说的是一种日耳曼方言。在中世纪时它属于日耳曼民族的神圣罗马帝国的第一部分。而在1871年普鲁士获得胜利的时候,它仍然保留了成为法国一部分的意愿。民族性原则可以有多重解释,这取决于我们是强调人的自由选择(这对应于法国人的观念),还是强调人们即便否认也仍然参与其中的民族实体(德国意识形态的倾向)。

同样,帝国的概念也没有很好的定义。沙皇俄国和继承它的苏联是军事征服的成果。众多有不同语言和文化的人群服从于莫斯科的法则。列宁在夺权之前曾斥责沙俄帝国主义掠夺土地。布尔什维克的章程,乃至官方文本中,都把不同民族拥有脱离权这一条列入其中。俄国革命的时候,这些民族是否曾行使过这脱离权呢？今天如果我们给他们这个自由,他们会使用这个权利吗？推测本来可以怎么样、会怎么样的问题是没有穷尽也徒劳无益的。我们只需承认,还存在有统一了多个文化共同体的帝国。我们也不应该排除出现沙俄或苏维埃帝国爱国主义的可能性,为一部分(也许为数众多)异民族的人群所奉行。在抽象推理中,同意或拒绝赋予文化共同体拥有政治主权的权利,是没有意义的。

相比于民族和帝国,民族主义和帝国主义是宣传中所使用到的更为含糊的词语。突尼斯或者摩洛哥的民族主义与它们追求独立相一致。可是,法国和德国这两个民族统一体已经牢固建立了的国家,它们的民族主义又是指什么呢？是有关民族使命的宏伟观念,还是说,仅仅是对于它所代表的独特价值观的喜爱？前者体现的是一种权势欲,进而转化为扩张的意志;后者是一种爱国主义情怀,国家缺之不可。出于革命或者宗教的借口,出于普遍性或者——恰恰相反——特殊性的理由,一切大的民族主义理论都最终认可了征服的意义,即便它在理论上与民族性的观念相悖。雅各宾党人将自由带上了刺刀尖,泛日耳曼主义者梦想着将所有日耳曼人统一到单独一个国家之中,这些观念早在希特勒的追随者们颂扬优秀民族奴役劣等民族的权利之前就已诞生。3世纪罗马的救世主降临说早在解放无产阶级的意识形态之前即已出现。

这也就解释了为什么我们的民族主义会被别人看作是帝国主义——而如果民族国家接替了君主国,并接受了其外交实践,人们就更容易将这两者相混淆。只要扩张被视为是国家的自然法则,民族主义就很容易滑向帝国主义,而意识形态显得服从于权力意志。先是1848年,然后又是1918年,民族诉求,加上自由的理念,在乐观主义者的眼中,似乎可保人类在自由中安享和平。在1871年、1939年,整个20世纪的历史似乎以霸权争夺为主题,即便德国统一和中东欧民族的解放曾是关键词而不只是法学家或者哲人的论据。

在欧洲以外的世界,一旦帝国主义转化为欧洲人的统治,它似乎就能很容易地被辨识出来。但是,如果说以夺取主权为标志的政治帝国主义有明确的定义的话,经济帝国主义,又从何始,从何终呢?欧洲国家被寻求市场、原材料或者利润的资本主义的自相矛盾所推动,这是列宁的著作所普及的解释。不管欧洲扩张的原因是什么,它的扩张肯定是在"垄断资本主义"之前的。印度帝国和北美殖民地都早于资本主义进入最后阶段建立,而非洲殖民地在1914年仅仅在世界经济中占有十分有限的地位。

我们并不需要完全认同列宁的理论也能观察到,西方的经济优越性,在亚洲或者近东的人们眼中,是一种帝国主义,即便它没有建立任何殖民政权。剥削原材料而不在当地创建工业,摧毁传统手工业或是通过大量输入欧洲商品抑制工业发展,以高利率出借资本,外国资本家持有大企业,这一切现象都被叫做帝国主义,即便它们并没有向独立国家的政府施加或明或暗的政治压力。帝国主义一词含义拓宽,在富有激情的反应中可见一斑(这种反应是合理的,或者至少说,可以理解的)。我们还可以出于叙述的清晰考虑,分辨出这个词的三种含义:一种是法律上创建殖民或者保护领地政权的帝国主义;一种是体现为强国统治弱国的帝国主义;最后一种局限于经济秩序领域,是一个占据主导的经济统一体向小规模的经济体施加单边影响。

最后两种形式的帝国主义似乎与国家经济发展不平等和权力不平等一样难以根除。一个指望靠出售锡、铜或咖啡赚得三分之一或者一半的外汇资源的国家,更依赖于首要的购买者,而后者对于没有掌握垄断的供应者的依赖则没有那么强。要从外界吸收资本的国家,或是要接纳属于外国人的企业,或是要借入或受赠一些资源。美国或者苏联的资本为技师、理念和巨人的影响铺路,我们也许可以将之说成是美元或者卢布的帝国主义。可它并不意味着从这种带有利益考虑的慷慨行为中受益的人就是受害者。原始的剥削形式是倾向于消失的。

半个世纪以来,世界舞台突如其来的变幻,令所有人都大开眼界。如果钢铁产量可以看作是对军事潜力的估计,那么1913年的苏联只有420万吨,低于德国(1430万吨)和英国(780万吨)的水平。1955年,苏联等于英国(2010万吨)和德国(2470万吨)的总和。同样,在亚洲,日本的经济优势已属于过去。五年计划将会在一代人的时间里,确保中国的工业资源。这些可以在战时动员起来的资源,大大超出了日本当年正在冒险建立共荣圈时所拥有的数量。

虽然 20 世纪前半段,实力关系暂时的结果相对比较清晰,国际体系的意义却还是难以捉摸。我们仅仅是目击了在一系列单调的暴力与不公中,末路帝国被年轻的帝国所取代吗? 欧洲诸国,是不是因为像古希腊城邦那样死死遵循了一条已经过时了的政治组织原则而放弃了权力? 战争技术、生产方式和人的激情催熟了怎样的秩序?

1. 欧洲体系的毁灭

今天,我们经常听到这样的说法,说国家和民族主义要对欧洲的衰败负责。这句话是对是错,需要根据我们赋予这两个词什么含义而定。欧洲就像希腊分为若干城邦一样,分为若干的国家。如果跟随蒂博代的思路,将第一次世界大战与伯罗奔尼撒战争作比较的话,我们很容易得出结论,欧洲是国家对抗的受害者,正如希腊是城邦对抗的受害者。但是,我们仍需提问,为什么国家对抗——它在一个世纪前的兰克看来符合天命,有利于欧洲的伟大——从今以后看来是致命的? 既然历史暂时的结果很能够解释我们的判断,我们还要问,我们这个世纪国家对抗带来的破坏是否可以归咎于民族主义。

控诉的行为几乎随处可见,令人印象深刻。一战是由于巴尔干地区的民族诉求引发争端而爆发的。正是为了避免塞尔维亚人向南斯拉夫的宣传对奥匈帝国造成威胁,奥匈帝国的大臣们才采取先发制人的措施(向塞尔维亚发最后通牒,炮轰贝尔格莱德),埋下了欧陆大战的种子。斯拉夫人的团结让圣彼得堡政府不能坐看独立的塞尔维亚灭亡,白白让奥匈帝国取得外交胜利。是民族自豪感,是祖国必然走上世界舞台、德国文化的光芒应该照遍全世界的信念,在1914年激起了威廉帝国大众的热情,让工人们忘了他们昨日的社会主义。是追求民族延续和权势,以及收复失地的意志,突然将法国人凝聚起来,支持他们走过了困厄的年代。

战争的头一个月,民族热情不论是在德国还是法国,都炽热到了极点,乃至病态。重读当时一些大作家的作品,我们会感到不自在,有时候还会羞愧。而举国一致在某些情况下是不可或缺的。在面对外敌之际,如果一个集体的成员不能忘记私下的恩怨,它也就难以维持下去。如果说1914年以前莱茵河两岸的人们所体现出来的对民族价值观的热忱,在我们事后看来是过度的、危险到近乎宣传狂热的地步,那么走向战争的外交,是不是被煽动德国人或者法国人的情感暴力所支配?

尽管我们不能断然地回答是或不是,对于这样的问题,外交博弈在战争爆发前的几十年间并没有与一直以来的有所不同。两个阵营的轮廓显现了出来,一方是中欧的帝国,另一方是英法联军和沙皇俄国。但是并非所有国家都被卷入了某个阵营,有些国家如意大利,就持有模棱两可的态度,与双方阵营都有往来。俄国和英国在必要时都可以和德国谈判。沙皇与德皇的会晤,英国有关葡萄牙殖民地的动议,都在提醒我们(如果有这个需要的话),1914年之前,欧洲的两大阵营还没有二战结束后的两大政治集团那么僵硬。

171　　英国、德国或者法国人过分的自豪感(真实的或者假想的),以及在俄罗斯或者德意志帝国的某些地方激动着人心的泛日耳曼主义或者泛斯拉夫主义,都不是同盟形成的原因。1870年以来,法国就本能地与德国为敌,它对报复念念不忘,而阿尔萨斯-洛林也渴望回归祖国。这也就使它不可能完全与德国和解。但它们不会激起积极的仇恨,更不会引发一场战争。传统的国家利益考量,着重于维持势力均衡。这意味着法国要去寻找盟友,弥补德国与法国之间的实力差距。英国站在了德国的对立面:公众观念和政界都不是因为对比了文化的优劣或者出于集体自豪感而作出这样的决定。相比于德意志帝国的商业扩张,让英国感到更为担忧的是有敌对的舰队建成。用马汉的话来说,这两个国家的地缘政治形势是,英国为了保障其本身的生存必需品,就必须掌控通往德国的海路。从那一刻起,德国一旦开始质疑这种掌控,就必然将英国视为眼中钉。从英国的角度看,德国建造海军的努力,即便是为了防御而建,也是具有攻击性的;但是在德国看来,英国的海洋控制欲是帝国主义。

俄国和德国的关系更多地受到民众情绪的影响。威廉二世没有更新与俾斯麦有联系的互保条约。但是,从长期看,他必须在圣彼得堡和维也纳之间作出选择。相比德国的野心,奥地利和俄国在巴尔干地区的冲突更严重地损害了保守制度的联盟。

从这个意义上说,各地的民族主义——不是已建成的民族国家内部人群的热情,而是被并入多民族帝国的民族追求独立的诉求——是世界大战的历史原因之一。奥斯曼帝国的解体似乎是奥匈帝国的前车之鉴和威胁。后者着实受到了民族冲突的羁绊——这些冲突在很大程度上可以解释维也纳内阁 1914 年所采取的外交策略。

不过,我们不能在事后简化这些事件的进程,想象中东欧人民立志反抗暴君,迫不及待地要摆脱维也纳的桎梏。波兰人建立独立国家的憧憬是无可置疑的,但捷克人和斯拉夫人都并非完全反对奥匈帝国所维持的统治。在 1914 年前采用一种联邦制类型的解决方案——代表权、学校制度和语言权利的平等——本来可以平息纠纷,而它的投入在我们回溯历史时看,是非常小的。况且,在战时,1917 年,当马萨里克①和贝奈斯②让同盟国将解放受压迫民族列为战争的目标之一,因此即要废除哈布斯堡帝国之时,捷克人在布拉格的抗议声,也并非完全受到镇压。

19 世纪,民族运动实现了德国和意大利的统一。这两个大国之形成和融入欧洲体系,没有造成可与法国大革命或拿破仑帝国相比的战争,甚至比法国或西班牙称霸更为平静。20 世纪,民族运动倾向于肢解而不是整合政治统一体。终于凝聚在

172

---

① 马萨里克,捷克斯洛伐克首任总统。——译注
② 贝奈斯,捷克斯洛伐克的建立人之一,曾任捷克斯洛伐克外交部长、总理和总统。——译注

一个民族国家的德国人,很快就拒绝了波兰人的政治主权要求,否定了前夜它还曾援引的原则。如果政治统一体应该靠文化共同体或者民众的意愿来凝固的话,那么土耳其帝国该当灭亡,而奥匈帝国为了延续国运,就应当获取不同语言、不同文化的公民自愿的忠诚。19世纪曾实现的奇迹,在20世纪没有重演——人们已经兵不血刃地解决了由民族运动所提出的整合问题:民族运动号召肢解或者重组政治统一体,却引发了一场全面的战争。这场战争,以其广度、以其后果,超越了催生它的那些事件。它本身就成为一个主要事件,而民族纷争不再是这个事件的理由而已。从下令开炮的那一天起,整个欧洲的地位动摇了。我们再次看到了这对非此即彼的选择——霸权抑或均衡,如同大革命时的战争、西班牙称霸、伯罗奔尼撒战争时候的情况。德国,如果取胜的话,不论它1914年7月是出于何种野心,都会统治欧洲,就像雅典如果战胜斯巴达,便会消灭希腊城邦的自由。

事后人们来争论谁应该为战争负责,这意味深长。和平主义的意识形态和情感在民主社会与好战的狂热结合在一起,并不足以解释寻找罪人的法官—历史学家所给出的指令,仿佛良心已经谴责了战争挑唆者一般。人们在找的是罪行与灾难相匹的罪犯。当时的政治家的意图,应该和战争及其破坏一样的过分。历史事件模棱两可,我们也就不能作出断然的解释。即便大家都判定,大公遭枪杀和德国向法国宣战之间的几周里,外交方面对战争需负责任,这在检察官和陪审员们看来也是令人失望和怀疑的:没有人想要这场战争爆发。

奥地利向塞尔维亚发最后通牒,回绝塞尔维亚人的答复,炮轰贝尔格莱德,七月初德国公使(多少比较明确地)给予维也纳自由行事权,奥德两国的所有这些举动,都构成了——这两个中欧帝国首都的人们也都知道——对俄国的挑战,并且间接地挑战到了协约国。无疑,如果同盟国没有对这次对抗做出回应,而是让中欧帝国享受外交胜利所带来的益处的话,敌对态势也就不会扩大。这些帝国的领导者已经设想到并愿意承担这风险。维也纳的内阁和柏林的幕僚中,有些人希望挑战引发回应。俄国和法国也给出了足够坚决的反击,以至于历史学家不愿承认两个阵营的国家首脑,在心理上有什么本质区别。一方和另一方都没有**绝对地**谴责以战争作为解决国家分歧的手段;也没有人预料到他们正在走向战争。德国和奥地利的首脑们率先采取了致命的决策;1914 年,战争派在柏林和维也纳比在巴黎和伦敦的要强;这样的结论,在四十年后看来,意义甚微。

战争的进展也同样让*所有*幕僚阁臣吃惊。没人预料到这会是一场持久战,没人准备好了经济动员,没人事先囤积了数月的物资储备。双方同样缺乏准备,同样作出了错误的估计,因而也为双方换来了脸面,有时间让工业家或者社会主义激进分子来即兴发挥——比如拉特瑙(Rathenau)或者阿尔伯特·托马斯,缓解军事领导机构的不足。

为什么军队的首脑忽视了持久战,比如美国内战(也许是第一场现代的装备战争)的教训,为什么他们假定战局会由最初几次战斗所决定?大概协约国方面的错误相比轴心帝国更让人难以原谅。后者在最初的袭击中有占据上风的可能,而前者本应该预先把希望寄托在他们潜在占有优势的资源和海权上,靠封锁敌人来消耗他们。

1914年9月,德国人在马恩河丧失了快速取胜的机会。一旦西线战事稳定下来,地方性的胜利,不论有多伟大,也不能起决定性作用。所有国家都震惊于现代民主和工业社会为战争提供了如此繁多的杀人手段。势力大致均衡,防守方暂时对攻击方占有优势,受这样的形势所迫,消耗战的战略,具体象征就是壕堑战。

在没有参战者、没有同盟阵营明确地制订目标的情况下,战争开始了。战争状态使得这样一些词汇涌现出来:历史追还(revendications historiques),这个自"历史"一词存在于外交领域以来一直潜藏的词汇;**具体目标**(*objectif précis*)被写入了秘密条约;还有宏伟而难以限定的**意识形态**——民主、人民自由、正义。从没有放弃过阿尔萨斯-洛林,但事实上也不希望用战争收复这两个地区的法国,肯定会把以按照先前状态(statu quo ante)订立的和约看作是失败。为了获取意大利的支持,协约国在一项秘密条约中,向意大利许诺了一些领土利益(特伦蒂诺、内阿尔卑斯蒂罗尔,直至布伦纳、的里雅斯特、伊斯特拉、达尔马提亚的部分海岸和岛屿,以及奥斯曼帝国和德国殖民地在小亚细亚和非洲的部分领土)。这些利益并非完全符合民族性的原则。作为对1916年末德国的一项谈判动议的回应,协约国提出了它的条件,包括恢复比利时、塞尔维亚和黑山的独立地位,撤离所有占领地,归还阿尔萨斯-洛林,还有将意大利人、斯拉夫人、罗马尼亚人和捷克人从外国人的统治下解放出来,以及最后,解放土耳其暴虐统治下的民众。有关解放斯拉夫人和捷克人的条款似乎意味着要摧毁奥匈帝国。

我们难以断言早在1916年,协约国的外交策略就将摧毁奥匈帝国当作一个**目标**。这与其说是一个方针,不如说是一种意识形态,更何况正在此时,马萨里克-贝内(Masaryk-Benès)委员会在法国政界取得了影响。1917年,当皇帝查理一世试图分开订立和约时,同盟国势力还没有感到要着手"解放捷克人"。意大利的诉求,卡波雷托(Caporetto)战败,法国和英国的犹豫,让这位弗朗索瓦-约瑟夫的继承人的尝试以失败告终。

敌对在两个方面引发了外表自相矛盾的现象:人们宣扬的是崇高的理念,而外交官根据惯例和政治权势的犬儒主义达成协议。在1971年2月的一项密约中,俄国许诺法国,支持收回阿尔萨斯-洛林、兼并萨尔盆地以及在莱茵河左岸建立一个自治、中立的国家。作为回报,法国让俄国自行修订西面边界,换言之,就是把波兰丢给俄国。英国决意不向德国归还其旧殖民地,并在1916年6月俄国和法国的同意下,准备划分近东的势力范围。另一方面,虽然野心没有写入秘密文件,但是在1917年4月,德国军人仍要求在东面的库尔兰(Courlande)和立陶宛大范围扩张,形成对波兰的保护;比利时仍然受德国控制,列日和比利时的海岸将受到为期99年的军事占领,布里-隆威(Briey-Longwy)盆地被并入德国。

在各国，痛苦和疲倦日益侵蚀着战争一开始的那种全民爱国情绪。所有参战国从1916年开始都碰上了工人问题和罢工。在战争初期，不论是法国还是德国，社会主义者和神圣同盟都结成联手。逐渐地，越来越多的人从中分离出来。战争在打消民族国家一致的爱国热忱的同时强化了中东欧的民族诉求。奥匈帝国成了战争的受害者，而它的许多政要曾希望借此获得拯救。

表面上看，大战的爆发是触发它的条件所引发的合乎逻辑的结果：遭受民族冲突撕扯的奥匈帝国，想要在外部冒险中寻求唯有内部的、联邦制的改革才能取得的解决方案。同盟国的胜利为所有受压迫民族带来了独立，这是奥斯曼帝国和奥匈帝国这两个垂死帝国所拒绝给予的。这样的事件逻辑是虚幻的。

民族的杂居使实际上民族性原则在中东欧不可行。捷克斯洛伐克，这个继承了奥匈帝国的主要国家仍然与旧时的双头帝国一样拥有众多民族。在波兰也是如此，少数民族占到了几乎三分之一的人口。在这些地方，我们都不能仅仅考虑到民族性原则。捷克人出于地理与军事的原因取得了苏台德人领土的主权。一场战争之后，波兰东面的边界被勾画了出来。波兰政府更多的是用历史法则而非根据备受争议的民族统计来提出追还寇松线以东的领土。没有一条新划定的领土被毫无争议地接受：罗马尼亚和匈牙利因特兰西瓦尼亚（Transylvania），捷克斯洛伐克和波兰因捷申（Teschen）的领土，罗马尼亚和保加利亚因波布鲁贾（Bobroudja）而起了冲突。在这个农民讲一种语言而上流阶层讲另一种语言的地区，在这个地理—历史统一体包含着各种混杂民族的地区,多数原则不足以用其本身的话语干净利落地解决这个无解的问题。

从《凡尔赛条约》中扑腾而出的民族性欧洲,还受到另外一个更严重的自相矛盾所侵蚀。民族争端是战争爆发的原因或者机会,1918年,受整个事态的影响,民族解放在其实现前一直是政治宣传的主题。战争本身的赌注是整个旧大陆的地位、德国的霸权或是海洋势力(它们得到大陆盟友的帮助,单独还不足以对抗占据优势的领土力量)的胜利。不管法国和俄国对陆地上的战争有多大贡献,从历史的图景上看,胜利又一次属于海洋势力。掌控海洋就可以封锁中欧的帝国,最终让海洋势力占据上风,即便欧洲国家有着最好的军队。威廉二世与先于他的路易十四还有拿破仑一样,不得不屈服于此。

这些事件验证了马汉著名的设想,但验证过程是艰难而缓慢的。英国本应该更多地参与陆上战争。海军和陆军之间的对比关系,朝着有利于后者的方向发展。将内燃机用于铁路运输增强了陆军的机动性。组织大陆空间已不再像拿破仑时代那样,是一件超乎技术和管理资源的事情了。本该让当时的国家领导人有所警醒并制订措施的新的现实,不是海洋势力最终获胜,而是为了打破平衡,他们需要美国军队在法国战线介入的必要性。

欧洲历史从未曾在封闭中发展。向欧洲外的盟友求援并非某个国家的专利。至少两个世纪以来,欧洲政治的进程很大程度上受到它与世界其他部分的关系所影响,受到无主之地提供的移民机会的牵引，受到英国在冲突中从其海外领地或与亚洲、美洲的贸易中可以吸取的资源的牵制。1918年美国军队的角色，确实象征着一个新时代的肇始：由于在旧的框架内，德国占据了上风，而且德国的霸权在英国看来是不可接受的，故而经由盎格鲁-撒克逊人的团结，在危急时刻，美国挺身而出，成为欧洲战争的仲裁者。

凡尔赛领土条例，不论它再怎么不完善，尽管它抚平了一些民族诉求，又激起了另一些，相对于人们先前所鼓吹的意识形态，以及燃烧起来的热情，它是符合逻辑的。但不论哪位观察者，从战争的经过中吸取到的教训，都与此相抵触。德国被俄国、法国和盎格鲁-撒克逊国家的联盟所击败。一战时就不可避免地确立了霸权的美国，不愿关心欧洲内务，与征服欲一样破坏了平衡与和平。布尔什维克党掌权的俄国不再扮演其传统的角色。它没有任何理由去维护一个与它无关、违背其利益的既定秩序(波罗的海国家独立，波兰的东部边界，罗马尼亚的比萨拉比亚)。英国和法国，胜利阵营中仅有的两个本应该共同维护现状的国家，在政策上(不论是针对德国还是东欧)从来没有通力合作。凡尔赛领土条例并没有反映势力关系，它是一个特殊形势，两大大陆国家——俄国和德国——暂时没有实力之时的产物。失败和耻辱让德国更具征服的野心，更坚信自己独一无二的伟大。当重整旗鼓的德国重新占据莱茵河左岸的时候，它事实上有着对中欧和东欧、法国与俄国疆界之间的霸权。威廉二世所不能得到的东西，希特勒不费一兵一卒，只消施以诡计和威胁便能在1938年9月得手。一年后,他有意识地发动战争,要将霸权转变为帝国。

在两场大战间歇,史无前例的经济危机引发了一场革命,而它的意义是英国和法国所忽视的。长远来看,任何一个德国政权都不会接受凡尔赛领土条例。但是,如果是一个温和的君主制或者议会制政权统治,就不会滋养出无限制的野心,就会担心在第二场世界大战中,俄国与盎格鲁-撒克逊的联盟重新组建,击败德意志帝国。希特勒就不顾这些算计,他利用的是民族热情和德国的历史。可是,种族主义意识形态,建立新秩序的设想,已经不再属于民族主义的时代了。影响威廉二世的德国各种设想的,是泛日耳曼意识形态、通常的扩张欲以及对霸权或世界地位的渴望:外交传统和集体自豪感交织在一起,却没有确定具体的方案。第三帝国的首脑们想要统一全欧洲,根据种族等级,让各个民族由不同地位的政权所统治。战时,占领的模式则是另外一种,从西往东越发严苛。斯拉夫人被当作下等人,统治波兰人的是"一般政府"(gouvernement général),捷克是"保护国",法国保留了名义上的主权,犹太人则遭赶尽杀绝。

在某种意义上,二战中权势的挑战与一战中的相同:德国称霸,或者是势力均衡。但是,相比二十年前,各民族的独立受到了更为严重的威胁。希特勒德国公然宣告了它的帝国主义目的,标志着历史的一个演变。民族统一性,在大多数国家中,都没有1914年那么牢固。法国在1939年没有出现等同于神圣同盟的组织;法国人并没有形成共同的意志,抛开党派之争挺身而出。有些人相信,全欧洲再次爆发一场毁灭性战争是荒谬的,这种意识麻痹了他们的意志。另一部分人仇恨共产主义或者民主制度,因而青睐于法西斯主义或国家社会主义。实力参差的少数,在第一声炮响之前,有一半是新秩序的得益者。排除传奇化的因素,对于1939—1941年德国的胜利,第五纵队似乎并没有起到多大的作用,而德军的军力优势才是它取胜的唯一理由。法国战败后,德国没有任用主和派,而委派了机会主义者或者法西斯主义者,加强第五纵队,最终成立了合法政府,不再有与德国敌对的义务。德国鼓励"合作者"(collaborateur)协助德国的统治,但对他们的信任程度因国家而有所不同。

德国政府迟至1917年都坚决不让比利时统一和独立。而在一战中,它支持组建"弗兰德斯议会"(Conseil de Flandre),后者与本国君主制决裂,支持与德国建立关税同盟,并且任命了一个出自临时政府的"代理委员会"(Comité de fondés de pouvoir)。在二战中,德国占领当局依靠的是那些有意以第三帝国的理念和利益统治自己国家,进而希望自己能够在未来的欧洲成为法国、荷兰或者挪威的国家社会主义精英核心的党派和政客。

推行这种民族分解和帝国一统的政策,既没有远见,也并非坚决。历史学家惊讶于德国当局给予弗拉索夫(Vlassov)将军的物质和精神援助如此之少,而后者却在与苏维埃政权交恶前,曾在俄国方面享有显赫的地位。国家社会主义者坚持他们的劣等种族理论,以便将优秀种族(peuple-maître)的理论付诸实施,他们牺牲了团结那些厌恶斯大林和共产主义的人的机会。即便是在这套理论有可能带来民族分离政策的西欧,德国当局的行动也是分散的:军方的首要希望是维持稳定,制订计划者急切地需要招募尽可能多的劳动力,而政府职员意在政治宣传和渗透。

不论左派还是右派,欧洲一些国家的民族热情皆有衰减迹象。部分特权阶层和保守阵营出于他们对共产主义的反对,对希特勒有某种程度的纵容。德占法国的诸多知识分子和政客自称支持"新秩序"。但是,大多数在1940年追随贝当元帅的人,是在这位老兵身上看到了祖国的象征和复兴的希望。在另一个极端,1939—1940年的工人们因为受到反对"帝国主义战争"的宣传影响,不希望看到法国战败。共产党的路线恰好与他们的爱国本能及法国的利益相吻合,他们用他们的英雄主义,展现出了这两个信条融为一体时他们所感受到的满足。但是,在两者有冲突时,不论他们的意识状况为何,共产党军人大多数选择维护其党派。

第二次世界大战爆发后不久,**在政治统一体的性质以及权力关系的结构方面**,欧洲所给出的图景是极其复杂的,也可以说是相互矛盾的。从地图上所描绘的边界看,二战时的欧洲相比1918年,愈发是一个民族国家的欧洲。凡尔赛创造的国家维持了下来。多民族帝国,如土耳其和奥匈帝国,已经消失。土耳其放弃了奥斯曼帝国的理想,转变为一个民族国家。从奥匈帝国中诞生出奥地利和匈牙利两个民族国家。民族性原则这次甚至推行得严酷无情,引发了人口的迁移。捷克人驱逐了四个世纪前波西米亚国王们所召来的苏台德人。波兰人回流到了寇松线以东的领土上,并且将德国人逐出奥德-奈斯一线以东的土地。南斯拉夫幸免于难,推行联邦制的理念。捷克、匈牙利或者罗马尼亚的新边界,更符合民族理念的要求,而不是根据旧有原则而定。

但是,在相反的意义上,民族国家的对立,随着铁幕以东苏联取得压倒性地位,以及欧洲国家意识到自己依赖于美国而被抹去。根据国际法则而存在的政治统一体符合民族性原则,而现实中存在的军事统一体则是帝国主义的。北约确保了西方——西欧和北美——的军事统一;作为回应,莫斯科所建立的华约,旨在正式成立一个政治集团,而苏联军队在德国心脏驻扎,共产党在各人民民主国家当权都已经在巩固它了。

帝国主义的军事统一体,与民族统一体之间的矛盾,让德国成了其主要的受害者。德国发动了给欧洲体系致命一击的战争,为此负责,它丧失了东部已经日耳曼化多个世纪的土地,被一分为二,分属两个阵营,成了两个国家,一个自称人民民主,另一个自称联邦共和国。

德国是版图上被分割;而其他国家,尤其是法国和意大利,在精神上分裂了。一少部分选民投票支持自称奉行国际理念的政党,可它事实上是与一个外国的命运纠结在一起的。共产党人的言行表明,他们将意识形态放在民族的前面。那些自称捍卫民族独立、抵抗苏联统治的人,陷入了隐约的不安当中,因为他们的祖国无力创造自己的命运,而只能屈服:有些人怀念祖国疆域更广阔、按照这个世纪的标准可以成为巨头的时代;另一些人反对同盟,因为其中势力的不均衡似乎使之成为一种附庸关系。在整个西方,工人政党向改良主义转型,民众拒绝由某个帝国所操纵的国际体系;这使得大部分无产阶级与他们的祖国还有民主的社会主义制度站在了一起。但是,这种和解并非完完全全,尤其是在法国和意大利,它似乎更像是屈服,而没有引发热情,它牺牲的是意识形态的虔诚。

铁幕的另一侧,民众既没有接受俄国的统治,也没有接受共产主义类型的政权。为了快速建设重工业,就必须强迫民众作出牺牲,所以统治者不得不凭借俄国的军队维持权力,压制自由。一旦这些由《凡尔赛条约》创建、1944—1945年虚假地重建起来的东欧国家重新主宰自己的命运,那么民族情感的力量,还有建立联邦秩序的吸引力会有多大?只要俄国和美国军队在分界线对峙,把欧洲分为两个法律上划分为国家的军事区块,就没有人能够确定地回答这个问题。

2. 亚洲体系的建立

第一次大战,虽被说成是世界大战,实际上只是欧洲的大战。在非洲,对德国殖民地开展的军事行动只是延伸了旧大陆打响的大战,是同盟国的惩罚手段。近东战役是奥斯曼朴特(Sublime Porte)与中欧帝国结盟、英国决意摧毁奥斯曼帝国的结果。日本参战目的在于攫取德国在太平洋上的领地(加罗林群岛,马里亚纳群岛,马绍尔群岛,胶州)。美国的介入只是扩大了参战国的范围,而没有从根本上改变战争的特征与挑战。如果没有新世界提供的经济资源,协约国也许会被迫签订和约。让天平向盟军倾斜的美国,不久就把经管共同胜利的权力留给了法国和英国。欧洲各国因而相信,它们仍然是历史的主角,美国派兵远征只不过是暂时的一个篇章。1945年,幻觉已经不可能继续下去了。

第二次大战,从1941年末起,是名副其实的世界大战。日本出于自己的考虑,支持希特勒的冒险行径,着手打造一个亚洲帝国。远东的事件以多种方式与欧洲的事件相关联。太平洋的冲突,主角是日本和美国,与欧洲的冲突既没有相同的来源,也不具备相同的意义,尽管我们看到,这场战役也使用了相同的词汇(法西斯主义,帝国主义),具有相同的外交组合(德日同盟);它体现出军事行动的统一性,而且最终是靠苏联和美国给出决定性的一击,这些都意味着全球外交领域逐渐的、不完整的统一。

珍珠港遇袭之前的几个月中,罗斯福总统的意图和决断不管有多少争议,从整体的视角来看,战争的原因是所有人都能看清的。希特勒想要通过武力在欧洲和非洲,乃至全世界建立一个新秩序;从1937年以来就竭尽全力想要制服中国的日本,在1941年向盎格鲁-撒克逊人的势力发动了攻击。也许,如果英国没有与希特勒的德国开战,如果美国没有可能将一部分军力投入欧洲,统治东京的军人不会作出这样的决定。欧洲的大战为日本帝国主义提供了一个机会:这个机会不是日本创造的。

与此相反,我们却远未能对日本帝国主义作一个明白、没有争议的解释。正是这个国家,曾闭关锁国两个世纪,竟然在决意向西方取经后走上对外征服的道路,着实令人惊讶。

从历史的角度,亚洲的三大国日本、中国和印度,不能被看作是欧洲类型的国家。汤因比认为它们中的每一个都自成一个文明。在他看来,拥有多样的语言乃至文化的印度,事实上更近似于整个欧洲,而非这个或那个具体的欧洲国家。中国相比之下在政治和文化上就更具有同质性,即便中华帝国容纳了各种宗教、习俗不同的人群。两千年前就确立起来的帝国大一统,被认为是正常的秩序;象形文字使有文化的阶层交流十分便利。至于日本,在佩里将军到来之前,是极其具有同质性的,也许还甚于欧洲的民族国家。不过,我们应该还记得日本内战,那些战争挑战到了中央政府的权威。亚洲的众多民众从未听说过"民族战争",因为他们没有形成法国大革命以来在欧洲所形成的民族概念。

德川幕府时期,日本贵族服从于京都的将军,由它维持国内的和平。社会具有等级秩序,上流阶层拥有持有武器的特权,市民阶层、商人或者手工业者,在日本西化以前,从未曾获得足够大的经济权势,以至于能够扮演起类似于欧洲中产阶级的历史角色。在中国,文人是国家的官员、土地的所有者,他们组成了一个等级秩序,最顶端是皇帝统治天下。中国在清代一直定型在过去的管理制度和文化之中。中国人可以意识到中国的伟大,但是在本世纪前,欧洲那种有利于形成民族意识的形势,在亚洲还没有出现：中国没有资产阶级或者平民的革命反对贵族阶级，没有农民革命反对外国大地主（东欧的情况），也不存在人民万众一心抵抗外敌入侵。

这并非是说，亚洲在进入当代之前一直处于和平状态。中华帝国需要防御北方"胡人"、蒙古人或者满洲人的入侵。各个王朝成立不久，便动用武力向臣服于它们的地区扩张。北京的皇帝们要求周边小国，如朝鲜或者越南，接受中国的保护。但是，大战对于中华帝国而言，是巨大的麻烦，威胁到了帝国的统一。在古时，日本人曾远征南方（台湾）和大陆（朝鲜），反复与中国产生碰撞。他们从没有想到过，也从没有设想过要征服中国。亚洲的地理，还有各国的社会、政治构成，都排除了出现等同于欧洲的民族政治的可能性。

日本之所以尝试建立一个号称"共荣圈"的帝国，首要的成因在于日本帝国与中华帝国对于西方影响有着不同的反应。前者直至上个世纪中叶都一直拒绝西方国家的商业贸易要求。佩里强行开港，日本人意识到他们的选择，不在于孤立还是与外界往来；而是要么选择独立，要么就羞辱地接受外国保护。于是，日本形成了一场革命，一部分国家上层是这场革命的发动者。废除幕府，恢复皇权，日本走向一个坚定的政权，致力于发现和利用现代军事力量的技术、管理和智能奥秘。自这个时刻起，日本经济蓬勃发展（1870 到 1930 年平均每年大约增长 3%）。德川幕府时代的马尔萨斯主义让位于有意识的增长人口的行动。日本不仅仅向西方学习了全民教育、机器、征兵制、议会制、为工业时代而作了调整的立法,而且还吸收了权势欲,相信扩张是国家的法则也是其伟大之证明。

尽管日本的军事贵族能够凭一己之力实现西方化的成就,中国却从 19 世纪中叶到 20 世纪中叶一直处于积贫积弱和分裂的状态中。清王朝无力推行能与日本相比的、使之跻身世界大国行列的改革。1895 年,日本击败中国,吞并了台湾。1900 年,义和团运动失败,清王朝再次蒙羞:一支小小的八国联军,在一位德国将军的率领下,竟然轻松地开入北京城,解救了那里被包围的使臣。若干年后,日本战胜俄国,成了激动全亚洲的话题。在帝国主义的时代,人们感受到了日本的强大与中国的弱小之间史无前例的反差,而划分中国的势力范围是时势所需,是征服的目的。

日本的工业化在很多方面与德国相似,但资产阶级理念和自由主义制度并没有同时生长。日本人把西方的技术文明插入到等级社会的秩序当中,却仍然保留着自上而下的权力结构,战斗贵族控制着国家。的确,日本帝国像德意志帝国一样引进了议会制度。但是国家主权在法律上,属于天皇一人,国家的最高价值观,是贵族的,而非生产者或者议会的。

日本是第一个凭一己之力投身于西方权势装备的亚洲国家,并因而取得了一连串成功;从兼并台湾到 1937 年"卢沟桥事变"发端这段时间中,它还在日俄战争中取胜,兼并朝鲜,建立了理论上独立、实为东京的傀儡的满洲国。日本的外交巧妙地利用形势,体现出惊人的灵活性。它与英国联盟,从而在亚洲孤立了俄国,打破了欧洲国家的共同战线。朴茨茅斯条约两年后,日本同意与它旧日的仇人分享满洲的势力范围。借助第一次世界大战,日本在太平洋上收获颇丰,并且扩大了自己在华北的势力。1931年,英国没有准备好站在美国一边干预阻止满洲独立。1937年也是一样,美国抗议日本对中国不宣而战,但却没有实际地武装起来进行干涉。美国外交对日本的扩张政策表示反对,却缺乏军事行动,使得日本领导者毫不妥协。与在欧洲一样,美国在亚洲也是潜在的统治势力——至少在海军和空军方面如此。道义声明和拒绝军事动员,这两个举动合在一起,滋长了东京和柏林的极端主义党派。

这样,我们得以理解1941年的决断——虽然历史学家在事后比较了手段与野心、侵略者的资源与受攻击国的潜力后,认为它是荒谬的。数十年来,日本连战连捷,国民的自豪感演变为跻身一等强国的决心,这不仅是要与西方匹敌,而且还要将西方人赶出亚洲共荣圈。国家社会主义为梦想着征服和群居的军人提供了一个模范和鼓励。一个急剧增长的人口,人们对于制成品出口所设的障碍,让生存空间的理论大有市场。欧洲各国相互打得不可开交。中国的事变演变为一场消耗战,蒋介石政府拥有外界援助,战争结束遥遥无期。日本军队最初的几场胜利——占领香港、马来西亚、菲律宾和印度尼西亚——似乎支持了主战派。可事实上,即便是德国战胜了俄国——这是东京难以指望的——力量的失衡也不会扭转。日本的钢铁产量几乎只有美国的十分之一。在数量上,更不用说在质量上,日本在世界等级中，充其量只是一个第二等级的工业社会。日本同时挑战中国和整个西方，投入到一个注定失败的冒险当中。在东京，即便是最狂热的人也不会相信日本能战胜美国。他们指望美国避开交战，因为疲惫而签署妥协的和约。他们忘记了，民主国家虽然行动迟缓，但在取得完全胜利之前，是不会停手的。

取得最初的胜利需要出其不意的突袭：美国人怎么可能不为珍珠港事件打一个响亮的反击战呢？美国人虽然爱好和平，但一旦发怒，便会强硬地反击。日本摧毁了停泊中的美国舰队，又以同样的手法不宣而战，击败阿瑟港的俄国舰队，暂时取得了日本海军对库页岛到松德群岛（iles de sonde）的控制。仅仅三年后，日本舰队灰飞烟灭：美国潜水艇和战机几乎击沉了所有维持大东亚共荣圈各个部分之间联系的商船。节节战败的日本，在美国轰炸机还未开始轰炸日本本土城市，还远没有向广岛、长崎投下原子弹前，就有了签署和约的准备。自1944年底军国主义派别和东条英机将军倒台之后，近卫文麿亲王的日本政府试图与美国政府接触、协商和约。它也曾天真但徒劳地与苏联领导人对话。

日本战败的现实结果就是，这个日出帝国，在无条件退出中国——欧洲国家五十年前还想着瓜分中国的势力范围——的时刻，完全失去了大国地位。

日本几乎进口了所有原材料，甚至包括煤炭；在和平时期，制成品出口对于它而言是生死攸关的事情；在战争时期，它和英国一样在封锁面前十分脆弱。亚洲大陆、美国和南太平洋群岛上的封锁使之无法为其民众和工厂提供所需。明治初年以来，日本人口增长了三倍，而十年以来定居在其占领地的士兵与公民回国，构成了人口的额外增长。日本的死亡率降低（部分是因为占领军采取的卫生措施）也使需要吃饭的嘴激增。一个拥有超过九千万人口而没有殖民地的日本，不再是一等强国，甚至算不上二等：它只会是大陆或者海洋主导势力的附庸。

美国在日本推行的改革减弱了日本的领导阶级和军国主义意识形态。天皇不得不向征服者卑躬屈膝，陆军与海军的统帅发动战争又失掉了战争，贵族操起工业化的重任并借助于外部的成功，维持着这一传统的连续性——所有这些保守的力量都被一次突然的断裂所撼动，这在日本的历史上，还有别的一些例子。公共意见不再鼓吹力量与荣耀，而梦想成为民主与和平秩序的排头兵。民主最终会造成什么样的结果？面具大变，而灵魂中究竟有多少变化？言论究竟有多少信念成分在里面，而美国的"再教育"所推广的理念，对于日本人而言具有或者会具有怎样的含义？人们对此将会讨论许久：人们已经看到了不少事实。

如同在德国，贵族阶级的声望长期以来受到损害。日本缺乏重建军事力量（最首要的是海军和空军）的物质手段。征服者推行的议会制度进一步缩减了建构国防可供动员的资源。战败十年后，反对重建军队的呼声仍然高涨，看似禁止扩军的宪法条款没有被修改。与在联邦德国一样，在日本，军人阶层的经济和社会基础已经被摧毁。

在中国拥有一个强大的政府和工业之前,日本希望通过战争确保其对它的统治。战争,如果没有取得胜利的话,便会加速日本希望阻止的进程,即独立的中国实现西方化,夺走日本在亚洲第一的地位。任何在中国稳定下来的政权都会兴建工厂,训练一支大军,以结束一个世纪的屈辱历史。国民党崩溃,毛泽东得胜,诞生于西方、受苏联实践所改造的共产主义意识形态,成为这个新王朝的官方意识形态。

从亚洲的角度看,20世纪的两大巨头体现出诸多共同特征。它们都迷信机器,没有耐心从技术进步中看到其隐藏在权势与福祉背后的东西。两个国家都幅员辽阔,人口集中于城市,有数百万劳动者投身工业大军。尽管它们有无神论与基督教之间的对立,但"不受上帝眷顾"之人和基督徒,都十分关注社会服务,以至于用话语公开表明对于对方而言相同的善意。一个推行单一政党制度,另一个推行议会民主制度;一个推行正统意识形态,另一个信奉思想的多元主义。这些对立面在共同体最为首要的价值观上际遇。可是,在亚洲的统治者看来,要解决人口贫困、抹去昨日的耻辱,关键似乎在于选择最为有效的工业化方法。

1955年,日本和中国之间的实力关系与半个世纪前的相比发生了逆转。中国重新成为大国,而日本则沦落为没有实力的小国。这种新的关系相比旧日的更为自然而然。根据人均产值或者三大产业劳动力分布来估计两国的经济发展情况,中国仍然落后于日本。根据绝对数值来看,日本的钢铁产量仍然高于中国。后者1956年的产量是450万吨,而在五年内,它要达到1700万吨——几乎相当于今天的英国,1938年的苏联。日本要重建为一个强国,就不仅仅要逆转当前的实力关系。日本列岛和大不列颠群岛一样,唯有靠掌握制海权(至少需要掌握补给所需的资源)才能够成为一个庞大势力的基地。日本唯有与中国结合,即放弃对统治大陆的国家保持独立的政策,才能动摇美国的支配。中国凭借其领土的辽阔,人口的众多,领导层的能量,以及明日的工业生产,将找回过去所行使的霸权,自立于苏联和南亚诸半岛的边界之间。

日本帝国主义这一阶段的结果,会不会是打开了中国的帝国主义?这是有可能的,可是没人能够肯定。历经帝国兴衰,亚洲似乎倾向于成立一种不同于昨日的欧洲体系的国家体系,它将与半世纪前特殊的形势有深刻的差别,因为当时的欧洲国家,时而联合,时而相争,将亚洲国家当作盘中餐(日本除外)。

在目前来看,亚洲体系的自主性受到了两大巨头的干预,还有它们相互对立的意识形态和意志的实际制约。第二次世界大战之后,中国发生了内战,使同盟发生了奇特的转换。曾是敌人的日本如今成了美国的盟友,而曾是盟友的中国如今成了敌人。麦克阿瑟将军在卸任翌日众议院的演讲中,修正了一些价值观和历史解释,以使美国的理念与当下的现实相协调。美国近半个世纪的亚洲外交,首要目的是维护中国的完整性;美国的传教士一心想要中国成为基督教国家。然而,中国走向了坏的方向,走向了封闭自守,而民主化了的日本却走向了好的方向。

当前，共产主义国家与美国的交锋使亚洲出现了在欧洲我们可以观察到的相似现象：朝鲜，这个日本和中国之间的缓冲王国，它的独立性要求这两国势力平衡（或者两国皆弱）；在三年毁灭性的战争后，它被一分为二（如同德国）。同样，在南面，越南被一分为二。联盟之间划分的界限，没有从大陆的中央穿越，而像欧洲一样，是根据地理勾画出来的。美国在亚洲的海洋势力，在大陆上只剩下了几个桥头堡，不过许多岛国（日本，菲律宾）仍然属于美国的势力范围。苏联—中国的影响在大陆上占据优势。从这个角度看，我们又见到了凌驾于民族国家独立的军事集团的对立。不过，这样的视角在亚洲，与在欧洲相比，较不符合实际情况。

军事上，我们并不能像在欧洲那样，看到地方的势力均衡：相反，美国的盟友或者受它保护的国家或地区仍然十分脆弱。中国与苏联的结合，也并非轻易可以动摇：相反，意识形态上的统一加强了这两国的利益团结。美国拒绝承认北京的共产党政权，暂时没有给它施展手段的空间。不过，共产党的中国并没有被苏联军队占领，并不受苏联红军派来的人所统治（这些人一旦失去莫斯科的支持就会失势）。俄国的技术、理念和政策影响，在将中国共产化的过程中取得了惊人的成功。共产化标志着一个新时代的开始，不论这是与上个世纪——欧洲国家支配亚洲——还是与传统的过去相比。

欧洲帝国（荷兰，法国，英国）的解体，使中国南面出现了多个国家，它们大多数宣称奉行民族国家的理念（尽管事实上它们拥有多样的结构,几乎全都是多民族国家),全都珍惜自己的独立,也全都在不同程度上缺乏实力,没有太大的抵抗能力。

亚洲国家的共同特征是,它们都不想再屈服于欧洲或者西方国家的统治,都想在经济发展的道路上取得长足进展。它们或是因为与东欧国家类似的地方争议(如印度和巴基斯坦之间的克什米尔问题),或是因为对两大巨头的态度相互敌对而分化。它们有的支持共产主义阵营,有的支持美国,还有一些保持中立,虽然可能多少对某个阵营有所青睐。这样一个共同体,这样一些地方争议,这样错综复杂的国际外交,其对于亚洲体系而言,最为重要的因素是什么?回答大概取决于中国。

如果共产主义中国的野心,仍旧保持在中华帝国的历史范围之内,亚洲体系将会拥有不断增长的自主性。相反,中国如果试图搞军事扩张,甚至只是意识形态的扩张,事态在亚洲均会上升为国际性的冲突。帝国的时代,一人发号万人听令的时代已经过去。即便我们假设东南亚和印度也成了社会主义国家,我们仍旧可以怀疑莫斯科或者北京是否会成为这样一个延伸到新加坡和马德拉斯的大帝国的中枢。共产主义在亚洲比欧洲更具有民族性,也还将会如此。

3. 欧洲帝国的解体

193　　一个不进行殖民的国家不可挽回地投身于社会主义,投身于富人和穷人的战争之中。上等民族征服一个下等民族的国家,然后在那边定居,以便统治他们没有什么不妥。英国在印度搞了这种类型的殖民化,对印度、人类以及它自己都带来了巨大的益处。平等的种族相互征服之应受到谴责,一如有民族变成劣等,或者被上等民族欺凌之为人类的宿命……**行使帝国统治**(*Regere imperio populos*),这就是我们的天职。①

勒南的这几句话,写于上世纪的后半叶,提出了五个世纪以来潜藏于欧洲人心中的理论,如此直截了当,以至于在我们看来近乎天真:欧洲民族有权独立,而欧洲国家有权在其他大陆进行征服。在南美洲,先是西班牙人和葡萄牙人争夺地盘;然后在北美,同时在海上、新世界还有旧大陆打响的战争,确立了英国的霸权。法国人和英国人在世界的另一端为争夺印度帝国而大打出手。20世纪,两个实质意义相互矛盾的运动,引发了双重的危机:德国努力要将欧洲民族置于帝国的统治之下,而亚洲的人们则撼动了桎梏,夺取了组建独立国家的权利。

目前,在有一点上,几乎没有欧洲的历史学家不同意他们的印度、中国或者日本同事:不论我们思考的是过去还是未来,1900年而不是1955年的形势是不正常的。我们今天更难理解的是,英国为什么会失去世界帝国的地位,而要找出印度或者印

---

① 欧内斯特·勒南(Ernest Renan),《文集》(巴黎,Calmann-Lévy,1947),I,第390页。

度尼西亚取得独立的原因,相比之下要容易一些。

没有一个帝国不是首先建立在军事实力的基础上的:欧洲的帝国也不例外。欧洲人的技术装备压制了北美的印第安人还有中美洲的文明。在亚洲,欧洲人很晚近才取得了工业和军事上的优势,而且维持的时间也不长。海洋实力的优势为葡萄牙、西班牙、荷兰、法国和英国打开了道路。印度处于列国割据的状态,其中最强大的莫卧儿帝国,正走向衰落。仅凭一场战役,英国军队就确立了优势。这原本是商业活动,现在变成了帝国,支持这一切的,不仅有时势之力,也有预先就清楚其目的的意志。军事上的优越性丧失导致用坚船利炮逼迫开港的时代以来,欧洲人所开始的统治宣告终结。

从这个视角看,1904年日本之战胜俄国,1950—1951年中国共产党的军队与美国军队之势均力敌,越南军队在奠边府之地方性但引人注目的胜利,构成了具有象征意义的事件。勒南将领导的天职与战斗的天职等而视之。贯穿历史,一个统治其他民族的民族,常将它的胜利归因于德行。欧洲人在这个方面,相比历史长河中先前的帝国缔造者们,不见得更坏,也不见得更好。大炮,与两千年以前的排兵布阵一样,是"行使帝国统治"这一格言的保证;不过,当大炮的分布没有那么不公平时,这个格言就有点受人遗忘了。

除此之外,一个并非新颖但改头换面了的军事现象,在帝国的解体中扮演了一等的角色:游击战。文明人倾向于像组织国家一样组织战争。正规军队疏导了人类本能中的暴力倾向,旨在排解战争,从而保护平民。18世纪以及在大革命和拿破仑帝国之后的19世纪,人权使有关战争的禁令激增,为的是确保非作战人员的安全,并同时减少战争的破坏:只有士兵有权打仗,而在另一方面,不穿制服的平民不应该受到战争侵扰。在拿破仑帝国的战争年代,西班牙和俄国分别有农民攻击士兵的事件,这或是因为侵略军在这些处于饥饿边缘的国家的烧杀劫掠让人难以忍受,或是因为爱国主义因素、敌视征服者的因素所产生的反应。在第一次世界大战中,欧洲实际上还没有游击战,而它在第二次世界大战中自发地或者受人指使地涌现出来。它成了世界各地发动革命的军事工具。

在俄国,苏联军队在德国后方组织了游击。现代技术(空运,降落伞)让游击队员与参谋部之间可以越过火线保持联络。广袤的空间让小规模的部队能够突袭然后撤退。在西欧,德国当局意欲为第三帝国的工厂招募劳工,致使游击队人数大幅增加。动员工人就像当年动员新兵一样,使叛逃者层出不穷。不过,不论我们认为游击战有多重要,它也只不过是大战的次要方面,并不具有决定性。没有游击战,第三帝国在俄国—英国—美国军队的重压之下,也必然会垮台。

当游击所指向的目标是民族独立或者社会革命时,情况就得另当别论了。游击队摧毁不了正规军,但正规军也难以剿灭游击队。就这样,持久的不安全状况,以某种方式,成为叛军对绥靖力量的胜利。后者的任务是保障人身和财产安全,而前者的抱负是证明旧秩序已经难以为继。对于叛军而言,存活就是胜利。对于绥靖力量而言，不能完全将之剿灭便是失败。

在中国和印度支那，游击战只是内战的第一个阶段。在中国，革命武装的正规军很快就建立了起来，这得益于在这个辽阔国家的一个偏远省份成立了一个革命政府。在印度支那，越南的游击纵队是在中国训练的。在军事上，今天一如昨日，要取胜就必须有正规军。不过，旷日持久的游击战有时候只需要取得政治胜利就足够了。为了平息游击叛乱，殖民地势力与所谓的民族主义首脑谈判，只有他们才能让地区恢复平静。与民族主义首脑的谈判，经过或长或短的时日，都不可避免地会导致先前的保护国或殖民地的领土独立。

单一地从军事角度分析欧洲各个帝国解体的原因难免有失偏颇。我们之前说过，这里仍需要重复的是，欧洲在输出其理念的同时输出了它的生产或战斗技术。就如同大革命的法国引发或者唤醒了他国的民族主义，群起反对法国，所有欧洲人，在欧洲以外的地区，同样会激起或者唤醒那些国家的爱国主义，而其最首要最合法的诉求便是驱逐另外种族、另外肤色的统治者。也许，我们可以把反叛的机理，归结为三个典型的原因。

欧洲的殖民，不论在法理上采用了何种形式，都让一小部分被殖民国家的年轻人去接受西方的教育。这些在欧洲或者美国大学取得文凭的人，英国人给他们提供了在行政管理方面的出路。法国则是到处外派自己的官员，所以把大部分职位(而不仅仅是最好的职位)留给了自己人。这一连续的政策影响到了民族主义政党的规模。后者不可能不存在，不可能不扩大。一个建立在遥远的地方,建立在一个受民主理念感染的大都会的帝国,本身就是不牢靠的,受到内在矛盾的侵蚀,注定要倒塌或是快速转型。除非它决心永久性地进行严酷的镇压,否则,它要持久存在就需要逐渐消除征服所带来的不平等:也就是说,拉丁人的公民权和(沙皇或者苏维埃)俄国人的公民权应当有平等的含义——这一点,即便不是对于全体人民而言,至少也要在有特权的那些人中推行,而不论他们是上等人还是异族出身。欧洲的这两大民族,一个因为民族骄傲,另一个因为直接管理和推行平等原则的实践(这是受威权统治的大都会更容易借鉴的)而在殖民地受到了阻碍。

帝国的殖民地和保护国散布在各大洲各大洋,它们有一部分整合到了帝国的大都会之中,但却难以实现转型。对内民主而对外倚靠武力的帝国不得不维持或者重建传统的政权,它们与民主意识形态相去甚远。英国之统治印度增强了与女王政府同盟的那些君主。在近东,英国的行动依靠的是部落酋长或者专制君主,用今天政治宣传里的话来讲,这些政权无一例外都是十分"封建专制"的。在事后批判是件容易的事:这样的做法本身就是自相矛盾的。殖民者不敢坚决推行同化政策,不敢断然清除古老的习惯(是第一届独立的突尼斯政府废除了一夫多妻制)。更方便的做法是支持将不符合时代的制度纯粹而简单地保留下来,这是出于对外国文化的尊重,而且有时候是真诚的。他们加深了西方化的人士与传统人士的对立,巩固了那些"知识分子"所谴责的"封建主"的地位。而知识分子们,接受的是我们的大学培训,出身中产阶级,是经济发展的产物。

最后,西方所统治的所有地方(除了黑非洲外),都战胜或减少了饥荒,建立起了和平的秩序,虽然不尽如人意,但也普及了卫生和医药知识。这些进步加速了人口的增长。几乎在所有地方,资源都没有以相同的步伐增长。利用资源(通常是有效率的)似乎主要是受到寻求利润或者大都会的利益的激励。英国纺织品的涌入摧毁了地方的手工业,殖民者将当地矿井或油井的产出出口,而没有建立起地方的工业,就这样在乡村维持起了大产业主和放款人的经济地位——这是控诉经济殖民主义的言论中人们耳熟能详的几条。

人口压力,工业化迟滞,既谴责欧洲统治又以西方思想的名义谴责传统权威的少数民族主义者——这样典型的给定条件比比皆是,而不论欧洲人的存在究竟带来了怎样的物质上的结果。第一次世界大战,之后的俄国革命,再之后的第二次世界大战加速了欧洲各帝国的解体,没有人怀疑这一点。但我们不要忘记最主要的原因:一个帝国拥有一个民主国家作为中枢,是自相矛盾的,因为帝国权力不能在否认自己的同时维持自己的存在。

在亚洲,英国同意印度独立是具有决定性的事件。而与权力交接想必同样有意义的,是为独立作斗争时所展现的风格。英国在1941年曾试图取得国大党在战争中的自愿协作,允诺在战争状态结束后让印度独立。印度人要求立即而非有条件地建立一个独立的政府,使斯塔福德·克里普斯(Stafford Cripps)勋爵的使命失败了。帝国当局仍然有办法通过配有英国人的政府部门和军队,动员印度的军力抗击德国和日本。英国逮捕了几个首要的民族主义者,民众则大多保持消极态度。战胜翌日,信守承诺的英国人,在美国和苏联的双重压力下,毅然决然制定了主权交接的日期。他们与民族主义党派的领导人谈判。

这后者倒也没有采取暴力,主要是诉诸于不合作。它并不仇恨那些领导阶级的成员,比如与英属印度政府协作到最后的企业家或者官员。当英国女王的军队撤出印度时,它们留下的是将印度这个与其说是国家不如说是大陆的地方统一到一起的行政和法律体系。英国将权力移交给了那些在英国学校接受训练,对英国制度充满喜爱、抱有尊重的人。在与侵略者的斗争中,虽然没有动什么兵戈、见什么血光,但在两个国家——其中一个是建立在宗教理想上的——从维多利亚女王的帝国脱离出来以后,却有血流成河的景象。数以百万计的印度教徒和伊斯兰教徒遭到屠杀,人口的迁徙标志了两个国家的诞生——印度和巴基斯坦。除了在一开始碰到过这些麻烦以外,近十年以来,印度共和国成功地维持了其缔造者所勾画的路线:议会政治,法治,经济发展,这三个20世纪的人们所理解的西方民主制(虽然不是尽善尽美,但哪有完美的制度呢?)的关键词,被圣雄的大弟子加瓦哈拉尔·尼赫鲁继续奉为治国的方针。尼赫鲁,这位克什米尔的婆罗门,在亚洲是有能力领导新的国家而不与欧洲民主国家或者美国决裂的人的典范。他在剑桥受的教育,在欧洲是左派知识分子;他重新发现了祖国的悠久文化,时常不公正地对待西方人，却沉浸在西方的理念当中。国民党失败后，那些统治中国的人以俄国为范本。不论他们的思想和行为，有多少是属于苏维埃共产主义，有多少是受中国本身的启发，他们不明白让自由得以走出传统的智慧。

英国在印度所采取的决策也在物质上和道义上影响到它在缅甸和锡兰的决策。英国得以在亚洲拥有很大的势力，不仅得益于皇家海军，还得益于印度军队。我们甚至可以用潘尼卡尔(Pannikar)先生的话来说，英属时期的印度事实上为了英国的目的和利益，一度成了亚洲大国。缅甸和锡兰与印度一样有独立的权利。它们在替代权力(pouvoir de remplacement)的构成问题上，遇到的困难则是不同的。

有了英国的前车之鉴，美国的压力迫使荷兰在经历了若干年的麻烦、两次试图武力重建殖民政权之后，也跟着走上了撤退的道路。在印度尼西亚，日本人拘禁了荷兰平民和军人，建立了一个由民族主义政党成员组成的政府，长期与占领当局合作。即便在没有外界干预的情况下，想要重建旧秩序，就总会碰上民族主义的反对，碰上游击战。在美国和苏联的双重谴责下，荷兰不得不与民族主义的领袖协商了一个条约创立联邦国家。这个条约从来没有付诸实施。印度尼西亚成了一个主权国家。雅加达政府毫不犹豫地动用武力来打造一个中央集权的政府，镇压苏门答腊还有其他岛屿的独立或者自治意图。

在印度支那，情况不同于印度尼西亚和印度。日本军队自1940年起在那儿驻扎。法国战败后，法国政府没有任何手段抵制日本的意志,更何况美国和英国已经告知法国政府,它们不想也不会干涉。1945年3月9日,日本当局突然废除法国人政府,逮捕了其士兵和官员,宣布安南和东京①独立。不过,民族主义者大多数拒绝与占领军合作,并打响了游击战。日本投降后,英国军队占据越南南部,蒋介石的中国军队占领越南北部。负责对日本作最后一击的法国远征军轻而易举地重新占领了越南南部。在北方,法国军队只有在勒克莱克将军与共产党老军人、独立英雄胡志明签订协议后,才得以在东京港靠岸。胡志明在巴黎谈判失败,大叻会议创立交趾支那(Cochinchine)自治政府,法国炮兵轰击海防。至此之后,战争于1946年12月爆发。越盟军队对河内发动突袭,但没有成功;法军在城市中更占优势,所以越盟军队开始了一场农民战争,为期八年之久。由于越盟的领导人实际上都是共产党人,法国政府,接着渐渐是朝鲜战争开始以后的一些美国领导人,把这场战争看作是抗击苏维埃—共产主义在亚洲扩张的一个篇章。越南人,尤其是北越人,把越盟视作是实现民族独立的政党。法国人在南方建立的政权,本来是要聚集非共产主义的民族主义者,但它的使命完成得并不完美,这或是因为安南保大帝的人格,或是因为法国不情愿将实际的和象征性的主权交给西贡的越南政府。越盟在奠边府取得大捷后,国联在日内瓦举行会议,承认这两个国家完全独立。

---

① 东京(Tonkin),越南东京,即河内。——译注

反帝国主义运动步步逼近,它的成功和欧洲大都市的衰落进一步增强了它的声势。大英帝国本可以用经济为军事服务,而失去了帝国地位的英国,却像欧洲大陆的那些国家一样,引入了征兵制;不过这与传统迟迟才做的决裂,并没有把它已经丢失的行动手段归还与它。正是由于它对印度的支配,英国才得以在波斯湾直至地中海东岸的广阔地区推行它的霸权。失去了印度的军队,而又处在一个海军实力衰弱的时段,它便不再有在近东广阔地区推行其法律的实力。近东的阿拉伯人焦躁不安,而欧洲繁荣所不可或缺的数千万吨石油,是从这片土地出产的。

一战结束时奥斯曼帝国的解体,使以前的亚洲分裂成多个国家:叙利亚和黎巴嫩、伊拉克、巴勒斯坦,然后约旦、沙特阿拉伯,它们没有一个算得上是民族国家。叙利亚和黎巴嫩曾受法国管辖。巴勒斯坦受英国管辖,后者曾发表《贝尔福宣言》,承诺在此建立一个犹太民族国家。

欧洲国家在谴责奥斯曼帝国,但自己也没有诚恳地推行民族性政策(在这没有民族的地方,它们又怎么可能做到呢?)。法国、英国、意大利试图利用土耳其当局崩溃的真空,扩张自己的统治或者影响。一些曾经鼓励或者领导过沙漠叛乱的英国政客或者政府官员,支持成立一个阿拉伯王国,将伊拉克、叙利亚、黎巴嫩和巴勒斯坦囊括在内。欧洲列强还有阿拉伯王朝的冲突,最终形成了一个领土条例,它与其他我们可以设想的条例一样地充满人为色彩。近东的国界是由外交的权宜,军队暂时的运气,而不是由文化共同体或者人口的意志所决定的。

这些国家没有一个是同质的：不论是在叙利亚、黎巴嫩还是伊拉克，我们看到语言、宗教、文化混杂在一起。在巴勒斯坦，作为少数民族的犹太人的增加在逐渐引发潜在的内战，而托管政府既不能将之平息也不能将之镇压。阿拉伯国家与以前的穆斯林国家类似，由军队创立，置于无数部落之上，而没有等同于欧洲的中产阶级，缺乏有能力担起一个宪政国家的资产阶级、官员和知识分子。

如果说阿拉伯国家当时还远没有成为一个同质而有自我意识的政治统一体，民族主义，这一负面的情绪，从保护国或者帝国的权势中独立出来的意志，在两次大战间歇未曾停止生长。在叙利亚，民族主义受到英国的支持，反抗法国；在巴勒斯坦，它反对无力禁止犹太人迁入的英国。在其他阿拉伯国家，伦敦的政策短期内似乎幸运地将表面上对这些国家的尊重与维持英国利益和英国势力结合在了一起。

被许诺成为阿拉伯王国之主的希贾兹（Hedjaz）酋长，他的两个儿子分别坐上了伊拉克和约旦的宝座（后者是从巴勒斯坦分离出来的）。费萨尔（Fayçal）成了伊拉克国王，阿卜杜拉则是约旦的国王。1930年，英国放弃了它的托管权，承认伊拉克独立（它在伊拉克保留了军事基地）。在约旦，唯一的军力由阿拉伯宪兵团（légion arabe）构成，它的武器、军官和资金都来自伦敦。阿拉伯本身是由伊本·沙特（Ibn Saoud）、瓦哈比派的首领所统一的。但是，英国对伊本·沙特的胜利只是勉强接受，并且通过它对也门、科威特和哈德拉毛（Hadramaout）的保护，将沙特阿拉伯包围起来。如此这般,英国的政策才似乎在这个法国托管政策失败的地方成功了。创建形式上独立的国家,支持阿拉伯同盟,对阿拉伯统一的理想表示支持增强了英国的实际影响,并使开采丰富的石油储备成为可能,其所蕴藏的惊人财富也逐渐显露出来。

民族社会主义者试图挑唆阿拉伯民族主义反对帝国主义,尤其是反对英国人。这种做法并非没有获得任何成功。希特勒反犹主义的口号在担忧犹太人迁入的巴勒斯坦民众中发出回响——而这一迁移是因德国犹太人所受迫害而加速的。1941年德国在伊拉克鼓动的反英叛乱很快被镇压。该地区被英国军队牢牢地控制住。而法国的战败,以及自由法国人和服从于贝当政府的士兵之间的冲突,使法国终止托管叙利亚不可避免,也显示了英国的长期走向。在二战结束不久、撤离印度之后,二十年前有效的老办法已经失效了。负面的民族主义从此将矛头指向英国。法律上的独立已不足以使人忘却或者接受事实上对于英国的依靠。

英国终止管理巴勒斯坦和以色列国家的建立,英军撤离苏伊士运河区域,以及苏伊士公司国有化开启的危机,标志着事态进展的三个阶段。第一次世界大战时,英国向犹太人和阿拉伯人的承诺是相互矛盾的。国家社会主义当政起所采取的限制犹太人迁入的措施,不仅激起了犹太人的愤怒,而且也没有平息阿拉伯人的愤怒。两股恐怖主义(阿拉伯人和犹太人)的斗争,都把矛头指向对方以及托管当局。战争爆发后,犹太人动员了一个旅,归属英军作战。斗争造成了一个没有出路的形势。问题被提交到联合国。联合国制订了一个领土分配方案,得到了犹太人代表的接受,却遭到阿拉伯人的反对。战争爆发了,成千上万的阿拉伯人,在他们首领的建议下,离开自己的家乡,坚信未来某日他们还会回来。在几周变化不定的战斗后,联合国要求两国停火一个月。接收到外国武器的犹太人军队在战争的第二阶段大获全胜,最终是大国和联合国干预才让它收兵。阿拉伯人对于以色列国家的存在感到是一种持久的侮辱。一百万难民拒绝宽恕或者忍让。尽管以色列军队的武器,部分来源于苏联,但阿拉伯人对以色列国家的憎恶,也波及到了曾承诺建立犹太人国度的英国,以及为这个新生国家提供资金援助的美国。

1948年埃及军队所经历的惨败,导致了一场革命,驱逐了法鲁克(Farouk)国王,使军事委员会掌权。纳赛尔(Nasser)上校成为埃及的最高领袖。他与英国谈判解决苏丹问题,并且让英国军队在1936年的条约所规定的日期之前撤出苏伊士运河区域。英国在该运河上的基地,在世界大战中曾发挥了多大的价值?军事专家们对此有所讨论:单个部队具有太大的不确定性,所以我们不敢断然下结论。英国军队的存在,在和平时期,是区域稳定的一个重要因素。近东任何一个政府都不敢轻易与驻扎在运河区域的两个师交锋。它们都知道,从利比亚或者塞浦路斯或者马耳他的基地出发的军事干涉,无论在技术上还是政治上,都是十分困难的。1956年,最后一批英军离开埃及的领土。英国放弃了它最后的一点武力手段,自行解体了它的势力体系。

在此不久前,约旦国王解除了阿拉伯宪兵团创始人和首领格鲁伯·帕沙(Glubb Pacha)将军的职务。一些军官,或是受到纳赛尔上校的例子的启发,或是得益于他,坐上了头把交椅。将英国、土耳其、伊朗和巴基斯坦连结在一起的巴格达协议激起了沙特阿拉伯和埃及的强烈反对。美国对这个协议既没有表态支持,也没有反对。埃及于1955年与苏联达成协定,并把它预算中的一大部分用于军事。1956年7月,英美拒绝为修建阿斯旺大坝出资,作为反击,纳赛尔上校决定将苏伊士运河公司国有化,并攫取其设备。

英国在近东的失势是英国撤离印度的直接结果:英国在印度的军队(不单单是英国人军队)有能力维持"英国和平"(pax britannica)。伦敦的政策主要在于维护传统君主,或者更确切地说,为传统领袖们量身定做各个王国。成千上万的贝都因人或者阿拉伯人,他们分布在叫做约旦的土地上,一个王国的建立对他们毫无影响。三百万伊拉克人,分裂为两个敌对的宗教派别(什叶派和逊尼派),他们的民族意识要形成还有待时日。但是,古老的生活形式不可避免地受到西方影响、经济发展(不管可能多么微小)以及石油公司交给这些国家君主的可观金钱的侵蚀。

第二次世界大战后,英国和美国本想找到它们中意的政府——民选,有能力推动社会进步。它们根本没有找到这样的政府。它们本质上想着的是石油,因而满足于向那些暂时能保一方平安的统治者支付石油开采费。就这样,伊本·沙特还有他的继承人,科威特还有巴林的酋长将数十亿美元收入囊中,任意挥霍。这些地方的民众,他们的命运并没有因此改善,而习俗却遭到了撼动,于是将他们的不幸归咎于帝国主义;中产阶级——受过西方大学教育的人,公司雇员,政府职员,工程师——控诉帝国主义,要求民族独立。这种呼声甚至存在于那些得益于石油产量巨大且居民人口稀少因而生活水平提升的酋长国。

传统政府大多缺乏效率,在短期或者长期来看不得民心。但在反对以色列,以及有时候反对"帝国主义"的时候,它们也显示出比起类似埃及这样的革命政府也毫不逊色的民族主义。革命政府无疑是受到对进步的由衷渴望的激发。但是人民的穷困,人口的增长,是亟待解决的问题,以至于成功地快速建立威信比谋求缓慢而困难的经济增长更为现实。革命领袖们通常因为他们的攻击性意图或者举措而赢得喝彩。他们言辞激烈地表达他们对以色列的仇恨,表明他们对西方的敌意、对苏维埃的同情,人们根本不知道,这其中究竟要挟的成分和信念的成分各占了多少。

贯穿所有伊斯兰文明国家的改革危机表明在近东,在那些不构成民族,也从来没有民族的国家内部,民族主义是以什么样的形式出现的。苏联的政治宣传,苏联的传说——这个摆脱西方,自力更生,进而走上权力顶端的国家——明显构成了西方敌对力量之一,更何况各地的共产主义者,在反帝国主义秩序的话语背后,潜藏了他们的长远计划。

英国在近东势力的瓦解,导致在英国自己曾支持过独立的那些国家内部敌视西方影响的人或者阶层掌权。北非的法兰西帝国解体导致其保护国独立(突尼斯和摩洛哥)。阿尔及利亚原本在法律上是法兰西共和国的一部分,并且被分为若干个省。1956年,它成了战争的舞台:35万法国士兵试图终结千百万反叛或爱国民众的游击战。

反对欧洲帝国的民族主义运动,其所有典型的原因在北非齐聚一堂:人口压力(在阿尔及利亚,年增长率大约是2.5%,突尼斯和摩洛哥也不低于此),缺乏自然资源以及工业化进程缓慢(尤其阿尔及利亚),旧有习俗的动荡以及宗教人士反西方或者反现代的反应,一小部分受过教育的知识分子接受了法国的理念,认为人民有自决权,一批法国人的存在——殖民者,官员,企业家,高级管理人员,雇员,大大小小——他们在经济上优越于本土大众,保护国1940年战败(也许还有在印度支那的败绩)而声望扫地,苏联政治宣传,以及公认的美国意见对民族主义者的鼓动,以及最后,其他伊斯兰国家,尤其是埃及对它们的直接援助。而反过来,我们看到很多受过教育的突尼斯人、阿尔及利亚人和摩洛哥人倾心于法国或者法国文化,其中包括很多民族主义领袖。法国人和穆斯林之间的私人关系一直是不错的。

法国的政策一直在两条道路前徘徊:与民族主义者(突尼斯的新德斯图尔党,摩洛哥的独立党)谈判,而他们的最终目的,虽然一时没有言明,但也必然是要让受保护国独立;镇压民族主义运动,并协力赞同法突或者法摩共治的突尼斯人或者摩洛哥人推行改革,这事实上已经不在保护条约的条款之内。1951年,罗伯特·舒曼先生打算走第一条道路。新德斯图尔党的部长现身内阁。这个政策在巴黎遭到抵抗,也引发了在突法国人的反对。这导致了在当年年末政策发生了大转弯:新德斯图尔党的领袖被驱逐、监禁或者流放。1954年,孟戴斯·弗朗斯(Mendès France)先生决定与民族主义者和解,这是一个决定性的选择。赋予突尼斯内政自治的条例在法国议会讨论并获得通过。这些条例几乎还没有生效的时候,摩洛哥的事件就给这一切重新打上了问号。在摩洛哥,法国人战后同样选择了第二条道路。茹安元帅早些年曾设想废黜苏丹,1953年,一些摩洛哥保守派和法国当局的一些人煽动此举。恐怖主义在城市里爆发。为了平息叛乱,重新与民族主义者展开磋商,法国政府多少诚恳地想要找到一个折中的办法(国王议会或者另立苏丹)。事实上,苏丹本·阿拉法一走下王座,穆罕默德五世的回归就成了不可避免的事情,而且他的回归打破了法国秩序,以至于自打这位苏丹马达加斯加返回之日,独立对他是势在必得的。

危机的结果,不管是在突尼斯还是在摩洛哥,也许都是相同的。独立、民族主权,是我们这个世纪充满魔力的词语。从长远看,法国人不可能凭借传统摩洛哥的代表统治这个国家。虽然利奥泰(Lyautey)元帅想要尊重传统的摩洛哥,但是经济现代化毫不留情地将之丢在了过去。不过,现代摩洛哥的代表,尽管人数较少,但就他们首要目标是独立的这个意义上看,却是凶猛的民主主义者。相反，如果法国政府能够或者想过选择一个长远政策，它自己本就应该把改良的阶段确立下来。摩洛哥民族主义者他们自己很有可能会心照不宣地选择在转型和学习的若干年中，维持法国所提供的秩序。摩洛哥的现代经济完全是法国的创造：企业家、工程师和资本，都来自法国。如果经济在法国人离开后崩溃，期待独立能够改善他们命运的大众觉得受到了欺骗，就有转失望为愤怒的风险。

与突尼斯，尤其与摩洛哥不同的是，阿尔及利亚过去没有形成过国家。它曾遭受过多次侵略，而从未统一到各个族群（卡比尔人或者阿拉伯人）都认同的权力之下。在反对法国当局的叛乱中，阿尔及利亚民族正在诞生。

民族主义运动，就这个词本身的意义而言，也波及到了黑非洲所有欧洲帝国的领土。反对白人的叛乱在这儿与其说是民族的，不如说是种族的运动。它在此以多种形式出现，比如肯尼亚的准原始型叛乱，金色海岸与尼日利亚的准议会型叛乱。英国在西非仍然试图将权力转交给根据欧洲的模型裁剪出来的国家。法国则走了相同的道路，并且准备（在 1956 年）在法国联盟（Union française）的框架下，至少允许西非领地内部自治。在白人少数群体相对重要的地方，宗族关系是重大问题。在没有白人少数群体居住的地方，问题则在于知晓欧洲的制度——政党、选举和议会——会变成什么，多少有些西方化了的精英，会怎样在一直以来差异性还没有消除的人群之上，通过一个共有的政治存在创建出民族统一体。

4. 民族主义的多样性

人们尝试用这个公式概括最近的历史所给出的一个教训：欧洲人向全世界出口的是民族主义，而不是民族。欧洲各帝国解体以来新近创立的国家都是民族主义国家，反对它们旧日的主人，但它们要么还没有形成民族，要么完全是多民族国家。在欧洲，或者在西方这个更大的范围内，人们自问民族国家是否已经最终渡过了民族主义阶段。在亚洲，在近东，在非洲，人们疑惑的是，民族是否会因为民族主义而形成。

我们已经看到，民族国家应该适应一种与本世纪初相比有完全独创性的国际关系结构。它们曾经是或者看似是历史决策的主体，但现在它们只不过是它的对象。它们曾盛极一时，但现在被并入到不同阵营当中，而这阵营的主导者，是部分或完全在欧洲以外的国家。到了和平时代，它们放弃了自己的军事自主权。这种失势可能看上去是暂时的：但核武器强化了民族国家和超级大国之间的本质区别，这将在十年或二十年内显而易见。本质上讲，只要美国、苏联、中国和印度的广袤空间继续维持统一，这一进展就难以逆转。如果印度次大陆统一为一个国家，北美分裂为三个国家，西欧，至少从大西洋到易北河（或者到奥得河、维斯瓦河），应当成为一个国家，才能跻身 20 世纪大国行列。

实力及意识形态上的敌对将古老的欧洲大陆在德国一分为二，暂时阻碍了大陆的统一。但是我们可以自问，欧洲民族是否会同意建立一个联邦,是否会服从于一个超级国家的法律。

无疑,二战后沙文主义有所减弱。萨尔争端并没有激起法国或者德国的强烈反应。德国与法国军官在大西洋主要国家的会晤上没有因此而感到拘束和愤怒。莱茵河两岸,鼓吹民族主义的政党都没有取得多大的成功。另外十分重要的是,我们需要捕捉沙文主义平息的不同原因,有真实的,也有假设的。欧洲国家的疆界划分基本上符合民族性原则,暂时没有国家有扩张的野心,而苏维埃的威胁悬于所有国家之上,使领土,也就是内部分界的争端无足轻重。人们对战争仍然记忆犹新,尤其是在德国,这也滋长了对军国主义的反对情绪。如果没有外国统治的强迫,也没有集体的权力意志,民族情感不可能旺盛起来,或者沦为民族主义。

不过这并不意味着一种从未有过的、欧洲的民族情感已经诞生或者正在诞生当中。帝国是用武力建造的,受征服者统治的部落或者人民并非由衷希望生活在这样的共同体内。联邦国家要求的不只是被动的同意。然而,不管怎样,民族情感似乎比欧洲情感更强。

欧洲理念的狂热分子负面地评价民族主义,因为它实际上阻碍了他们的理想实现。这种情感对于共产主义来说也是负面的,因为共产主义的传播似乎等同于苏俄帝国的扩张。民族情感不仅仅是西欧国家结成民主联邦的障碍,也是共产主义的障碍,因为它表面上的世界主义掩藏的是苏联的领导地位。在目前看来,民族情感是保守的,因此它令所有放眼未来的人气恼。

它已经不能充分满足人们的心理需求,因为民族国家已经退居二线,人们还有着对国际秩序或者超民族秩序的怀念。一旦他们觉得受到了威胁或者压迫,民族主义还会苏醒过来。在铁幕的那一边,民族主义的矛头指向苏联统治,人们认为苏联要为新制度最为丑恶的特征负责。在铁幕以西,人们调动民族主义,反对让渡主权,反对美国的领导地位(*leadership*)。

从未来的视角,还有根据世界的表征来看,人们发现有完全不同的任务有待完成。在政治方面,我们可以抽象地觉察到三个学派的存在。第一个学派断定,对于工业社会的问题,唯有共产主义给出了可行的解答,它鼓励民族主义,只要这是用于反对欧洲帝国或者北约;但是,它服从于意识形态事业的利益,并且其终极目标是在超民族的图景上推行集中计划。自称有统一意识形态的那些国家,保留了一些政治和文化上的自治。第二种看法将共产主义视为西方文明致命的敌人,由衷地呼吁加强大西洋团结,尤其是组建一个欧洲联邦,凭借其幅员和资源,将能够与苏维埃政治集团抗衡。第三种观点反对任何政治集团,也就是任何超民族军事体。它希望缓解这种局势,回归到多个实体之间关系柔和的体系。当前形势主要由前两个学派的对立所主导。第三个学派只有在前两者同时失败的时候才会得势,这就需要以一方面东欧国家和俄国,另一方面西欧国家和美国之间的联系松弛为前提。

即便对于这个假设,共产主义或者大西洋统一体的赞同者也仍然会反对说,欧洲国家过时了,版图对于20世纪工业经济而言太过狭小。鼓吹大空间的论调接连被二战期间的国家社会主义宣传,然后是支持欧洲统一体的政党宣传所采用。这个论调道出了一部分真相:在很大的版图内,人们可以更为轻易地利用技术资源。世界上最富裕的国家中不乏小国(瑞典,瑞士)。政治—经济体的规模只是影响生产率的原因之一。就算我们承认欧洲国家太过狭小,这也不能说明,这些国家的组合(例如西欧六国)本身就有显而易见或者强制性的理由。理论上,构成大的经济空间,可以有两种方式:商业自由可以带来一个全球性的劳动共同体,能够与世界性的中央计划国家平起平坐。通过加强它们的贸易,欧洲国家在没有放弃主权的同时向一个超民族共同体靠近。

20世纪的生产和战争技术有利于大版图统一体的形成(虽然原子弹的生产应该会在最近一二十年间为小国的行动创造史无前例的可能性)。但是,现有的统一体是数个世纪以来所形成的,人们在缓慢的过程中学会了共同生活。我们也许可以希望,在未来,自治不再与绝对主权不可分离。但暂时来看,各民族国家会维持下去,它们都受到广阔版图或者普世理念,以及历史的忠诚的吸引——也许他们比继承了欧洲帝国的国家更容易在未来根据它们的协调一致而进行重组。

在英国、法国、德国、俄国、西班牙,民族理念的内涵并不相同。英国人将自己一部分区分为英国人,另一部分为凯尔特人或者苏格兰人,这在法国没有相似的分别。联合王国的概念,还有自治领的存在得以让英国人的意识摆脱了民族地方主义。按照法语的词义来说,各自治领与其说是与一个民族,不如说是与一个文明连结在一起。德国的民族理念数个世纪以来一直与帝国的概念联系在一起。德国人构想出了人民及其独特本质,这不仅是因为哲学传统,而且也是对德意志国家林立的反应。即便德国人民有不同的国家,它应该有自己的独特灵魂。适合于描述法兰西民族特征的,是共同生活的意志,因为历史本身就暗示了这样一种解释。在美国,来自不同民族、在大西洋彼岸定居下来的移民,具有鲜明的多样性。所以美国的民族理念与一种意识形态、与美国社会的独特习俗混合在了一起。任何背叛这种美国主义的人都不是美国人。

民族意识的多样性在亚洲、近东或者非洲也不会是一件小事。最接近于欧洲类型国家的日本,在一个世纪中,从封建结构跳跃到了大众工业社会,而这些世纪以来(15世纪到20世纪),日本虽然自发形成了理性主义思想和工商业资产阶级,却没有出现民族统一体。教育普及、城市化、民主制度、贵族制度与贵族价值的衰落使日本民族与欧洲民族更为接近。人口过剩,帝国梦的破灭,生存的艰难,意识形态上的激进主义,造成了对于民族的反抗现象(尤其可见于文化阶层),可以与欧洲民族中最为民族化的法国所遇到的现象相提并论。

在文化阶层中,中国的统一意识千年以来都十分强劲。共产主义政府所采取的政策——义务教育、拼音、选择一种方言作为通用语言——促使民族意识在大众中普及。尽管它具有一种世界主义的意识形态,自称比资本主义更为先进,中国的共产主义政权首先完成的,是欧洲资产阶级所完成的任务:建立工业和教育人民。

印度则全然不同。在印度,主要是从反英国的民族主义出发构建起一个民族。其目标并不是要推行文化、宗教、习俗或者语言上的统一。不过,印度在英国人到来以前,从未有过完全统一。正是占领印度的英国人,在摧毁了莫高尔王朝以后,将这个广阔的国家置于单独一个政府的统治。印度共和国继承了大英帝国,它对于其历史遗产,不论好坏全盘接受,不仅包括极度的贫困,也还包括一个有能力的、讲一种共同语言——英语的官僚制度。

当我们探究亚洲的民族主义时,我们在现实中提出了三个不同的问题。欧洲人曾建立的统一国家,民族主义政党也将之作为己任,但是在亚洲,它是否可以原封不动地维持下去,还是逐渐受到语言上、宗教上或者习俗上的离心力量侵蚀? 欧洲主人消失后,亚洲、近东或者非洲的这些独立国家,是否会轮到它们吹捧权力意志,不可避免地将矛头指向各自的邻邦? 最后,民族主义和帝国主义这种同样的结合——最强的民族利用他国少数民族的不满达到自己的目的——是否会在另外的大陆上出现?

当前,所有亚洲国家都有我们在欧洲所说的少数民族,比如东南亚的华人。在缅甸,卡伦人反抗中央政府,以求取得自治。在印度尼西亚,中央政府并不拥有对松德群岛所有岛屿的有效权威。它已经不得不派遣军队镇压自治主义或者分裂主义运动

(比如在摩鹿加群岛)。

印度统一(除去巴基斯坦的两块领土)当前还没有受到损害。但是与欧洲相似的那种摧毁多民族国家的情感已经存在:人们要求根据语言组建同质的邦。各个邦(即联邦共和国的成员)之间的新边界,是长期深思熟虑的结果。反抗已初见端倪,以至于发生骚乱。这种语言上的民族主义,到目前为止还尚未显现出分裂主义的倾向。议会政党、行政以及军队的统一性还完好无损。这使得印地语似乎还没有被整个印度接受为它的民族语言。通常,英语仍然是共和国的两位官员之间唯一的交流媒介。只有拥有成为一个民族的意愿,共同文化的意义才会繁盛:这是一个宏大的任务,交给了一个自称拥有西方意义上的民主制度的政权。

从现在起,亚洲国家不会忽视地方的争端,将面对划定一个省份的边界或者命运的挑战:印巴克什米尔之争,巴基斯坦与阿富汗帕托尼斯坦(Pathounistan)部落之争。印度支那半岛内部,柬埔寨和越南交恶,前者怀疑后者,极力维护主权完整。不过,亚洲的这些地方争端,会不会可怕地蔓延开来,我们还是有所存疑的。中国和印度这两个大国有如此之大的版图,边界纷争对它们来说无足轻重。没有任何一种方式会复制出欧洲的那种组合:国家由紧密的关系相互连结在一起,而声望和实力上的纷争连续不断。

在近东,民族还未形成之前,国家就先建立了起来。人民仍然是被动的,伊斯兰教的团结超越了国界,民族意识仅限于政府或者有特权的少数。中产阶级,尤其是拥有大学文凭的那些人,传统秩序将他们排除在外或者放入劣等的行列,所以他们寻求替代伊斯兰教的信仰,而他们通常找到的是共产主义。他们还没有足够的政治参与来反对人们遵循一种超民族的意识形态。

在首次诞生国家并且是拥有明显西方制度(选举,政党,议会)的国家的黑非洲,民族的存在就更鲜见了。一旦没有了白人的统治,这些国家命运会是怎样?部落多样性、宗教信仰以及欧洲来的政治实践会怎样组合在一起?没人能够回答这样的疑问。我们只需要理解问题提出的语境即可。在黑非洲,欧洲人没有摧毁已经建成的民族,如果明天他们要离开,他们也不会将其抛诸脑后。回归到分散的部落社会,同时又有一个不稳固的帝国作为补偿——这样的情况不大可能发生。因此,民族存在感的教育,会在白人统治终结以后很长的时间内延续。

我们甚至可以问,在多大程度上,一个西方类型的国家有能力有效推行这种民族教育。这个国家在理论上是世俗国家,它脱离于一切超验信仰和教会,对于所有群体都一视同仁;只要公民遵守法律并参与公共事务,它不会不去关心私人事务,包括宗教在内。这个理想类型在所有欧洲国家中尚远未能完全实现:每个国家都更像是分别有自己认可的教会。两种权力(世俗和精神权力)的二元性也许是欧洲文明的一个独特特征,是其生命力和不断转型的原因之一。这种二元性倾向于将两种权力完全分离,但没有实现。国家要在严格意义上保持中立,其人民就应当强烈地意识到国家的统一性。一个不想自己与宗教或者意识形态牵连在一起的国家,是数个世纪的成就,而非联合国或者自愿或被迫撤离前夜某个帝国政府的决定。

印度与巴基斯坦之间的反差,鲜明地体现了欧洲帝国继承者们所面对的问题的一个方面。在没有国大党和穆斯林联盟同意(归根结底也就是尼赫鲁和吉纳这两个人的同意)的情况下,英国制订了一个将权力交接给两个国家——印度和巴基斯坦——的日期。它们一个宣称其本质上为世俗国家,另一个事实上建立在宗教基础之上。在印度还留有三千多万的穆斯林,它们是一个世俗共和国自由而平等的公民。还有几百万印度教徒留在巴基斯坦,在这个因为穆斯林担心受到不公正对待而打破了印度统一的国家,他们不可避免地成为二等公民。东边的巴基斯坦是孟加拉的一部分。那里的人们所说的语言与留在印度的那部分孟加拉相同,而异于巴基斯坦西边的那一半。除了宗教以外,东巴基斯坦的穆斯林相比西巴基斯坦的同胞,事实上与孟加拉的印度人有更多共同的东西。

在今天的欧洲十分盛行的,是人们谴责民族主义的恶行,以及表达这种罪恶不再扩散到其他大陆的心愿。当我们事后观察暴力所堆积起来的哀悼和废墟,所有造成或者似乎造成世界大战的因素都名声扫地。各个民族的自命不凡引人发笑。拒绝少数民族的人权注定引来谴责。以所谓的普世使命或者种族优越性为名进行征服的意志,引发了大规模的杀戮。但是,民族运动没有与这些虚荣、歧视或者狂热的现象混同起来。由于王朝已经不是政治统一体的中枢,传统或者教会需要依靠于人之意志或者文化共同体之存在。当人的意志与共同体相一致,国家就同时是前人与今人的成果,它在过去的几个世纪中成熟,而又维持着当今人们的热情。只要人类被分在各个主权体中,后者就需要有一个原则,它可以是王朝的、宗教的或者民族的。这个原则,不论具体是什么,都很容易引起争端,遭到聪明人的斥责。一切把个人统一在一起的东西,也同样让群体相互对立起来。宣扬普世宗教,与宣扬民族理念一样,让人们相互斗争。

民族主义是民族的教育者,它有以多种形式降格的危险。新上任的独立国家领导人可以将民众的怀疑转移到旧日的主人头上。外国人被当成苦难和失败的理由。对于小国家而言,执着于主权可能会使经济发展瘫痪。柬埔寨、老挝、突尼斯和摩洛哥在资本与专家上,都需要外国的援助;独立,不管在法律上是多么完美,在现实中总是受到资源和实力缺乏的制约。最后一个风险似乎是最为严重的:希特勒的帝国主义诞生于民族性的欧洲;民族主义在全球的扩散,是否会产生出多个帝国主义呢?

到目前为止,我们在欧洲以外还没有看到民族国家和超民族军事团体并存的矛盾形势。但是,引发这种形势的因素是可以复制重现的。亚洲的、伊斯兰的或者非洲的民族主义,在反对旧日或今日的主人方面不遗余力,但它们难以抵制普世意识形态,如共产主义的吸引,而共产主义在欧洲,若是没有苏联红军的推进,是不可能扩张的。在中国,共产党和它的军队在苏联的援助下取得胜利,而这很有可能比不上蒋介石从美国获得的援助。中国在东南亚、苏联在近东分别消除了西方影响之后,点燃了各国的民族主义，没有直接地干涉便让共产主义政党当权。这些国家由共产党领导，虽然在法律上继续独立存在，但它们的独立性事实上服从于中国或俄国共产主义领导人的意志。

苏维埃共产主义推行一种强力的工业化方式，尤其适用于所谓落后国家的需要，对这种看法我们已经司空见惯。对于共产主义所实现的政治功能，我们所见相对较少。它致力于从民族主义出发创建民族——共同体情感，全民参与公共事务，形成一个中产阶级。民族情感被认为是我们这个时代的一个基本动力，它想要做的，是将之与社会主义以及大空间组织的愿景相调和。共产主义世界团结统一的意识形态同时尊重也同时约束了各个主权。国家可以既是世俗国家，却又不是中立国家。它宽容宗教多样性，但不宽容意识形态的多样性。

美国，就它这一边而言，在内部和外部都同样努力地要将民族主义与大空间结合起来。作为一个国家，它既不像是法国或者意大利那种民族国家，也不像是苏联那样的帝国。它的民众是属于不同欧洲民族的移民，他们凝聚在一起，种族、宗教和民族性都各不相同，但受到同样的一种存在观的激励。美国爱国主义的意识形态没有苏联爱国主义那么牢固，但却强于法国或者英国的爱国主义。对外，美国外交支持反欧洲的民族主义，只要这不违背大西洋同盟。它也同样尝试让亚洲和非洲的民族主义反对苏维埃帝国。就此它并没有取得完美的成功，因为在欧洲以外，西欧人比俄国人更多地被看作是帝国主义者——尽管俄罗斯国家本身就是征服所聚集的不同民族的大杂烩（正是在苏联存在着最为强劲的伊斯兰少数族群)。

在民族主义——民众要求独立的意志——发觉受到共产主义扩散之威胁的地方,西方的那种民族主义和经济大空间的组合还遇上了额外的难题。这似乎就是东南亚一部分国家的情况(共产主义更多地与中国,而不是苏联牵扯在一起)。私人资本的涌入引发了人们对经济帝国主义的控诉。政府援助或是带有背后自私自利的企图,或是带有难以接受的苛刻条件。共产主义的普世意识形态并没有消除民族主义与大空间之间的冲突,它试图予以缓解,而西方的那种民族绝对主义似乎有升温的危险。

不论是有关民族还是民族主义,有关帝国还是帝国主义,当前的形势充满了多样的现象,人们却用相同的词语指称;也有诸多相似的现象,掩藏在不同的词语中。通过征服将不同文化的族群聚合到一起的帝国仍然存在。它剥夺了异族人脱离的权利,而集权化的国家也没有转变为联邦制国家。虽然欧洲帝国主义退潮,我们还不敢说帝国主义已经属于过去:普世主义的支持者为帝国主义找到了借口和辩护的理由。各国势力的差异使大国间接或者伪装下的统治不可避免。生产和战争技术要求将巨大的空间组织起来;不论是在共产主义政权的区域,还是在西方民主制下,都是与国家的法律平等相矛盾的。不过,在这两个区域,它都有可能压抑某些民族愿景。各个阵营的政治宣传都谴责对方的帝国主义。最后,一部分地方的人们担心,过度地考虑到独立性会妨碍经济秩序(必然是国际性的);此外,人们担心部落、习俗、语言或者宗教的多样性会减缓民族共同体的形成,而这正是小祖国和大人类之间必不可少的阶段。

也许在结束这次回顾时,我们不应该忽视这个世纪最为有趣的两件事:一个是奥斯曼帝国转变为民族国家,另一个则是以色列国家根据民族理念而建立起来,它具有现代欧洲的典型特征,同时神秘地掺杂了圣经中有关犹太民族的概念。

第一次世界大战后不久,民族性原则的实践导致第一次大规模的人口迁徙。小亚细亚的希腊人,虽然在两千多年前就在此定居,为希腊文化的繁荣和拜占庭帝国的荣光发挥了重要的作用,却背井离乡,上百万人口重新回到同样说希腊语的人群中去。这样的迁徙,使人们受到可怕的折磨,被认为是野蛮行为在现代的表现。在一个民族和宗教混杂、不同共同体各司其职和从事互补的行业的地区,将人口重组成同质的民族共同体,难道不是荒谬的吗?当然如此,不过对于希腊民族而言,小亚细亚的希腊人涌入,在长远看来,是丰富自身的资源。凯末尔·阿塔蒂尔克的土耳其在废除奥斯曼帝国、采取民族国家模式之后,找回了青春与对未来的希望。

此外,凯末尔的成就也是独一无二的,因为他既实现了政教分离,又放弃统治别的民族。土耳其想要成为以欧洲国家为范例的世俗国家。它引进了西方的字母体系。如果说他们在革命阶段采用的是一党独裁,在此之后,他们便为自己定下了目标,不仅要学习西方的技术,也要采用西方的政治制度。凯末尔反对西方帝国主义,他在奥斯曼帝国败亡之后,着手建立一个土耳其民族。在突尼斯,新德斯图尔在哈比卜·布尔吉巴(Habib Bourguiba)先生的领导下,似乎正走在同一条道路上:世俗国家,欧洲式的制度,突尼斯民族。

更为令人惊异的是犹太复国主义的冒险。犹太复国主义最早的那些信徒和鼓动者并不信教,并不认为自己是上帝的选民。由于在东欧备受迫害,遭到反犹主义的歧视,他们斥责他们的境遇不公。他们向往有自己的国家,可以像法国人之于法国、俄国人之于俄国那样完全地参与其中。各种社会主义意识形态——重返自然,根据严格的平等原则在公社生活——也鼓舞了他们的这种向往。以色列形成的过程我们是知道的:农业移民社团,《贝尔福宣言》,德国的希特勒政权,恐怖主义和反恐怖主义,解放战争,最后,在1948年,以色列国家宣告成立。自从以色列独立受到正式认可以来,其人口几乎增长了两倍。所有伊斯兰国家的犹太人,有的受到强迫,有的出于自愿,都涌入了以色列。以色列的人口归属于不同的种族:以色列公民不论是肤色、来自的国家还是文化水平都不相同。他们是出于一种半宗教、半神话的民族主义而建立起一个国家的。他们自称以色列人是所罗门和大卫的子民后裔——这对于他们之中的大多数人来说并不正确(也门犹太人与也门人属于同个种族,他们与法国或者英国犹太人不是相同的种族)。他们给所有移民、所有儿童一种共同的语言:希伯来语;一段历史:圣经的历史;一个国家:以色列。他们学着记住这些,学着在军队服役。

以色列国家不是汤因比所认为的那种古叙利亚语文明的化

石,它是一个欧洲类型的民族,它的建立是由于某些人的信仰以及各种形势独特地交织在一起的缘故。这是意志的奇迹?历史的奇迹?这个奇特的国家,它的边界,与法兰克人在耶路撒冷所建立的王国相比,具有相同的随意性。

5. 历史周期和形势独特性

也许,历史的形势并没有我们倾向于所想的那么独特:毫无疑问,我们这个时代的历史意识是史无前例的。每个文明都无法再忽视它们是其他文明中的一个,在遥远的年代诞生,也许朝一日要消亡。在这个人类社会相互往来比先前任何时代都要频繁的时刻,人类发现他们各个社会自己所具有的特殊性。同样,在我们的历史意识中,宿命论(一切重复上演)、抑郁(一个时代终结,欧洲优越性不再)还有乐观主义(我们的现在包含着终结的同时也包含着开始)的图景相互交织、对立:人们已经完成了对地球的探索,借助于科学,财富变得无穷无尽。终于,全体人类要开启普世历史了。

根据类似的事件解释近半个世纪的事件并非不可能的事情。自16世纪以来,西班牙和法国轮番竞夺欧洲霸权。菲利普二世、路易十四和拿破仑相继失败,均出于相同的根本原因:欧洲的空间是开放的,而外部世界的资源,至少有一部分是受到海洋主宰力量的控制。英国实现了过分脆弱的威尼斯和荷兰所未能实现的事情。它离大陆有足够的距离,故而能免受侵略,而又与之足够接近,可以施加干涉。它击败了西班牙和法国国王建立霸权的企图,而在帝国征服中为自己确保了最大的一块,在亚洲、非洲和美洲建立了大规模的殖民地。20 世纪的战争,如果作为欧洲的战争来讲,是德国在重演若干世纪前西班牙和法国的称霸企图。第二帝国的统治者是否理解这种企图的意义,对于我们而言并不重要:1914 年 8 月炮火开始的那个时刻起,一个国家的霸权挑战整个古老的大陆又一次出现。

这些企图的每一个,都有各自不同的进展。由陆地势力组成的同盟,每个世纪皆有不同。俄国和普鲁士是从 18 世纪以来才扮演起它们的角色。尽管形势的波折不断改变,但在这四个世纪的过程中,根本的给定条件是相同的。由于海洋统治势力和一些处于欧洲空间周边的势力(土耳其帝国,然后沙皇帝国)对较弱一方的支援,拥有陆地上最强军队的国家,均未能持久地确立霸权。

尽管 20 世纪的战争与 17 世纪或者 18 世纪末的战争有相似的格局,但它导致了完全不同的结果。这是由于战争破坏力的扩大,以及在欧洲和欧洲以外,对于这些过度的斗争的反作用力。俄国、英国和它们的盟友最终击败拿破仑的法国,不过没有耗竭欧洲大陆的有生力量,没有动摇欧洲的优势,也没有其他种族或者其他大陆来的士兵来决定这个事件的结局。1914 年,为了击败它们在欧洲的敌人,同盟国动员了新世界的经济储备,征召了非洲的黑人、亚洲的黄种人、印度军队和法国殖民部队参战。最终,在俄国垮台之后,它们不得不靠美国军队的介入来使天平倾斜。早在1918年,用马克思·韦伯的话来讲,美国就如同第二次布匿战争后的罗马一样,它的称霸不可避免。

美国自愿退出,欧洲国家签订了违背俄国和德国利益的领土条约,这酝酿了下一次争夺霸权的战争,而且会以更为严重的形式出现。这一次,在西欧,美国不仅仅是赢家,而且也明显是主要的参战国。在东欧,如果沙皇政权维持下去,那第一次世界大战本会出现的结局,在第二次世界大战实现了。东欧受到争议的区域落入俄国的手中,而德国消失了。苏联的军队占领了德国,开始实行人民民主。在我们这个世纪,制度,还有意识形态,与军队形影不离。

我们同样觉察到这个时代亚洲危机的先例。中国在大约一个世纪以来经历了一个"困难时期"。白皮肤的野蛮人突然到来之际,清王朝正在衰落。一支欧洲军队占领了北京,而半个世纪之隔,中国共产党的军队在和美国军队相对抗。帝国的崩塌,共和国的微弱,军阀混战,国民党的飘摇统治,构成了从一个王朝的终结到另一个王朝之建立的中间阶段。

也许,日本企图征服中国,或者美国干涉中国内战,如同在易北河畔俄国士兵和美国士兵会师一样,都是史无前例的事件。新的事实象征着当前形势与欧洲霸权争夺的简单重演,或者中国的王朝更替之间的距离。欧洲和亚洲一样,典型的过程产生了从未有过的形势。为了从历史周期中挣脱出来,我们应当提升到一个更广阔的视角。

斯宾格勒和汤因比让他们的解释成为时尚,从此以后成了当代历史意识的整体组成部分。这两人中,一位预见到了会蹑躏进入其文明最后阶段的欧洲的世界大战,另一位惊讶于伯罗奔尼撒战争与第一次世界大战的相似性。某一种类型的政治统一体之间残酷的斗争加速了交战国家的共同毁灭。不论是哪个城邦取得了表面上的胜利,所有城邦在一代人之后,落入了半野蛮王国的统治。同样,欧洲各国在被20世纪的战争一并击败后,只有唯它们的保护国之首是瞻。

这些简易的比较最终所引发的疑问,多过它们带来的解答。是否像汤因比所提出的那样,一战与伯罗奔尼撒战争是对等的两次大战,或者说,一战在西方文明历程中的时代,类似于标志罗马共和国终结的那些战争时代?大西洋同盟,这个美国领导的军事共同体,是否已经将普世帝国付诸实施,或者说,这难道只是消除民族主权的第一步?不论怎么说,西方文明——我们假设它构成了一个有界限的实体——到达了一个前所未有的地方,真正的全球政治正在成型。

流行的那些比较,没有任何一个可以帮助我们解释当前的国际关系结构,即两个超级大国相互敌对。我们所目击到的,不能说不是两个觊觎世界帝国的城邦或者民族的斗争。但是,美国和苏联当前的敌对不符合任何经典的模式(斯巴达和雅典,罗马和迦太基)。相比麦金德(Mackinder)所称呼的世界岛——欧洲、亚洲和非洲的总和——美国算不上是在外部战线运筹帷幄的海洋势力,而在内陆战线上,它也比不过苏联。但是,就凭它幅员辽阔,这次冲突就与古典历史学家所记录下来的冲突有质的区别。罗马和迦太基本来在类型和规模上都与它们同时代的政治体没有太大差别。而那些西方化了的大陆也找不到古时对等的事物;在脱离了欧洲的统治之后,其命运比分割德国更受到莫斯科和华盛顿的担忧。亚洲国家也许会是两大巨头死亡战争的受益者,正如同他们受益于欧洲国家之间的殊死斗争。

两次世界大战的主要结果,与其说是旧大陆被分为两个军事集团,不如说是加速了西方帝国解体这一本身就不可避免的进程,或者是有色人种解放的过程(对此人们是不加区分的)。不论是希腊城邦因为伯罗奔尼撒战争而耗竭,罗马摧毁迦太基取得霸权,还是奥古斯都战胜他的对手都未曾有过相似的后果。20世纪的战争,作为欧洲的战争,发端于德国有意或者无意的称霸尝试。从世界意义上讲,它们终结了欧洲的优越性。

从今往后,亚洲的历史学家可以把从航海大发现到英法军队完全撤离马来西亚或者印度支那之间的这几个世纪当作是一个封闭的时期来研究。欧洲人在亚洲维持了四个世纪的海洋霸权已经终结。中国和日本开关与西方贸易的一个世纪之后,中国所蒙受的困境,以及日本建立共荣圈的冒险,使欧洲人的海洋霸权在日本帝国的狂轰滥炸下覆灭,而后中国建立起了一个共产主义政权。与此同时,奥斯曼帝国两个世纪的衰落,以及欧洲人在僵化或者衰落的伊斯兰文明圈建立帝国的世纪皆已告终,很快,黑非洲也会出现独立的国家,标志着白人统治的终结。

人类社会生活的永久给定条件并不一定会由于在经过了地理大发现所开启的时期之后欧洲的退潮而发生改变。世界上已经没有无主之地，上百万人可以和平迁移的世纪已经完结，19世纪的欧洲人所享受的便利消失了；不过反过来，得益于科学，人类有了前所未有的能力集约地利用自然资源。美国的历史学家看到民主制度因为大边疆之外广袤的无主之地消失而被堵死，武断地了结了悬而未决的问题：收益（土地收益和工业劳动收益）一直要增长到何种程度，才会像昨日那些几乎无人居住的大洲那样为人们提供充足的产业？这里体现了除帝国的兴亡之外，当前形势所具有的独特性。人、国家、文明交换着货物、理念、外交和发明；世界各地的人们都拾起了欧洲不久前的目标和制度，使之从今往后为人类所共享，经济增长、工业建设、改善所有人的福祉。

不论是多少带有生物哲学色彩、有关国家或者文化之生死的宿命论图景，还是在各民族间流传的、马基雅维利有关美德（virtù）的忧郁考量，都没有预见到这个独特的形势。无疑，在我们这个时代，国家、帝国或者文明与以前一样不可能永恒延续。人和财富增长的步伐各国不同；实力的关系也不可避免地自发调整。随着国家之间技术装备差距的缩小，大的战争越来越多地要靠上帝来决定结果。没有任何东西可以证明，人类不会用技术手段自相残杀。

相对的衰落如今也不再意味着其后的物质匮乏或者知识贫瘠。欧洲从没有像今天那么人口众多、那么繁荣。历史上从来没有过那么多的法国人、英国人，他们平均的生活水平，也从来没有达到如此的高度。人口数量和收入还有价格的数据，难道都不能衡量一个文化的质量或者国家的层次吗？当然可以。不过,权势与繁荣,从没有像今天那样分隔得如此之开,胜利的战利品,相比和平劳动的所得,从来没有显得如此微不足道过,共同投入于相同冒险的人类也从来未曾体会过战争造成的如此重大的损失,以及和平所带来的如此巨大的收获。

对于这种特殊的形势,有一个马克思主义学派给出了一个简单的、看似逻辑严密的解释。上半个世纪的倾轧构成了一个有意义的整体,苏维埃政权是工业经济会自发走向的终点,欧洲大战是资本主义内在矛盾的结果,欧洲帝国主义将自己与所有帝国主义一起带入坟墓,而各个国家如果都接受同一个理论,相同的政治—经济组织形式,就不可能发生冲突。

我们不难发现,这种解释如果为真,那么本来应该会发生的事情,与现实的事件相去甚远。那些认为经济利益的对立是战争根本原因的人,无时无刻不在宣说和揭露美国和英国之间的冲突——而这个冲突却表现为紧密而长久的同盟。相比英国和德国竞争外部市场,德国组建舰队更算得上是让这两个经济上利害一致的国家兵戎相见的原因。殖民事务引发了诸多外交事件:正是在欧洲,民族性和巴尔干问题引爆了炸弹。欧洲并没有等到"垄断资本主义"时代才动手征服各个大陆,各国争夺霸权、自相残杀,也并不是因为有"不平等的发展"。

不管这套理论是真是假,马克思主义的解释也不能不算是形势的一部分。它所传播的普世制度,是由共产党领导的,本质上由生产工具集体繁荣以及全体劳动计划所定义。它激发了千百万人,他们期待借此实现繁荣与和平。如果说马克思主义的这种解释是一个事实,那么另外还有千百万人拒绝这种解释也与此一样,是无可置疑的事实。这两种有关世界的历史观,不仅是两个超级大国敌对态势的一个方面,而且也是民族和帝国,以及各自内部对立的一个方面。

此外,马克思主义的历史解释,不违背它本身的原理,就不可能在最近的将来调和这种冲突。实际上,经济和政治制度,根据它本身的理论,行使的是发展生产力的职能。但如果各国经济处于发展的不同阶段,它们又怎么可能同步呢?所谓的社会主义政权,暂时确实都为落后国家(即便在苏联,近半数劳动力仍然受雇佣于农业)所采用,这违背了半个世纪前所公认的理论。不论在马克思主义者还是非马克思主义者眼中,各国或者各大洲生产力发展不平等,或者用更流行的话来说,生产力与人民收入之间的巨大差距,可以部分地解释为什么相同的工业技术虽然在逐渐普及,国家的多样性仍然存在。

就算是从经济发展不平等出发的一元论解释,也能让人们理解当今世界政治—意识形态的多样性,所以像我们先前几页所探究的多元解释,就更应该在结论中强调*这些有史以来第一次共同生活的国家的异质性*。世界各地都在用民族和民族主义,帝国或者帝国主义的词语。但此刻,这些数个世纪所炼就的国家,正在寻找一种组织形式,可以同时超越和尊重这些词语;原本统治其他种族的帝国,已经或者正在被赶走,但继承它的那些以欧洲世俗模式构建的国家,亟需建立或者维持公民、宗教或者完全不同习俗的忠诚,亟需用反抗征服者时所亲近的部族集体或者宗教团体,将不同民众锻造到一起。与经济一样,当前的政治体,年龄也是各不相同。(它们应该根据相同的法则演进的观念也许是虚妄的。)

不同类型国家并存,有的幅员辽阔(拥有千百万人口),有的十分狭小(冰岛只有几千居民),并不是什么新鲜事物。但在**今天**,这种多样性伴随着比任何一个时代都要紧密的联系,而且人们在言语上都遵循一种独特的政治组织观念。多样性之所以凸显出来,是因为人类倾向于统一,而且人们在世界各地所用的是相同的词语。毛泽东的中国也许比先前任何时刻都要接近于欧洲,但它从没有自称信奉的是一套在德国、法国、英国得到精心阐述,在俄国付诸实践的哲学。

不论是经济、哲学还是意识形态领域,都出现了接近和疏远之间的自相矛盾。所有人都趋向于相同的经济体系:南美洲人或者亚洲人的平均收入,与欧洲人或者北美人的差距变得更为深刻。所有人都奉行民族性的原则:民族国家仍然不过是少数,其他国家或是多民族国家(因为最近继承了武力建立的帝国),或是次民族(infra-national)国家,聚集了关系密切但没有共同生活经验的集体。所有人都宣称他们认同民主、人人平等和全民富裕的价值:奉行敌对意识形态的人处于或者自认为处于一场殊死斗争当中。由于选择一种体系意味着加入某一个阵营,接受一种信念或者准宗教(quasi-religion),工业社会的组织模式因此激起了人们更多的激情。

政治世界的统一性和多样性,更应当算是当前形势的补充而非对立特征。相同的深刻力量,创造了工业化的倾向以及生活水平之间的巨大差距,民族主义的普遍存在以及国家的异质性,民主价值的普世性以及同样宣称这套价值的意识形态的矛盾性。从此以后,所有人都属于同一个宇宙,但是在宗教、习俗和种族的古老差异以外,文明共同体暂时还具有财富、权势和意识形态的对立。

在这个世纪的中叶,令人们印象深刻的,既有无数的冲突,也有具有说服力的和平主张。我们可以期望,当前解决这些矛盾的办法会延伸开去:冲突确实不少,但受到限制。在一个范围扩大到整个地球的外交领域,没有发生世界大战,也许对于未来的历史学家看来就相当于世界和平。

第七章　普世历史的黎明

我觉得有必要讲一些话,来解释本次会议的题目,驱散它肯定对大家造成的不好印象。坐在主席旁边的一位编辑邀请我今日在此讲这个主题,我将更多地对它进行探究,而不是论述。

一两年前,这位编辑在出版一套关于文明自身的各个时代的书,问我是否愿意写一部1914年以来的世界史。我立刻回答他,任何一位严肃的历史学家都不会接受与这类似的任务。1914年以来的历史,有一部分是我们所生活过的,我们每个人都身处其中,有着各自的激情或者偏见。我们之中没有人经历过整段历史,没有人能够把握庞大而且分散的材料,更没有人将这些充斥着人类苦难、史无前例的罪行以及不可兑现的诺言的事件提升到意识的层面。随后,我略作思考,又加上了这样一句话:任何严肃的历史学家都可能有您向我提议的这种雄心壮志,但我不是历史学家。我作为哲学家或者社会学家,也许撰写一篇文章勾勒我们这个时代的独特特征,尤其是还要强调我所说的普世历史的黎明,并非是不可能的。这是有史以来第一次,所谓的先进社会正经历着唯一的、相同的历史。这也许是人类第一次可以讨论"人类社会"。本次正在进行当中的会议,包含了我着手写作的一本书的序言和结论中所体现的一些观点。

我并非不知,这样一篇文章有可能会受到我诸多同僚们(不管是哲学家还是历史学家)的严厉批判。社会学在传统英国大学中还没有一席之地,或者至少,它是以不那么美国化的词语的形式出现(比如人类学)。至于历史哲学,不论自称是属于博絮埃还是黑格尔,属于马克思还是汤因比,在最好的情况下,也更多的是文学活动而不是科学活动,是作家可以投身而有身份的思想家不愿踏入的领域。要为自己辩护,我可以说些什么呢?首先,我比任何人都更加清楚我有意撰写的文章的不确定性和脆弱性。我预先声明:它不是修昔底德所写的那种叙述(1914年以来发生了太多的事件,也太缺乏条理),也不是布克哈特有关意大利文艺复兴的那种综合;它仅仅是一篇评论,其视角必然受到作者人格的限制,带有身处于一个国家、一代人、一个知识体系的人,他的经验和愿望的印记。

这样一篇去掉了所有雄心壮志的评论,我们大家都在有意无意地书写,为什么大家仍然期望我来写呢?博学的人,也许能够以纯粹观察者的眼光,看待先前世纪的历史;研究雅典或者斯巴达,罗马或者迦太基,教皇和皇帝,神圣罗马帝国和法兰西王国的历史学家们,不再能够体会到激动着行动者的激情,因此也许能够用相同的平静态度,去理解各方的战士、行动者共有的信念、致使他们相互对立的利益,以及在不知不觉中他们共同造就的灾难或者成就。但是,当我们早晨翻开报纸,当我们在选举中为一位候选人投票,我们也就毫不迟疑地将自己置入我们的时代,也将我们的时代置入时间之中。努力将20世纪的英国人或者法国人所经历或者忍受过的命运提升到意识层面,也就是在"解释1914年以来的世界"。我将尝试尽可能地让这个对20世纪的解释免于片面和激情。这就是我采取的进路。

1

自19世纪初以来,欧洲的每一代人都感觉自己生活于一个史无前例的时代。这种持久性本身,是否就证明这种信念每次都是没有根据的?这是否是一种预感,而我们的经验可以确证对于前人而言它是错误的,而对于我们自己而言确实是真相?最后,如果我们不敢说这几代人或者除了我们之外的那几代人都是错误的,这难道不是构成了最后一个假设,即所有这几代人都是有道理的,不过这更多的是从整体而不是个体来看,而且他们的道理并非他们所想的那样?

换言之,在我看来真实或者至少似乎真实的是,人类在上个世纪经历了某种革命——也许用**突变**(*mutation*)更为确切。这场革命的最初阶段发生于19世纪以前,其步伐在最近几十年中加速。从上个世纪初起,这次历史性的突变,是每代人、每个思想家都力图定义的。圣西门和奥古斯特·孔德说这是工业社会,阿莱克西·德·托克维尔说这是民主社会,卡尔·马克思说这是资本主义社会。让我们追溯一下上个世纪前半叶那些大空想家:我们的意识形态(如果说不是我们的观念的话)是从他们的作品中得来的。正是通过将他们的诊断和预言与他们那个时代到我们这个时代之间所发生的事情作对比,我们将给出我适才所说的历史突变的首要定义。

让我们从圣西门和孔德的学派讲起。这个学派似乎要重新流行起来,理由我们马上即可理解:铁幕两边所建立的大工业,在某些方面十分类似,最终使观察者们不得不承认,有这样一种类型的社会存在,而苏维埃政权和西方政权代表了其两种类别或者两个版本。既然其特征是工业发展,为什么不用工业社会指称这种类型的社会呢?

这实际上就是圣西门和奥古斯特·孔德的主要直觉。他们各自都看到一个新的社会在他们眼前形成,他们称之为工业社会,而欧洲是其创造者。奥古斯特比圣西门(甚或圣西门主义)更进一步,精确地描述了这个新社会的本质特征;尽管今日已经很少有人会去读这位实证主义创始人的著作,更不用说认真地研究,但他所给出的有关工业社会的公式,为我们提供了一个出发点。

如同圣西门,他将生产者——工业家、农业家、银行家——与政治或者军事精英对立起来,因为后者在一个奉行和平劳动的社会中,代表着封建和神学统治的过去之延续。工业社会,如同一切人类社会,有一个首要目标,从今往后,即是利用自然资源。战争、征服、皇帝的年代已经过去。拿破仑纵使有如此大的天才,在历史哲学家眼中,也是犯了最为严重的罪——**时代错误**(*anachronisme*)。罗马人的征服之所以有意义、有结果,是因为它推动了世界的统一,好让基督教信仰在这个世界中普及,是因为致力于战争的集体,在某天应该会因为这场最为强劲的胜利而进入和平状态。在我们这个时代,没有任何理由为征服辩护,因为它们已经不再有任何意义,因为人民,用他们自发而且最后胜利的抵抗,证明了那些继承大革命传统的人,将欧洲人民对于法国人民独自开启、为了全欧洲人民利益的壮举的态度,从同情转为仇恨是多么地错误。

奥古斯特·孔德用作为社会学家所具有的独断论倾向推理,从这个目标置换中提炼出结果,一切结果。以后,代表至上价值的,将不再是战争,而是劳动。是劳动创造了现代社会的高级管理人员、领导者,是劳动使人获得公意所承认的威望,是劳动赋予每个人在等级秩序中的地位。劳动同样是,也应该是自由的:家庭不再植根于一个阶层或者一项职业当中,流动性成了每一代人的定则。个人从此可以期望用自己的业绩取得相应的地位,而不必依靠其父母的地位来衡量。从这个雇佣劳动的制度中,奥古斯特·孔德觉察到的,不是奴隶制或者农奴制的一种现代形式,而是解放人类的希望。

欧洲,或者更确切地说,西欧国家——英国、法国、意大利、西班牙、德国——在奥古斯特·孔德眼中,组成了人类的先锋部队。这项有共同终点的使命,欧洲走在了其他民族的前面;开发利用这颗星球,实现工业社会,和平地将分布在五大洲的所有集体统一到一个共同体当中。此外,这位实证主义的开山鼻祖认为,欧洲的先进更多地意味着义务而非特权。他警告与他同时代的人们不要去搞殖民征服。他多次反对法国占领阿尔及利亚,甚至期望阿拉伯人"强硬驱逐"法国人,如果后者没有主动撤回的智慧和美德。

要讽刺奥古斯特·孔德的预言并不难,我们也并非不能这样做。比如他宣称欧洲战争和殖民征服的时代已经成为过去,就是一个巨大的错误。但是,如果我们不把孔德看作先知而是君王或者人民的顾问的话,这样做其实比实际发生的事件要明智。他所宣告的,不是将要发生的未来,而是根据人类的智慧和好意,历史应该怎样进展。

他说,正在西欧扩张的工业社会,是,也将会是全人类的典范。在这一点上他说得很对。当然,他在很多方面是错误的。他把视角集中在欧洲,忽视了其他文明的组织,相信政治组织和信仰形式严格依赖于社会类型,忽视了他所称之为神学或者形而上学的思维方式之永恒性。不过,在涉及到劳动和战争的关系、开发自然资源和人与人之间的剥削的问题上,他用无可置疑的远见,看懂了今日统治者和人民勉强才承认的革命:工业社会之间的战争,既具有毁灭性又没有价值可言,非工业国家,也就是我们所说的落后国家,不能不以工业社会作为模范。在这个意义上,欧洲是名副其实的。不过,奥古斯特·孔德说,欧洲如果利用暂时的"领先",把这个范例强加到别的大洲,重启全面侵略的时代,这会是错误的。杀戮、奴役、掠夺有什么好的呢?黄金或者白银已不再是真正的财富。只有理性地组织起来的劳动才是真正的财富。奴隶制只是遥远的过去所需,使容易懒散和分心的人类习惯于有规则的劳动。不过,欧洲人所接受到的劳动理性训练,已经有了足够的进展,从今往后已经不用白费力气去强迫了。因此,战争与殖民征服一样是时代错误。

战争和殖民征服的确发生了,但它们今日看来是非理性的——至少我们如果与孔德一样,假设人类打仗并不是为了打仗本身或者仅仅为了体验征服的陶醉感,看法即会如此。如果说工业社会的首要目标是为了增进福祉而劳动——这是今日苏维埃社会与西方社会的发言人抓住每一个机会所保证的——那么本世纪的两次世界大战是无用的,而且本世纪的第三次大战应该不会爆发。

现在,让我们回想一下另一大理论家,后于孔德一代人的卡尔·马克思。他同样也觉察到了一种历史突变,尽管用的概念或者术语有所不同,他强调了同样的主要事实:生产力的发展(他将之归结为资产阶级的功劳)比先前任何一个世纪都要快。在短短几十年间,咄咄逼人的资产阶级倾覆了共同劳动的条件与技术,这是过去一千年中封建或者军事社会的精英们所没有做到的。

社会主义的大教主与实证主义的大教主在指出传统社会与现代社会本质上的一致性方面是一致的。他们各自都认为后者的原创性在于劳动的首要地位、将科学应用于生产技术及其所导致的集体资源的增加。两套理论的主要差异在于,马克思认为根本的冲突是雇主与雇工的矛盾,而孔德认为这个冲突是次要的,是社会分裂的症状,会因为组织形式进步而得到纠正。

用雇主与雇工的矛盾,以及资本家与无产阶级的阶级斗争理论,马克思想要解释各种社会现象,比如产品丰裕、生产力发展,却仍然有贫困、劳动者的异化以及少数有产阶级的专制。他也预示了资本主义的未来——资本家和无产阶级之间的主要矛盾加剧直至最终爆发。与此同时,他勾勒了后资本主义制度田园诗般的图景。虽然他从未具体描述,但他展现了其好处,用于与资本主义社会作对比。如果社会不平等、人剥削人、阶级斗争、工人的异化都是资本主义的具体特征——生产工具的私人所有制以及少数资本家占有经济权力,并通过他们安插的人掌握了政治权力——所致,那么消灭私有财产和无产阶级革命,将会为人类史前史画上句号,开启一个社会进步不再需要政治革命之暴力的时代。

依我看,在根本的问题上,卡尔·马克思与奥古斯特·孔德是对立的,他的理论也许在短期有道理,但在长期看是错误的。企业内部雇主和雇工之间的矛盾,或者分配国民收入上的冲突,并没有成为决定性的因素。大体上讲,相比走向成熟的工业社会,矛盾在工业化初级阶段更为尖锐。工人阶级组织成工会,受到社会立法的保护,在议会通常也有强劲的社会主义政党代表,在继续追偿自己应有的利益,但他们现在是转变为采用和平合法的方式。他们不希望建立无产阶级专政的革命,他们甚至不清楚一场无产阶级革命会有什么样的主旨。与多数观察者的看法一样,在他们眼中,生产工具的私人所有,也就是今日西方社会所实践的制度,既不会阻碍生产力的发展,也不会阻碍人民生活水平的提升,这是有确凿证据的。不论我们对于苏维埃制度和西方制度的相对效率是如何评判的,显而易见的是,前者并不意味着充裕,后者也并不意味着苦难。这两种政权更为明显的差异,在于社会而非企业,在于国家和公共权力的结构,而非社会的结构。正如奥古斯特·孔德所断言的,工业社会包含有一种技术—官僚式的等级秩序,将自由劳动者纳入其中。

主导20世纪、决定其进程的矛盾,与其说是社会的矛盾,不如说是民族或者帝国的矛盾。孔德和马克思作为理论家,虽然没有忽视他们眼下正在发生的历史突变,不过却低估了历史的传统方面的韧性、帝国的兴衰、制度的敌对以及大人物致命或者有益的成就的影响。

两人以不同形式都低估了政治因素本身的力量。马克思所写的东西,仿佛认为用资产阶级权力就足以定义资本主义政治体制,仿佛认为用无产阶级专政这一半神话性质的公式就足以定义社会主义政治体制。至于奥古斯特·孔德,他则把权力给了共同劳动的管理者,他们的独特工作就是缓解共同劳动的严酷性,以及用公共意见(妇女的或者无产阶级的)的抵制防止其过度。他们都忽视了托克维尔给出的另外一套办法:倾向于平等和流动性日渐增加的商业和工业社会,是的,现代社会的深刻倾向便是如此,不过现代社会保留了两种选择。一种是一人独裁,万人服从,在整齐划一的条件和奴役中任其差异消失;另一种是全民自由,也许全民生活相似、表现平庸,但都捍卫着他们的首创权、判断和信仰。

政治秩序具有一定的独立性,这些忽视了这一点的社会学理论家们,他们的推理好像是在说,历史,在战争和帝国、胜利与失败交替的意义上,从此已经终结了。今日,1960 年,我们所经历的这个世纪,在我看来具有双重性。这个世纪历经了智力上、技术上和经济上的革命,以一种宇宙力量(force cosmique)的方式将人类带向一个未知的未来。不过在某些方面,它与先前许多个世纪相似,它并非第一个爆发了大战的世纪。一方面,是进步的必要性,另一方面,是*稀松平常的历史*(*history as usual*),帝国、军队和英雄的戏剧。

通过智力或者工业生产的统计数据,我们才得以看到这场深刻的运动。在本世纪初,人类每年消耗的燃油不过几吨,但如今的消耗量接近十亿吨——是的,就是十亿吨。而这个数值每年还在以 10% 的速度增长。五十年前,几百万吨钢铁代表了一个大国的年产量,而如今只代表了一个大国每年增加的产量。罗伯特·奥本海默(Robert Oppenheimer)告诉我的一个数据令我十分吃惊。自人类存在并开始思考以来的科学家中,有 90% 都活在今日。历史的加速镌刻在这些数据当中,如果用奥古斯特·孔德的术语来讲,它们展示了知识和权力的不断积累,而且这一速度通常被认为会越来越快。

让我们把目光转向传统的历史。在每个时刻,我们的精神都仍然局促不安:事件已经发生且不可能未曾发生,可是往往只需差之毫厘,事情就完全会是另外一番模样!如果战争前夜的德国人没有将两支部队派往东面战线,马恩河的奇迹还会发生吗?如果世界性的危机没有旷日持久,或者,如果法国人和英国人对于德国军队回到莱茵河地区采取了军事上的回应,最近这场世界大战是否会发生?没有丘吉尔,英国是否会孤身与第三帝国作斗争?如果希特勒1941年没有进攻俄国,最为重大的战役又会有怎样的进展呢?传统的历史是行动,即它是一些人在一个地点、一个具体时间采取的决策的结果。换做另一个人在相同的处境下,或是在不同处境下的同一个人,他可能会做出不同的决策。然而,从这些因地因时所作的决定发展出来的结果,其范围是没有任何东西能够预先或者从事后予以确定的。

在传统历史中,似乎是突发事件主导一切,伟大与残酷交织。无辜者血流成河,一将功成万骨枯。在知识和权力的历程中,占主导的似乎是必然性的法则,且数量上的胜利让诸多个人或者少数人的功绩微不足道。有时候我会幻想修昔底德写了一部有关这场三十年战争(1914—1945)的历史,蒂博代和汤因比将这场战争的最初篇章与伯罗奔尼撒战争作了对比(但他们是否知道,1918年的凡尔赛和约,只不过是尼西亚斯停火协议?)。也许,要完整地叙述这出闹剧,还需要请一位马克思或者一位科林·克拉克(Colin clark),来写一写对于这颗星球不可抗拒的工业化的分析而非叙述。在某种意义上,这个进步的戏剧性并不亚于第三帝国的崩溃。它就像一条巨流,冲走了一切挡道的东西。它根除了俗世的习惯,让一座座工厂和庞大的城市拔地而起;它用钢铁的道路和大道覆盖了整个星球;它给予大众富足的期望,而先进国家即是明证,肯定了其可能性。不过,这要将人们从信仰和数世纪流传下来的习俗中摆脱出来,让千百万的人,没有信仰、没有法律,去面对一种神秘机器所控制的、完全不可理解的体系。

我不知道我是否能够在这本尚未写好的书中,给予读者这种人类行为和必然性、戏剧和过程、稀松平常的历史和工业社会的原创性的双重感。在这个短暂的会议当中,请允许我,在着重指出本世纪这两个方面之间的差异之后,向大家展示一下,突发事件与必然性、戏剧与过程是如何交织在一起,编成了所发生的真实历史的经纬。让我们努力从战争与帝国的戏剧、某些人给予工业化进程以形式和特征的行动之中,发掘出工业必然性的法则。在这双重辩证换位之后,是时候询问,明日,过程是否会无戏剧地继续下去。

2

在我看来,有三种互不排他的方式,可以将连续的偶然事件变成必然的后果,在大战的戏剧中得出工业进程的法则。历史学家可以用工业体系国家来解释战争的起源,它们的经过或者它们的结果。我并不认同第一种,但我十分赞同第二种和第三种。

第一种方式,也就是列宁和马克思主义者的方式,只在戏剧中看到了这个进程惊人的一段。第一次世界大战不是人类历史传统本质的表达,而是资本主义矛盾、资本主义国家之间敌对的必然结果。详细分析这个我已讨论多次的理论,在此处是离题的。① 不过,为了使这个讲演不显得太过残缺,请允许我分三个部分概括一下这个名过其实的经典论调。

第一,殖民帝国主义只是资本主义扩张到今天我们所说的落后国家,扩张到实行传统经济、没有实力抵御大战役的大陆,并将它们置于欧洲国家统治之下的极端形式。第二,和平地将世界划分为欧洲各国的势力范围或者殖民帝国是不可能的:一种不可抗拒的必然性会推动资本家和资本主义狂热地追求利润、扩大产品销路、剥削人力劳动和积累用于加工的原材料。资本主义经济已经不再可能就瓜分地球达成协议,就如同在各国内部,个体资本家不可能同意如何瓜分市场或者停止竞争。第三,大战虽然是在旧大陆爆发,表面上看只是欧洲本身的冲突,但它实际上是为了瓜分世界。在毫不自知的情况下,法国人、德国人、英国人为了扩大他们的国家在世界其他部分各自的地位而战死沙场。

然而,在我眼中,这三个命题都没有得到证明,而且在某些方面与事实相悖,或者说,至少,在无偏见地考察事实后,我们可以发现它们是不可信的。

---

① 例如,可参照《工业社会与战争》(*La société industrielle et la guerre*),巴黎:Plon,1959。

以多种形式开展的经济扩张（开发丰富的矿藏或者剥削劳动力资源以寻求超额利润，为制成品寻求销路，努力为自己保留特权并排除竞争），即便我们假设它与资本主义制度的本质有所联系，也不能自动得出殖民扩张、主张政治主权的推论。后者在经济秩序中之所以显得有用或者不可或缺，只是因为它可以排除竞争，确保违背自由竞争的利益。然而，19世纪末20世纪初，西欧国家轻而易举就征服了的非洲领土，只代表了资本主义国家出口贸易微不足道的一部分，只吸收了旧大陆这个世界银行家在海外所投放的极少部分资本：在这样的条件下，上述解释——即殖民征服不过是一种本身与资本主义经济难以隔断联系的扩张的极端形式和必然表现——又怎能自圆其说呢？

第二个命题在我看来也是武断的。我们经常见到在一国内部，竞争者通常最终分占了市场，所谓残酷无情的竞争法则也因此告一段落。更不用说，如果问题真的只是商业利益的话，瓜分势力范围、以友好的方式解决欧洲国家在非洲和亚洲问题上的冲突，会是多么简单！欧洲的各个经济体，即便从他们的工业发展来看，相互之间是最好的客户。西非或者赤道附近的非洲，阿尔及利亚或者摩洛哥，都只不过是经济活动的边缘区域。德国银行对摩洛哥的兴趣，没有威廉街（Wilhelmstrasse）所希望的那么浓厚。阻止德国和法国资本家在摩洛哥相互合作的，是两国的大使馆。外交官根据势力考虑问题，这并非因为他们关注贸易利益或者是受到了贸易利益代言人的推动，而是因为他们阅读了历史，知道这就是数千年来政治的法则。

最后,这场战争源于巴尔干地区日耳曼人与斯拉夫人的敌对,其主要舞台是欧洲,而且在这个坚船利炮的时代,行动者意识中的挑战是欧洲外交体系内部的实力关系。那么,有没有人能向我证明,为什么它事实上有另外一种起源或者说另外一种意义?要用什么样的精妙构思才能证明,虽然左轮手枪打死了奥地利大公、炮轰贝尔格莱德是一战的开端,但非洲或者亚洲才是导致它爆发的原因?是什么让遥远的土地成了比中东欧政治局势更为真实的威胁?

事实上,对于没有先入为主观念的人来说,在探究过去时,所有事实都把精神指向了相同的方向,所有事实都提示给他相同的解释。1914年到1918年的大战,在一开始,就如以往的欧洲战争以及修昔底德笔下那场激荡了所有构成希腊体系的城邦大战(就如同旧大陆的各国构成了欧洲的国际体系),符合于历史传统。当原本均衡的体系分为两个阵营,当政治体中的一个似乎行将对整个历史区域确立起它的霸权时,这个体系便自动滑向不可平息的战争。

公元前5世纪的雅典,威胁到了希腊城邦的自由。德国在20世纪初也让欧洲民族感受到了同等的恐慌。死亡战争本并不是那么注定要发生,但倘若战争爆发,其他所有大国都立刻感受到,若要为自己的存在和自由作斗争的话,战争就是不可避免的。战争爆发的直接原因——巴尔干地区的局势——既非简单的巧合,也非一个借口。奥匈帝国和土耳其帝国是多民族帝国,前者的省份原本属于不同的君主,后者则依靠征服,除了剑以外没有其他的基础和正当性。不过,这两个帝国最终的解体,尤其是奥匈帝国的解体,倾覆了势力的均衡。德国丧失了它的主要盟友:千百万斯拉夫人有可能加入与它敌对的阵营。我们不难理解为什么德意志帝国在这个事情当中支持这个双头帝国。奥匈帝国期望借此得到拯救,不过却是自寻死路。我们更不难理解1914年8月初起,英国,尤其还有法国,为什么会担忧德国的胜利对于它们而言会意味着丧失独立,或者无论如何,丧失它们的大国地位。

一战是以工业世纪的一场普普通通的战争方式出现的。它在其发展和结果中承载了它所属的这个世纪的印记,而它也是这个世纪的一种悲剧性表达。

修昔底德所描述的大战,从头到尾用的都是相同的武器,撇开西西里远征期间一些精妙的排兵布阵不提,似乎希腊人在这数不清的大小战争中,并没有像他们展示英雄主义那样,展示出他们的技术或者战术发明。20世纪这场三十年战争,始于萨拉热窝的枪击或者奥地利大炮轰炸贝尔格莱德,终于广岛、长崎的原子弹袭击。1914—1945年之间,生产和破坏的基数,跨越了好几个台阶。

最初的战斗中,具有标志性的武器是机关枪、马匹牵引的轻型火炮和重炮。漫长的战线、战壕,炮兵积累和准备了越来越多的大炮和弹药,这属于第二阶段,战斗血腥而难有进展,其间成千上万兵士为了争夺无关紧要的几千米土地而倒下。在战争的最后一个阶段,成千上万的飞机、坦克和卡车宣告了摩托化技术、空军和装甲部队协同作战的时代,也在1939年到1941年为希特勒的国防军带来了惊人的胜利。石油的时代相继而来,但没有完全取代煤炭的时代,轻质金属与钢铁相得益彰。不过,工业国家之间这种质量上的优越性必然只是短暂的。人力、武器、弹药数量的赛跑,是第一次世界大战,或者说三十年战争第一阶段的主导特征。它在第二次大战中更为壮观。德国用4000辆坦克和几乎差不多数量的飞机,先后制服了波兰和法国,在1941年夏天取得了显赫的胜利。1944—1945年,反德国联盟的工业机器全速运转,苏联和英美军队凭借着类似于1918年的那种数量上的优势赢得了胜利。

这场战争,是有能力动员一切人力和工厂的工业社会的战争。工人或者士兵,所有公民集体为战争出力。国民公会所决定的普遍征兵制度得到了有效的实施。组织上的成功是无与伦比的——其中包括"组织民众热情"①,它事后引起了大屠杀的幸存者对老一辈人的指责。这场工业大战是穿着工作制服的公民所发动的,它也定然激起和平主义反抗,不过这与其说与这个好战的时代相悖,不如说是它的特征。

三十年战争的第二阶段,也许可以像第一个阶段一样,借助于传统的历史范畴来解释。长期以来都是最为强盛的一方被击败,使之对于强加于己的不公条件产生一种尖锐的意识,也许过度尖锐,但却也是可以理解的。于是它第二次碰碰运气。只要

---

① 这种说法是埃利·阿莱维(Elie Halévy)提出的。

并非所有敌对国家都满意,也就不会有真正的和平,有的只是停战。德国用什么方式打破停战状态是无关紧要的:希特勒的德国,以其无止境的野心厚颜无耻地撕毁了和约。

不过,这种传统的、部分的解释在很多方面还有不足。的确,雅克·班维尔(Jacques Bainville)曾预见到大部分导致 1939 年灾难的事件,而没有引证战争的经济结果和《凡尔赛条约》的影响。德军重整旗鼓,重占莱茵河流域,同盟的瓦解(法国与继承奥匈帝国的诸国,瓜分波兰的德俄同盟),德军西进,德苏和约破裂,这场戏剧所有这些连续的章节,使人回想起历史中的先例,符合于权势政治的逻辑。但还需要 1929 年大萧条、数百万人失业和中欧政治经济体的完全瓦解,才可能出现国家社会主义这样的情感运动,让数百万德国人对未来有了信心,并将他们动员起来。需要希特勒魔鬼般的天才,让复仇的欲望化身为一场极端的事业和闻所未闻的罪行。

物资战必然是工业社会之间的战争所会采取的形式;大萧条并非这些社会性质注定会造成的结果:我们知道要控制它的破坏性,本来可以是相对容易的事情。不过,它是一个戏剧性的突发事件,在那个时代,是我们的社会之实质使其成为可能。三十年前,评论家就该揭发《凡尔赛条约》的撰写者忽视了经济上的需求。1945 年以来,比 1918 年更不合理的领土条约,却没有消除繁荣的可能性。在此期间,这场三十年的大战产生了一些结果,而对此我们还没有思考完,也一直在提出疑问:它是戏剧性的还是必然的?戏剧性且必然?必然性多于戏剧性?

我们熟知德国人所说的这些世界历史的(weltgeschichtlich)结果:欧洲丧失了它的优越性。昨日还是世界政治中心的欧洲,今日已经被一分为二,一个区域受苏联的统治,另一个区域受美国的影响所主导,美国的军队所保护。被殖民民族相继独立。曾经给予欧洲优势的工业化已经成为或者正在成为全人类共有的财富。人类的所有派系今日或明日都拥有相同的工具,残酷的数量法则会不会在和平时期与在战争时期同样有效,会不会将旧大陆缩减到其在地图上所占据的范围?

"欧洲被绑架","欧洲衰落",我并不怀疑当前形势不能用戏剧的历史语言来表达。不过,对于我们其他欧洲人,历经了两次大战,见到了对于人类荣誉最坏的侮辱,观察到了帝国的终结,最为吸引人的,莫过于忧郁地思考历史成就的不稳定性。不过,我们是否真的要向这个诱惑让步呢?工业社会的推广,人类的统一,三十年战争所引发或者加速的这两个事实,难道不是不可避免的,符合于必然法则的吗?而且,整出戏剧,就此结果来看,难道不是实现一个预先写就的甚至奥古斯特·孔德就曾预示过的命运的手段吗?工业社会作为全部人类集体的典范,将有史以来第一次建立起全人类的统一体。

3

让我们先暂停片刻,把注意力转到本世纪的另外一个方面,转到知识与权力的积累进程上来。经济学家和社会学家已经养成习惯研究生产和生产力的长期运动。在科林·克拉克出版他的《经济增长的条件》(*Conditions of Economic Progress*)一书后,计算增长率(不论是国民产值还是国内产值),比较三个产业所雇用的劳动力,已然成为鉴定不同经济发展情况的经典方法。不过,显而易见的是,国民收入或者工作的统计数据不仅反映了常规的情况,也反映了戏剧性事件的结果。工业在地球上普及,历经了战争、革命与灾难。

很少有人会怀疑这个看法,我们只需要将其点明即可,论证倒是不必要的。让我们首先回忆一下中国和日本对于西方的影响和威胁所采取的截然不同的反应。在日本,是一部分统治阶层本身有意推动这次历史突变,因为如果闭关自守,日出之国将被迫接受某种奴役。在中国,大多数官僚阶层,或是无法理解,或是无法实现必要的变革;它需要一场长期的内战,共产党当权,才能使中国有实力和权能推行快速的工业化计划。1890年以来的整个亚洲历史,是由各个帝国之间现代化差距所支配的。正是在借鉴西方的过程中率先增强了国力,日本才被征服中国这一疯狂野心所激励。也正是中日战争给了共产党最佳的机会。工业化初期,过去与现在,传统与西方之间爆发冲突的戏剧性阶段比比皆是。

这个戏剧性阶段的进程不仅仅决定了开始的时刻与进展的步伐,而且也促使可行方法之间的选择固定下来;它对于采取主动或者承担起现代化责任的社会群体起到了决定性作用。在日本,沉浸于贵族精神的阶层实现了突变,并试图综合民族价值与西方技术。在中国,最终是受到马列主义意识形态所训练的阶层担起工业化大任,管理不可胜数的人口。即便在俄国,工业化发端于19世纪最后二三十年,而专制主义的政治体制仍在延续。战争与革命打断了此进程,并催生了一批新的精英。他们信奉一套西方的理论,但反对自由主义的西方。如果没有第一次世界大战,如果惯常的历史没有撼动沙皇统治,给了列宁及其同伴觊觎已久的机会,我们可以想象,俄国的工业化会以另一种风格,在另一个权力的领导之下,以另外一种步调展开。从我们所在的1960年回顾过去,俄国的统一除非受到内部或者外部的摧毁,否则它就定然会是欧洲最强。从所有人都拥有相同的生产和破坏手段的时刻起,数量的法则就在某些限定之下发挥作用。不过,且不论我们对于这些问题如何回答,提出这些问题没有什么不合理的:如果克伦斯基在1917年7月起义流产后除掉了布尔什维克领袖,历史会变得怎样?如果俄国还可以享受二三十年的和平来克服工业化初期的危机的话,会发生什么?

如果说俄国没有得到宽限期,如果说中国没有免于被亚洲、美国或者欧洲的先进国家的野心所害,这并不意味着资本主义经济不可避免地要搞帝国主义,而是因为工业化为军事征服与军事荣耀提供了手段,也激起了其诱惑。对于国家官员以及继续以旧有范畴思考的人来说,工业主要就意味着可动员资源的增多。它没有开启一个新的时代,它只是在旧的牌局中补充了新的卡片。

这里,在某种意义上,是稀松平常的历史与必然的历史的交汇处:知识与权力是否是为权力政治服务,抑或是像孔德所预言的那样,宣告了权力政治的终结,人类团结起来做唯一有价值的斗争,也就是为了掌控自然、为了全人类的福祉的斗争? 20世纪的两大捣乱者——日本和德国——给了这个今日的问题以昨日的回答。这两个帝国的主人曾经认为,除了士兵的数量和武器的效率之外,什么也没有改变。工业是权势的手段,而权势的目标是征服。这种看法今天还能大行其道吗?

冒着被指控为天真的自负这样的危险,我要说,当前一代人比先前一代能更好地理解我们所生活的世界。这个世界的原创性,上个世纪的思想家们已经本能地预感到了。这种乐观主义在我看来有若干事实可以论证。

首先,也是最广为人知的一点,是武器装备上所发生的革命。1914—1945年之间,破坏力一直弱于生产或者建设能力。1914年的军队所使用的武器,效率要低于学者和工程师这些最优秀的大脑集中起来后可以研发和制造的武器。1914年的步兵用双脚行进,大炮用战马牵引,这些都属于传统。即便是装甲纵队和空军联队也尚不足以决定性地动摇成本与利润的计算。原子弹的发明才是革命的时刻。使用原子弹的战争对于任何参战国来讲都不再是合理的。1945年以来,工业最终通过对战争的恐惧实现了最初的和平条件——许多作者曾过早地断言过这种可能性。这并不意味着人类可以永葆和平,只不过,战争不再是政治借助其他手段的延续。核战争,至少参战国势均力敌的话,只有可能是一场事故或者某种误会造成的。

另一方面,比其他任何一个时代都要清楚的是,全世界的公共意见都理解了现代经济的本质以及它所承载的爱好和平的潜质。阶级之间、人民之间,冲突的理由似乎弱于团结的动机。无疑,这没有什么根本上新颖的东西。自由主义经济学家数个世纪以来不断地告诉我们,交换中的双方是双赢的,经济的实质即是交换,且战争和征服永远是无益的,通常对所有人都造成损害。

不过,最近的事件促使这些原本只在很小的圈子里流行的信念普及开来。空间不到法国一半的西德,虽然吸收了上千万难民,却出现了无与伦比的繁荣。战败的代价,对于它而言,不再像从前那样是贫困,反而是富裕了。整个西欧,包括英国,尽管丧失了自己的殖民地、权势、外交声望,却达到了从未有过的生产和生产力水平。

在三十年代,被大萧条所笼罩的西方,用的是半马克思主义的思考方式,试图寻找出路,而最终恍然大悟,增长原本是因为或者会因为市场缺失而停滞。今天,西欧几乎是惊讶地认识到,尽管有危机或者暂时的停滞,经济扩张,正如经济学家们所常说的那样,本身就能为自身创造出路。苏联采用严格的经济计划技术,联邦德国采用相对自由主义的技术,欧洲其他国家采取混合的技术。它们所实现的进步使所谓意识形态上的分歧在共同意识中已经不那么重要。增长的科学、社会和人力需求——技师的数量,企业家或者管理者对进步的渴望,民众对于变革的自发或者被迫的同意——从今往后比统治的模式更为重要。人们所强调的,是一切经济增长的共同特征,而非某种政权类型的特征。

同样,意识形态的价值也有所降低,大有丧失其情感上的潜在力量的趋势。在西方,也许甚至在苏联,人们不再把一种制度看成本质上是帝国主义和剥削性质的,另一种则是爱好和平,讲求公平的。没有完美的制度,任何制度都有可能出现不公正,任何制度也都有让人们出离贫困化的法则。共产主义最为严厉的反对者也不否认苏维埃经济发展迅速,人民生活水平不断提升。自由主义西方或者资本主义最为严厉的反对者也承认1945年以来没有爆发过大的危机,而且受剥削的无产阶级过着比以前都要好的生活。

这是否就是说,孔德所梦想的、正在以多种形式实现的工业社会,是否确确实实是个典范,人类将如同他们在外交上正在形成的统一一样,统一进入一种新的社会?下结论还为时尚早。我认为,普世历史的黎明将在地平线上喷薄而出。普世历史相比于国家的地方性历史或者过去6000年中的文明史,将会展现出某些原创性。我们没有理由认为,普世历史就不会是戏剧性的了。

我们想用普世历史这个表达来指代什么?首先是外交领域的统一。中国和日本,苏联和美国,法国和英国,德国和意大利,印度和加纳,所有国家今日都归属于唯一且仅有的体系。在中国海岸线上发生的事情,对于欧洲与美国或者美国与苏联之间的关系都有影响。从来没有那么多国家相互承认各自的存在权,欧洲与亚洲,非洲与美洲也从未感到过如此的接近。今日的大国(暂时是美国和苏联),在五大洲做着不久前的大国在欧洲或者亚洲所做的事情。说通讯和运输工具已经克服了距离是老生常谈。各大洲国家的知识和权力手段的积累,也成了全球外交、权势等级变动的条件之一。

某些形式的技术或者经济组织的普及,伴随着外交上的统一。没有欲求存活下去的集体可以有意地排斥发展生产力,也就是马克思主义者所说的劳动理性化以及技术工具的普及。人们怎么会拒绝获得实力与福祉的手段呢?从东京到巴黎,从北京到里约热内卢,相同的飞机场,相同的工厂,相同的机器吸引着游览者的眼球。一旦他们与一位知识分子或者政治人士交谈,同样的词语——资本主义、共产主义、帝国主义、美元、卢布——便会在他们的耳中回响。游览者如果凭着自己表面的印象,也许会相信人类生活在一个世界里,一个机器与观念的世界里。

这样的印象大多是虚幻的。人类不论在外交上有多统一,也同样和过去任何外交体系一样是分裂的。两个阵营在欧洲的中心相遇、对立。在它们周围的国家,越来越多地以不参与为自豪。苏联与中国的关系令人捉摸不透。联合国给了普世时代各国的发言人象征性的讲台,但大多数话语表达的并非弱国无外交这一真实存在,而是它们所热衷的意识形态,从而给自己一种参与到人类历史的感觉。

在我们当代,一种社会类型成了典范。也许从地方性过去所继承下来的经典划分没有当代具有代表性的划分那么沉重。因为工业社会的两个版本——苏维埃式与西方式——至少有一个自称自己适用于全人类，也是唯一适用的体系。两个大国、两块历史区域、两种西方的典型意识形态象征了大分裂（le grand schisme）。而富人与穷人之间、几乎拥有一切的人与几乎一无所有的人之间，我们所说的落后国家与已经收获生产力果实的国家之间也存在着划分，并与大分裂交织在一起。它如果从若干个世纪的比例上看是暂时的，但在几十年的尺度上看会是持久的。走向统一的人类当中，人与人的不平等取得了以前阶级不平等所具有的意义。在我们这个时代，不同大洲和国家的人民生活条件，其差距之大是从未有过的。与此同时，不平等意识传播，人们渐而不再愿意忍受贫困和苦难。

这统一的人类，其派系之间敌对的理由，并没有受到任何精神共同体的抑制。这统一只有物质、技术或者经济的基础。生产、破坏和通讯手段的力量填平了大洋，推平了山脉，克服了距离。上世纪欧洲的理论所引发的意识形态浪潮，为没有相同信仰、习俗、思维方式的人们提供了一些共同的词语。一个外交体系的各个成员国从没有如此不同，一项事业的合作伙伴，从没有如此缺乏深刻的联系……

近十来年，共产主义世界与自由世界的大分裂一直让我们惴惴不安。苏联军队就驻扎在距离莱茵河两百公里处；苏联的政治宣传称共产主义终将取得全面胜利——换言之，它向西方宣布，西方除了被宰杀或者自行消亡以外已别无选择。这样的态势,我们当然放心不下!

更有甚者,两个阵营的冲击有双重的特征,既是权势的敌对,又是意识形态的竞争,是对外战争,但也体现了内战的某些特点。无产阶级作为国家的主人推行经济计划,以求经济上的丰裕与平等:这样的制度,不论在苏联实现与否,却是一个西方的梦想、否定现实的乌托邦;数十年以来,它在西方主导了政治(如果不是意识形态)讨论。也许东正教的俄国,继承了拜占庭与东方官僚制度的坚固传统,当属于与西欧不同的另外一个文明圈。而奉行马克思主义与社会主义的俄国宣扬自己实现了欧洲改革家中最好的那批人为人类定下的目标,它至少在其所用语言上、在这种自命不凡上属于西方文明圈。

此外,冲突的强度也许已经在减退。两个阵营的领导人都明显意识到了用原子和热核武器进行死亡战争的非理性。两个阵营,无论在生产力还是工业企业的劳动组织上(虽然法律规定不同)的近似性,即便是最为迷信其意识形态的人也渐渐不得不承认。无疑,争论还是有理由出现的。根据财产法(即推行于整个经济体的管制模式),根据权威的风格,这些阵营下的社会在它们的生活及思考方式上还是不同的。我们不要重复某些马克思主义者的错误,以各国生产力和劳动组织的相似性,否认经济制度对于整个集体的影响。这就如同昨日的布尔什维克党人过分夸大制度的意义一样是错误的。在他们看来,一种制度可以保障和平、平等和富裕,而另一种必然导致帝国主义、剥削以及剩余财富积累下的贫困。我们知道,这两种神秘且有鲜明反差的表现是错误的。但我们也不要受到一种新的神话的诱惑,它虽然比旧的更可取,却也没有真实到哪里去。走向成熟的工业社会,与其他制度在道德上的统一,并不比它们发生冲突更具可能性。即便这些社会很有可能越来越相似,它们却不会有真正的友谊。在历史上,有多少场大战,从事后来看,似乎是兄弟相残?

此外,即便我们遵循今日流行的解释,也就是这两个大国在逐渐交汇的话,那即使是在这个普世历史的年代,将统一的问题归结为仅仅是美国与苏联的对立,甚至仅仅是一党制所领导的计划经济制度与多党制下的半自由主义制度之间的矛盾,也会是错误的。我们不要忘了方才我提到的另外两个划分的原则,发展不平等以及习俗与信仰的多样性。发展不平等有一部分是历史遗留下来的,是转型阶段的特征。不过,即便假设非洲人和亚洲人哪天弥补了他们的落后(这并非一朝一夕之事),要在人口和他们所占有的空间之间维持均衡,其必要条件将会是限制人口数量,也就是说,由于自然的消除机制不再起作用(饥荒、疫病),就需要通过个体或者集体的意识限定社会流量。这些社会要么成功地理性掌握了他们自身的增长,要么人口和生活水平的不相称无限期地重演,与此相伴随的,还有长期的贫困和涌动的暴力。

但是,最后这种划分原则也许还有一种更大的意义。随着人类从今往后在一个历史中生活,它还需要取得理性掌控能力的,不再是生物本能,而是社会激情。越是有不同种族、不同宗教、不同习俗的人生活在同一个世界,这个世界就越应该表现得宽容和相互尊重。不同的人们应当相互认可,而不应该有统治的野心或者征服的欲望。这些套话读者应该很轻易就会同意。不过,且让我们对此作个反思:它们要求人类具有新物种才具有的美德。最能将人类分裂开来的,是每个人视作最为神圣的东西。不改宗的异教徒或者犹太人是对基督徒的挑战。那些对于赎罪宗教中的上帝一无所知的人,与我们是同类人,还是与我们不可能有任何共同语言的外人?我们正是要与他们一起,建构起一个精神共同体,建构起物质共同体的上层建筑或者基础。这是科学、技术、经济的统一所倾向于建立的。而将这种统一加诸我们这种关注争执胜过团结的人类头上的,正是历史的命运。

外交领域已经在两次世界大战的闹剧中得到统一。工业以接连不断的法国、俄国、中国革命作为媒介传播开来。暴力开出了一条道路,而它的各个阶段,是以数百万无辜遇难者为里程碑的。博絮埃、黑格尔和马克思的门生所玩弄的智力游戏,并不能节省人类的折磨与鲜血。没有任何迹象表明,时代已经焕然一新,从此理性的进程将一如既往地延续下去,而不再有戏剧上演。可能普世历史在这个方面与数千年流传的地方历史不同。它只与一种期望,一种由信仰支撑的希望有关。

★

我这个探究,能够得出的也许就只有上面的那个定则,甚至这个定则还是模棱两可的。

我们当代人所依靠的历史哲学,强调这种或者那种历史历程的相连方面。乐观主义的哲学,有的受自由主义启发,有的受马克思主义启发,相信知识与权力积累的进程会无限期地延续下去。通过公平交换或者理性计划,全人类将公平地分配学者或者工程师的天才所推动的这一进程的利益。悲观主义的哲学,例如斯宾格勒的哲学,注意到了旧日文明消亡时所处的灾难与我们于20世纪所见证的之间的相似性。西方文明,与它之前的古典文明一样,在战争与革命、庞大的城市与背井离乡的民众、在奢华却无力的精英与金钱或者技术的胜利中死去。失去了其帝国的欧洲,难道不已经衰落了吗?人口上只占少数的白种人借以对其他种族进行统治的工具已经普及开来,难道不正标志着欧洲必然要失势吗?

不论是乐观主义还是悲观主义,这些哲学都忽视了我们时代的某些特征,以及普世时代的潜在性。用过去的眼光看,旧大陆当前的情况容易让人感怀。昔日的大国,英国、法国、德国,凭着它们五千万迫不及待想要幸福生活的人口,相比那些动辄上亿人口的国家—大陆,轻重若何?失去帝国的欧洲各国,难道不也因此丧失了它们的历史存在,难道不应该放弃争夺荣耀吗?这种传统的看法也许过时了。在我们这个世纪,统治的成本也许远远超出收回的利益。共同劳动的合理性是财富的来源,决定富足的程度。欧洲是工业文明的策源地,而现在全世界都正在向工业文明发展。所以欧洲不必因为感觉自己被自己的胜利所征服而自怨自艾。伟大与军事实力之间不再有必不可分的联系,因为大国动用武力只会遭来报复,损害的是它们自己,因为任何一个社会都不再需要通过统治别的社会来为它的下一代提供有体面的生活条件。

欧洲有两个理由不接受衰落意识:是它率先通过自己的杰作,然后是战争的狂热,跨越了人类进入普世时代的门槛。在这个人类能够充分利用自然资源、不再需要相互奴役的时代,要实现伟大,可以遵循新时代的精神,帮助其他人克服现代性初期的疾病。对内践行其理念,对外有一项大任有待实现:帝国与未来的视角背道而驰,为什么欧洲要再三咀嚼最近这般苦味呢?

人类从来没有如此多的理由不相互杀戮。他们从来没有如此多的理由感到在唯一且同样的事业中团结一致。我并没有断言普世历史的时代会是和平的时代。我们知道,人是理性动物,但人们是否也是呢?

我兜了这么一大圈,得出了一些各国的智慧都不会不赞同的命题。在回想了黑格尔和理性的诡计(la ruse de la raison)之后,我现在十分接近于赣第德,接近于伏尔泰所说的话。不过,总之,哲学(或者社会学)与常识交会,究竟是对前者的一种敬意,还是对后者智慧的保障?

结论　哲人的社会责任

257　　哲人的社会责任问题,可以通过两种方式来讨论。这取决于我们把哲人或者哲学教授看作是私性个人,还是把哲人就当作哲人看待。

第一种考量恐怕是没有意义的。我们能得到的会是老生常谈或者由衷的赞美。哲学教授是好父亲,好丈夫,好公民。他们为了和平,为了人类的尊严,为了相互理解而工作。大家很容易达成一致意见,更何况交谈者赋予同样的词不同的意义。

唯有第二种考量是有结果的,不过也要困难不少。我们得确定哲学是什么,从而得出有关它对于社会所负责任的一些结论。

我在这里将考察哲人这种社会责任的一些方面。作为哲人,对于城邦、政党和历史冲突,应该有什么样的态度?

1. 技师、观念学者与哲人

20世纪欧洲的哲人所面对的问题,希腊思想家在公元前5世纪就以难以逾越的清晰性予以提出。

在希腊,诸城邦是政治生活的框架,它们有一个模糊的意识,认识到自己属于一个共同的文明。不过,它们各自有不同的政权组织,且在意识形态上各不相同。雅典内部相互对立的群体也宣称奉行不同的意识形态。这些群体,我们不敢称之为阶级,因为我们撇开了奴隶和外国侨民,而仅仅考虑雅典公民。它们的财富并不平等。它们放眼向外,在一个通常是他们敌人的城邦中,寻找一个符合它们偏好的模式。内部纷争与城邦间的斗争以错综复杂的形式交织在一起,意识形态的对立使利益冲突扩大,改变了其面貌。

在这样一种历史形势中,哲人处在什么样的位置?他首先是对话言说者之一,这对话本身便构成了城邦生活与精神生活。舵手可以不知道航海的法则?木工可以不懂伐木,医生不懂治疗?难道我们要把疾病或者海船交给一位无知的人,或者非专家之手?城邦的舵手应当是"智者",这就如同海船的舵手。可是,国家首脑应该具备怎样的学问呢?

哲人的回答是,此即是有关善与恶的学问。技师教我们如何达成最近的目的。战争有战争的学问,但胜利何为?有经济科学,但财富何为?哲人超越于技术所建基的知识之上,这并不是因为他不需要学问,而是因为他的学问是终极的,是无条件的。它是科学的科学,揭示的是工具科学的意义,指明了存在的最终目的。

这种科学的科学是否存在?如果哲学不是科学的科学,那么它便一下子跌落至工具科学,成了诡辩家的职业,被他们用于论证一切主题。哲人自身认为他与诡辩家(用我们今天的话来说,就是观念学者)最为对立,而公众却分不清哲人与诡辩家。而且,自称哲人的人可以被他的同僚认为是一位诡辩家。这场论辩,谁来了结呢?在对立的意图之间,谁来做裁断?如果我们都参与到了对话当中,也就没有了置身事外的言说者,但只有这样的人才能对此进行评判。

诡辩家和哲人都承认,在某地是正确的东西,到别处可能是错误的。他们观察习俗、制度的多样性。他们都参与到了我们所说的社会学之中,也就是进行客观研究,解释各种制度。亚里士多德的《政治学》在一定程度上是城邦制度、它们的优劣、它们的生死的比较研究。但社会学家如果没有看到任何观察以及科学解释之上的东西,他就没有触及到哲学。

如果我们不知道什么是好的,那又该如何区分一个政体的优缺点呢?如果不是哲人,又有谁能说出什么东西本质上是善的呢?如此,哲人要做的绝非支持所有阵营和接受价值相对论,他是唯一有能力捕捉到超越于历史相对性的真实与善的人。如果人们把他与诡辩家混淆起来,这是因为他最初所采用的方法与诡辩家相同:他也不认为城邦的法则是绝对的。他之所以要将自己城邦的法则相对化,是因为他的城邦是众多城邦中的一个,但他努力要找到对于所有人来说都是最好的城邦法则。

然而,哲人面临着双重危险:他是否能够为全人类决定普遍适用的善,他是否可以决定什么是最好的制度?即便我们假设他确实能够做到,那他是否能够让善存在的理念成为现实,或者用最好制度的理念,论断当前怎样做更为可取?当哲人参加到城邦的争论之中,他难道不是背叛了他的地位,沦为诡辩家了吗?

有关苏格拉底还有柏拉图其人其行的争论——这是一场从公元前5世纪到公元20世纪没有中断过的争论——便展示了这双重的危险。哲人所触及到的、赋予他真理标准的理念究竟是什么?《理想国》中所设想的制度,所设想的最好的制度,归根结底,难道不是反动的怀旧换了一种形式,是古老的父权家庭的梦想吗?20世纪的批判不断高涨——柏拉图鼓吹的是极权体制。哲人自命不凡地认为自己看到了绝对真理,拥有有关最好制度的秘密,梦想赋予"智者"无条件的权威,这正是极权暴政的根源。

不论柏拉图尝试实现他的理念的意义是什么,不论亚里士多德的弦外之音是不是在为马其顿君主制的事业辩护,事实是,一旦参与到俗世,希腊哲人常常难以与诡辩家区别开来。哲人选择某个党派以实现改革方案,他就丧失了理念的客观确实性,而投身于充满纷争、毫不确定的行动了。

哲人的社会责任?在此之前让我们首先思考一下哲人对于

哲学的责任。他是否应该因为自称是好的公民,而为城邦的法则辩护,不论其实质究竟如何?他是否应该因为自己城邦的律法没有其他城邦运行得那么好而降低其价值?他是否应该参照最好的制度、永恒的理念、至善的存在来评判和改革现世的律法?人们倾向于肯定地回答这三个问题。哲人给出了服从法律的典范(苏格拉底接受了死刑)。哲人教导人们超然世外,忘却一时一地的命令。哲人在多样性和尘世的无序底下寻求永恒的真理。但他是否能够同时既尊重法律,又意识到历史的相对性,而且还热爱理念?如果他在觉察到了理念之后,重回到其他公民中间,他难道不会要么十分革命(因为他衡量了现实城邦与理想城邦之间的差距),要么十分怀疑和保守(因为他衡量了所有城邦与理想城邦之间的差距)?

2. 一个补充的维度

技师、诡辩家、哲人的对话一直延续到了我们的时代——尽管表面上看技师和诡辩家从今往后有了难以抗拒的优势,而哲人似乎因为他的对手而黯然失色。

被统治者和统治者面对各种政策犹豫不决,如果我们对其可能导致的结果一无所知,我们又如何能插手城邦事务?生产工具是私有还是公有更好?这种偏好在类似的情形中又意味着什么?道德上我们最多只能知道,从今往后应当把工厂的财产作为一种社会功能来考虑。法律意义上的财产,是分散到众多行动者手中,还是往国家集中更能够实现这种社会功能? 这个问题不是哲学问题,它是社会学或者政治学问题:科学给它一个可能的答案,而政府人员要以此为借鉴。我们之所以故意采取了一个"边缘"的例子,是因为这个问题负载着意识形态的共鸣。如果我们选择的是日常向统治者所提出的无数问题中的一个,比如有关利息率、国际需求的扩张或者缩减、投资率等等问题,证明可以要方便得多。难道说哲人完全没有这些忧虑? 但如果他对于经济增长漠不关心,他也同样对于实现他宣称拥有紧迫性任务所不可或缺的手段漠不关心。如果生产力没有足够发展,社会又怎能消除阶级呢? 或者,哲人对经济一无所知,这样的话,他就仅限于提出目标,甚至根本不知道它们是否可能实现。或者,他模仿马克思,研究经济学,但他是否尚能自知,他在做的是专业表述还是哲学表述?

诡辩家也一样,从人种志学或者历史学以及当下的经验获取有力的支援。在何处寻找古典社会存在与文明社会存在之间的共同尺度? 在某种意义上,后者并不比前者更完美:个体是完全融入其中的,没人能说伯洛洛人(Bororo)还是美国人谁更幸福。如果我们把工业社会排在首位的价值作为标准的话,那现代社会的优越性是显而易见的:知识,利用自然资源,发展生产力。相比雅典和斯巴达的军事家(他们的激情延长了伯罗奔尼撒战争,直到所有参战国精疲力竭),或是相比罗马、拜占庭皇帝,又或是相比莫斯科的沙皇,20世纪的人——这批人在我们这个世纪需要对布痕瓦尔德、广岛原子弹袭击、个人崇拜的负面表现负责——既没有更聪明,也并非更有德行。

让我们甚至先不管这么多世纪向我们提供的这种多样性。让我们每个人都回忆一下自己的生活。在历史进程中,大多数欧洲国家有着不同的制度。威廉德国、魏玛德国、希特勒德国、潘科夫区德国、波恩德国:热忱的德国会走什么样的道路?共产党人和希特勒党徒在1932年用同样的暴力谴责魏玛共和国。共产党人和民主派以同样的暴力在1941年到1945年谴责第三帝国。共产党人,以民主派谴责潘科夫的人民共和国的暴力,谴责波恩的联邦德国。每一次,都能看到一些人在为现实或者反叛辩护,而这些人当中就有哲学教授的身影。在这些悲剧性转折过程中,真正的哲学家在哪里?他无视论坛的喧嚣,仍然把眼睛定在理念世界?他对于各种制度的批判,力度各有不同还是一视同仁?他是否会一劳永逸地,因为宽容异端而选择西方民主制度的阵营,或者因为自认为是未来的化身而选择共产主义的阵营?

我们的对话与古希腊人的对话有何不同?我觉得首先是我们的对话,为历史概念补充了一个维度。我们不用在历史相对主义与永恒理念之间犹豫不决,因为已经另有解决办法:历史多样性不必通过超感觉的理念世界,而在未来的社会中即可克服。冲突不论多么残酷,也许将会是和解的工具,是一条通往无阶级社会之路的各个阶段。

哲人与观念学者也许会重启柏拉图式的对话,但前者将不再援引理念,而是历史或者未来的整体性,后者则因受某个具体社会所限,或者听任价值混乱这种状态存在而忽视了事物发展的法则或者说未来的真相。

观念学者如同以前的诡辩学家,否认哲人的这些雄心壮志。在他们看来,哲人更是观念学者,因为哲人是无自知之明、错误地以为自己不受人类条件之局限的观念学者。

要在传统交替地或者同时地加诸哲人的三个使命当中作出选择,在20世纪比在公元前5世纪更为困难。在第三帝国或者其他恐怖政权的时代,该如何教导人们尊重法律,而不管它究竟什么内容?在政治支配我们灵魂的命运之时,该如何超脱于革命与战争之外?什么样的制度会抵抗与理念的交锋?如何决定各种制度哪个是在为未来开路,而哪些又在挑战它?

相比哲人的社会责任,这里我们再次看到哲学本身的责任更受关切。它为我们带来信仰还是怀疑,相对论还是永恒的真理?

3. 寻找真理

如果在两个对立的术语之间既没有媒介也没有折中的话,哲人的处境几乎可以说是毫无希望的。他只有维持狂热或者摧毁信仰:不论哪一种他都损害了城邦或者城邦共同体的利益。不再相信其城邦价值观的公民,与用专一不二的激情专注于这些价值的公民一样令人害怕。

历史相对论或者永恒观念的抉择,不可能一劳永逸地解决,但日复一日的哲学思考可以将之克服。习俗是多种多样的,蔑视他人的习俗是缺乏哲学与历史素养的表现。因此,对于少数种族的宗教或者政治迫害,不是一种制度多样性的表达,因而没有正当的理由。这些迫害违反了一条形式规则——尊重他人。这我们可以认为是永恒有效的规则,尽管其应用的方式常在变化。这个分析,对于这个问题的困难性而言,是太过笼统的。它只是想说明,哪些命题或者区别,是哲学有责任详细阐述的。习俗具有合法的多样性,用对错来评判,甚至将它们根据等级秩序排列起来,都是错误的做法。它们表达了一种创造性、有发明才能的天才,也许不能凝聚成单独一个范型。

最通常的情况是,社会行为令人对道德律令产生怀疑。但后者只有在形式化以后才是普遍有效的。我们说人与人之间有一种互利或者平等的普世原则。这虽然是永恒的真理,但也鲜有教益。各个世纪、各个民族赋予这个原则的意义多有不同。如果我们采用严格的意义来理解,这个原则谴责任何等级制和不平等的社会。而采用过于宽泛的意义,它就变得无关痛痒,也不针对任何人。在每个时代,这条规则都具有其一定的意义,所以人类不会整体地赞同或者批判现实。

哲人既不赞同在一个给定时代这些形式原则所接受的意义,也不赞同人们可以赋予它们的永恒意义。不过,哲人之间有关历史进程的部分,以及一般概念的讨论并非徒然。它可以抵御粗浅的教条主义,是政治和道德研究的正确方法。自然科学是发现的历史,它积累了精确度日渐提升的科学命题,人们已几近最终取得其真实性。发现价值观或者道德与发现科学真理没有相似之处。它尚缺乏经验的支撑,难以得到验证。不过,思想史,甚至有关政治现实的历史,可以通过区别形式规则及制度多样性,来制造出一个价值共同体。

对历史的批判性反思有同样的功能:它揭示了特殊与整体的抉择所具有的虚幻特征。历史主义的思想有将哲人丢入诡辩家阵营的可能:如果哲学本身就与一个时代、一个阶级、一个城邦有如此密不可分的联系,有了这种历史性的意识,不可能不摧毁天真的信仰。为什么哲人仍然要忠于代议制民主的价值观,如果它只不过是资产阶级的统治工具?对于社会主义的价值观亦然,因为它是另一个阶级统治的伪装。历史主义思想只有承认历史终结以及一切的真实性,才能够避免这种完全的相对论。人们从贬低资本主义民主制跳跃至鼓吹社会主义民主制的绝对价值,因为后者是人类历程的终点,代表着人类目标本身。在这种历史主义哲学的框架中,我们受限于下面这种抉择:或是贬低我们称其为终极的制度,然后重新回到普遍相对论的状态;或是承认一个制度的绝对价值,置身于狂热的激情。正确地解释历史批判,我们可以见到这虚假的困境错在何处。

本世纪的大多数政权(当然,希特勒政权除外)奉行的是相同的价值观:发展生产力,以确保所有人有体面的存在条件,拒绝身份不平等,认可公民在司法和道德上的平等。经济增长和普遍公民权既是所谓人民民主政权的特征,也同样是所谓西方民主制政权的特征。

这两种制度都没有完全忠于自己的原则。它们都没有消除收入的不平等，没有消除职位、声望上的等级制，没有消除社会群体之间的差别。反过来，它们似乎都能够持续增长，都没有因为内部矛盾而瘫痪。资本主义民主进入了福利国家阶段，人民民主正在与个人崇拜的残余作斗争。上个世纪欧洲人民所建立起来的殖民帝国相继解体，或者转型为联邦。人民民主还需将民族独立以及国家平等的原则表达到现实当中。

为什么这些制度中的某一个会吹嘘自己是终极的、绝对的？上世纪的先知猜测，建立在私有财产基础上的经济在某个点以后是没有进步能力的，甚或是不能将技术进步的一切利益分配给所有人。事情的经过与此完全不同。资本主义民主的各个经济体保持了相对较高的生活水平，不过增长也许相对较慢，因为其投资率相比国民收入来说更为微弱。但是，马克思曾认为快速积累是资本主义的特征。

如果两种类型的政权（东方的与西方的）遵循相同的律令，那哲人就没有任何理由认为其中一种具有绝对价值，而贬低另外一种：任何决定论都不能预先支配它们之间不可缓和的斗争以及决定某一方的全面胜利；任何道德反思都不允许将所有优点归为其中一种，而将缺点归为另一种。

也许这两种体制会相互斗争直至尽头（正如斯巴达与雅典的斗争）。这不会是人类第一次，也不会是最后一次，用暴力终止争论。哲人能够且应该肯定的是，以全球来看的历史，与一种预先定下一方的胜利、允许我们遇见未来的辩证法格格不入。

历史整体性还没有实现。我们不知道这次历险的终结，不知道决定论的结果。我们无权以不可避免的未来为理由支持今日的某个与其他体制一样不完美的体制（不完美的程度究竟怎样是无关紧要的）。如今，人类掌握着可以炸毁自己、让这颗星球不适合生存的手段，在这样一个时代，我们需要一种独特的自信，或者一种独特的无意识，将自己置于上帝（它并不受人们相信）的位置，看晦暗时代尽头的*美满结局*（*happy ending*）。即便我们将人类非理性所具有的风险和危害抽象化，而无视人理性的一面，诉诸于历史的意义（这里的意思是预先决定的未来）仍然会是不合法的：未来制度的特征，我们虽然可以认为它是不可避免要到来的，却不能用于描述斗争中的任一阵营；人们设想这些特征会因为任意一方的胜利而实现。无论在西方民主制还是人民民主制的视野上，我们都能够设想经济增长和普遍公民权利，集体福祉和个体平等将会实现。

同样，任一以人类和解为目的的制度，不应该受到哲学上完全的吹捧或是激烈的谴责。在我们的时代，工业社会的所有制度，不论生产工具私有还是公有，都含有社会群体的区别，都没有完全实现无阶级社会或者人人相互尊重的理想。它们以不同的词语追寻着相似的目的。我们得借助于社会学分析，来决定各个制度实现其内在目的究竟是可能还是不可能，有希望还是没有希望。

历史维度赋予诡辩家与哲学家、观念学者与辩证论者之间的对立一层新的含义。但它没有在本质上改变他们的对话。辩证论者如果被允许将一个阵营、政党、政权与历史的终结混淆在一起,才会发生实质性的变化。但是,如果辨证论者造成了这样的混淆,那他就是缺乏辩证的,就如哲人缺乏哲学,如果他将理念的神圣性归于某种制度。历史维度所带来的,是将特殊与普遍的对话投射在时间长河当中。正是在时间当中,在斗争和暴力当中,而不仅仅在一场永恒对话的稳定性中,人们探究着理念,城邦更为完善,其公民过着一种既符合道德又遵循成文法的生活。

这些分析并不意味着历史性冲突没有多大重要性,并不意味着哲人能够或者应该超脱于此。恰恰相反。非常重要的是,政治权力给哲学家思考、批判的权利,不强迫他歌功颂德。我们想要说的是,历史,与理念一样,并没有给哲人美化一种制度而谴责所有其他制度的权利。同样,哲人对于某个制度的谴责参照的是一种形式规范,但这样做的前提是一种对事实和因果联系的判断,它更多地源于社会学而非哲学。赋予单独一个政党无限权力不是,也不会是政治的终极格言,因为它将不属于这个特权小圈子的人排除于城邦之外,剥夺了他们的自由。不过,人们往往根据他们所希望的结果,根据他们所判定的可能性,用历史的(相对的)眼光评判一党制破裂,重建普遍公民权是好是坏。人们对于一党制或者多党制的批判,建立在对制度的比较和客观研究之基础上。哲人作为哲人,只能够说明,这个或那个制度还需要补足什么,才能够圆满达成它们所宣称的目的。

4. 国家的责任

哲人首先要对哲学负责。他越好地服务于哲学与真理,也就是在越好地为城邦服务。当前的形势同样容易在哲人所担当的各种责任之间制造矛盾。

热爱理念或者放眼未来遥远的整体性的哲人,不可以赋予自己共同体的特殊律法以无条件的价值,听信于不思考的人天真地给予他们的、狂热者想要让他们认可的价值。甚至当哲人教导人们遵守人为法的时候,他往往把这种服从建立在一些很容易就被认为是不恭敬的论证之上。苏格拉底被他的敌人们当成是诡辩家,被指控腐蚀传统、减弱了习俗的权威性。

我们能够轻易地想象出缺乏尊重的服从甚至就不会有出路的形势。哲人难道应该在专权横行、在某种意义上法律(它意味着至少在形式上的普遍性)已经消失的时候教导人们服从法律?决定屈服还是反叛本身是不能仅仅用哲学来批判的。在刽子手的门上刻下"最卑劣的野蛮人"(ultimi barbarorum)的哲学家是英勇的。而如果他继续他的沉思默想,孤身一人,对于尘世喧嚣不闻不问,他是不大会背叛的。

当代的哲人之所以觉得自己对于城邦比别人负有更多的责任,是因为各种事件似乎影响着人类的精神命运,是因为人们丧失了对于超验的信仰之后,把公平地组织共同体当作终极目标。同样,他想要在做哲人的同时是一位技师,常倾向于在普遍真理当中创设一些谨慎的建议。它们也许应景,但肯定也易于引发争议。他有时容易将手段与目的、特殊性与整体性相混淆,不能对历史性与普遍性、同一时一刻联系在一起的制度与人们可以设想但不可具体预见的终极社会明辨秋毫。

哲学可以说是手段与目的、相对性与真理的对话。如果它因为支持某个极端而中止对话,它也就否认了它自己。两方具有相互矛盾的连带性,是思考的人的特点。它拒绝牺牲其中任何一方,也就是在忠于自身及忠于其社会责任。

我们还要知道的便是,社会本身是否会容忍从不完全服从的哲人。或者进一步说,既然已经确定了哲人能够且应当对集体担起的责任,我们怎能不探究一下集体想要加诸哲人的那些责任呢?当代最为令人不安的特征之一,实际上就是存在这样一些制度,不满足于大众被动或者冷漠的服从。这些制度想要受所有人,甚至是有十足理由厌恶它们的人所爱戴、敬佩、热爱。在上个世纪,当阿尔萨斯和洛林被德意志帝国兼并,这两省的代表庄严地反对施加于他们身上的暴行。在本世纪,兼并的受害者们歌颂慈悲的行动,99.9%的选民用选票认可暴力。暴君在众人心中越受憎恨,就越会被那些谋害他的人所神化。政治权力要求哲人做的,不再仅仅是服从,而且还要为服从作论证。

有些反射论者断言有效地操纵反射可以清除信仰的等同物。观念学者将会提供一套心智体系,供人们灌输给异端和不信者。哲人本身不可侵犯的部分受到了威胁:他成了一种技术的工具,而他自认为是一切技巧的主人,因为是由他决定技巧价值和目的。

如同在宗教迫害的时代,哲人在沉默或者伪装中寻找避难所。什么也不说却又能够蔑视权力的对策并不总是存在。如果被迫讲话,他会在良心中保留一部分属于他的自由的秘密。他是否会因为言语上向权力妥协而有丧失自己的正直的危险呢?我认为归根结底,精神是暴君鞭长莫及的,即使他装备有科学工具。如果说哲人本质上是寻求真理、抵制束缚的人,那么我们可以说,在这个时代,哲人虽然受到了数倍于以往的威胁,但也从未被完全打败过。

不论他冥想世界或者投身行动,不论他教导人们服从法律还是尊重真实的价值观,不论他激发反叛还是激励坚持不懈的改革努力,哲人通过与他所选择的党派分担风险而非幻觉,同时在城邦内外践履他的地位所要求的职能。当他也有了观念学者的狂热或者怀疑,当他也赞同神学法官的宗教法庭时,他也就不再配得上哲人之名。没有人能够谴责他做当权者的喉舌,如果他只有付出这个代价才能存活的话。在深信某种制度符合历史逻辑的君王之侧充当顾问的哲人,参与到战斗当中,并接受其奴役。但如果他无心探究真理,或者鼓动失去理智的人相信他掌握了终极真理,那么他就否定了他自己,哲人也就不复存在,有的只是技师或者观念学者。掌握充裕的手段但对目的无所知的人们会在历史相对论以及非理性、狂热地支持一项事业之间摇摆不定。

哲人是与自己、与他人对话的人。他这样做为的就是用行动克服这种摇摆不定的状态。这就是他的本分,这就是他对于城邦的责任。

书 目

目 次

告 读 者

出于本书出版需要,我们做了新的书目部分,恢复了 1964 年修订第一版时作者指定的书单。

阿隆一直希望给这本书一种"正在进行当中"的特点。为了保留这一特点,他的文章列表也一如原样。在一般性著作《国家间的和平与战争》(*Paix et guerre entre les nations*, 1962, 2001 年再版)、《思考战争:克劳塞维茨》(*Penser la guerre. Clausewitz*, 1976, 1995 年再版)和《回忆录》(*Mémoires*, 1983, 2010 年新版)的补充下,理论参考书目已经做好。我们也添加了历史哲学方面重要文本的书目。

完整的目录(著作及论文)可见于雷蒙·阿隆基金会所列清单,由伊丽莎白·蒂塔尔特(Élisabeth Dutartre)出版(BNF/EHESS 出版社,2007),也发表在纪念阿隆的网站上,网址为 http://raymond-aron.ehess.fr,"书目"一栏。此网页定期更新。

编者注

作者著作目录

我们这里献给读者的书目与之前出版的有所不同。阿隆著述范围广泛,故而得找出几条脉络:所以我们根据主题对书目进行分类,著作罗列于不同栏目之下。他的著述之繁多,又让我们不得不作出筛选。我们省略了一些作者不愿放入书目的作品,纯粹哲学性的文章以及给日报、周报写的时事评论也不收录。有些论文或研究最后汇集成册的,也不分别列举。

——埃里克·德·丹皮埃尔

1. 历史哲学

Essai sur la théorie de l'histoire dans l'Allemagne contemporaine. La philosophie critique de l'histoire(《论德国当代史学理论:历史的批判哲学》)

Paris, Vrin, 1938; 2ᵉ éd. 1950; nouvelle éd. revue et annotée par Sylvie Mesure, Paris, Julliard, 1987 sous le titre *La philosophie critique de l'histoire*.

Introduction à la philosophie de l'histoire. Essai sur les limites de l'objectivité historique (《历史哲学导论：论历史客观性的限度》)

Paris, Gallimard, 1938; nouvelle éd. revue et annotée par Sylvie Mesure, Paris, Gallimard, 《Bibliothèque des sciences humaines》, 1986.

Dimensions de la conscience historique (《历史意识的维度》)

Paris, Plon, 1961; 2e éd. revue, 1964; rééd. Paris, Julliard, 《Agora 1》, 1985.

Leçons sur l'histoire. Cours du Collège de France (《史学讲义：法兰西公学院课程》)

Paris, éd. de Fallois, 1989 (établissement du texte, présentation et notes par Sylvie Mesure); Paris, Le Livre de poche, 《Références. Histoire》, 2007.

Machiavel et les tyrannies modernes (《马基雅维利与现代暴政》)

Paris, éd. de Fallois, 1993 (texte établi, présenté et annoté par Rémy Freymond); Paris, Le Livre de Poche, 《Biblio essais》, 1995.

Le marxisme de Marx(《马克思的马克思主义》)

Paris, éd. de Fallois, 2002 (préface et notes par Jean-Claude Casanova et Christian Bachelier); Paris, Le Livre de poche, 《Références. Histoire》, 2004.

Penser la liberté, penser la démocratie(《思考自由,思考民主》)

[本书收录了 1936 到 1969 年之间的一些文本]

Paris, Gallimard, 《Quarto》, 2005 (préface de Nicolas Baverez).

Philosophie de l'histoire et sociologie(《历史与社会学哲学》)

Annales sociologiques, série A, fasc. 1(1934), p. 191—200.

《Philosophie de l'histoire》("历史哲学")

In M. Farber, *L'activité philosophique contemporaine en France et aux États-Unis*, t. II, *La philosophie française*, Paris, PUF, 1950, p. 320—340.

De la vérification en histoire(《论史学中的论证》)

Revue internationale de philosophie [Bruxelles], V (1951), p. 367—381.

Note sur Bergson et l'histoire(《有关伯格森和史学的笔记》)
Les études bergsoniennes, IV(1956), p. 43—51.

Idées politiques et vision historique de Tocqueville(《托克维尔的政治思想和历史视野》)
Revue française de science politique, X, 3(1960), p. 509—526. Repris *in Les sociétés modernes*, Paris, PUF, 《Quadrige/Grands textes》, 2006.

《De la vérité historique des philosophies politiques》("论政治哲学的历史真实性")
In Mélanges Alexandre Koyré, I, *L'aventure de l'Esprit*, Paris, Hermann, 1964, p. 12—28. Repris *in Les sociétés modernes*, Paris, PUF,《Quadrige/ Grands textes》, 2006.

Comment l'historien écrit l'épistémologie, à propos du livre de Paul Veyne(历史学家如何书写认识论:评保罗·韦纳近作)
Annales ESC, 26ᵉ année, 6(1971), p. 1319—1354.

《Les trois modes de l'intelligibilité historique》("历史可理解性的三种模式")
In Méthodologie de l'histoire et des sciences humaines. Mélanges en l'honneur de Fernand Braudel, II, *Méthodologie de l'histoire et des*

sciences sociales, Toulouse, Privat, 1973, p. 7—22.

Préface à Arnold Toynbee, *L'histoire*(阿诺德·汤因比的《历史研究》前言)
Paris, Bruxelles, Elsevier Sequoia, 1975, p. 5—9.

Clausewitz et l'État(克劳塞维茨与国家)
Annales ESC, 32ᵉ année, 6(1977), p. 1255—1267.

《Remarques sur l'historisme herméneutique》("对诠释学历史主义的一些评价")
In Culture, science et développement, contribution à une histoire de l'homme. Mélanges en l'honneur de Charles Morazé, Toulouse, Privat, 1979, p. 185—205.

《Quelques remarques sur la compréhension et l'explication》("对理解与解释的一些评价")
In Études en l'honneur de Julien Freund, Revue européenne de sciences sociales et Cahiers Vilfredo Pareto, XIX, 54—55(1981), p. 71—82.

Sur l'histoire(inédit)(论历史)(未发表)
Commentaire, 44(1988), p. 949—954.

2. 普通社会学

La sociologie allemande contemporaine(《当代德国社会学》)

Paris, Alcan, 1935; 2ᵉ éd. revue, 1950; Paris, PUF, 《Quadrige. Grands textes》, 2007 (avec une nouvelle introduction 《R. Aron, l'Allemagne et Max Weber. Une étape de la sociologie française》 par Serge Paugam et Franz Schultheis).

Le développement de la société industrielle et la stratification sociale (《工业社会的发展与社会分层》)

Paris, Centre de documentation universitaire, 《Les cours de Sorbonne》, 1956—1957, 2 vol. Repris *in Dix-huit leçons sur la société industrielle*, Paris, Gallimard, 1962; *ibid*. 《Folio essais》, 1988. Et *in La lutte de classes. Nouvelles leçons sur les sociétés industrielles*, Paris, Gallimard, 《Idées》, 1964; *ibid*., 1981. Repris *in Penser la liberté, penser la démocratie*, Paris, Gallimard, 《Quarto》, 2005.

Sociologie des sociétés industrielles : esquisse d'une théorie des régimes politiques (《工业社会的社会学:政治体制理论探究》)

Paris, Centre de documentation universitaire, 《Les cours de Sorbonne》, 1958. Repris *in Démocratie et totalitarisme*, Paris, Gallimard, 1965; *ibid*., 《Folio essais》, 2007. Repris *in Penser la liberté*, *penser la démocratie*, Paris, Gallimard,《Quarto》, 2005.

Les grandes doctrines de sociologie historique. 1, *Montesquieu, Auguste Comte, Karl Marx, Alexis de Tocqueville, les sociologues et la révolution de 1848* ; 2, *Émile Durkheim, Vilfredo Pareto, Max Weber*(《社会学主要思潮:1.孟德斯鸠,奥古斯特·孔德,卡尔·马克思,亚力克西·德·托克维尔,社会学家与1848年革命;2.埃米尔·涂尔干,维弗雷多·帕累托,韦伯》)

Paris, Centre de documentation universitaire,《Les cours de Sorbonne》, 1961—1962. Repris *in Les Étapes de la pensée sociologique, Montesquieu, Comte, Marx, Tocqueville, Durkheim, Pareto, Weber*, Paris, Gallimard,《Bibliothèque des Sciences Humaines》, 1967; *ibid*.,《Tel》, 2007.

Les sociétés modernes(《现代社会》)
[本卷包含阿隆1934—1985年之间发表的社会学文章]
Paris, PUF,《Quadrige/Grands textes》, 2006 (textes rassemblés et introduits par Serge Paugam).

Note sur l'objet et les divisions de la sociologie et ses rapports avec la philosophie(有关社会学的对象与划分及其与哲学的关系的笔记)

Annales sociologiques, série A, fasc. 1(1934), p. 101—116.

Note: Individus et groupes. Société et communauté(笔记:个人与群体。社会与共同体)

Annales sociologiques, série A, fasc. 1(1934), p. 150—160.

Sociologie systématique et sociologie de la culture(系统社会学与文化社会学)

Annales sociologiques, série A, fasc. 1(1934), p. 230—243.

La sociologie de Pareto(帕累托的社会学)

Zeitschrift für Sozialforschung, VI(1937), p. 489—521.

《Les rapports de la politique et de l'économique dans la doctrine marxiste》("马克思主义理论当中政治与经济的关系")

In R. Aron *et al.*, *Inventaires*, *II*, *L'économique et le politique*, Paris, Félix Alcan, 1937, p. 16—47.

Monnaie et crédit(货币与信贷)

[有关 Charles Rist 的著作, *Histoire des doctrines relatives au crédit et à la monnaie depuis Law jusqu'à nos jours*.] *Thalès*, IV (1937), p. 235—253.

《La sociologie》("社会学")

In R. Aron *et al*., *Les sciences sociales en France : enseignement et recherche*, Paris, Hartmann, 1937, p. 13—48.

Note sur la sociologie de la culture(文化社会学笔记)
Annales sociologiques, série A, fasc. 3(1938), p. 76—83.

Remarques sur l'objectivité des sciences sociales(对社会科学客观性的看法)
Theoria[Gothenburg], V(1939), p. 161—194.

Les limites de la théorie économique classique(古典经济学理论的局限)
[有关 Jacques Rueff, *L'ordre social* ; Jean Lescure, *Étude sociale comparée des régimes de liberté et des régimes autoritaires*.] *Critique*, IV(1946), p. 510—519.

Introduction à l'étude des partis politiques(政党研究导论)
In F. N. S. P., Association française de science politique, *Journées d'études des 26—27 novembre 1949, consacrées aux partis politiques, au vocabulaire politique, au rôle des croyances économiques dans la vie politique*, p. 9—23.

《La science politique en France》("法国的政治科学")

In La science politique contemporaine, contribution à la recherche, la méthode et l'enseignement, Paris, Unesco, 1950, p. 52—68.

Social structure and the ruling class(社会结构与统治阶级)
British journal of Sociology, I, 1 (1950), p. 1—16 et I, 2 (1950), p. 126—143. Repris en français *in Les sociétés modernes*, Paris, PUF,《Quadrige/Grands textes》, 2006.

Note sur la stratification des pouvoirs(有关权力分层的笔记)
Revue française de science politique, IV, 3(1954), p. 469—483.

《The concepts of "class truth" and "national truth" in the social sciences》(社会科学中"阶级真理"与"民族真理"的概念)
In Science and Freedom, Londres, Seecker and Warburg, 1955, p. 156—170.

La signification politique de la radio-télévision dans le monde présent(广播电视在当前世界的政治意义)
Cahiers d'études de radio-télévision, n° 15(1956), p. 227—244.

《Remarques sur les particularités de l'évolution sociale en France》("有关法国社会演进特殊性的看法")

In Transactions of the Third World Congress of Sociology, Amsterdam, 22—29 août 1956, General Theme: Problems of Social Change in the 20th Century, t. III: *Changes in Class Structure*, Londres, International Sociological Association, 1956, p. 42—53.

De la corruption desrégimes politiques(论政治体制的腐败)
Le contrat social, II, 6(1958), p. 319—325.

Note sur le pouvoir économique(有关经济权力的笔记)
Revue économique[Paris], 6(1958), p. 849—858.

Préface à Max Weber, *Le savant et le politique*(马克思·韦伯《学术与政治》前言)
Paris, Plon, 1959, p. 9—57.

La société américaine et sa sociologie(美国社会及其社会学)
Cahiers internationaux de sociologie, 6ᵉ année, 26 (1959), p. 55—80.

《Société moderne et sociologie》(现代社会与社会学)
In Transactions of the Fourth World Congress of Sociology, Thème général, 《Society and Sociological Knowledge》, t. 1, *Sociology in its Social Context*, Londres, International Sociological Asso-

ciation,1959,p. 1—19. Repris *in Les sociétés modernes*, Paris, PUF, 《Quadrige/Grands textes》,2006.

Science et conscience de la société(科学与社会良心)
Archives européennes de sociologie, I(1960), p. 1—30. Repris *in Les sociétés modernes*, Paris, PUF,《Quadrige/Grands textes》,2006.

Les sociologues et les institutions représentatives(社会学家与代议制)
Archives européennes de sociologie, I(1960), p. 142—157. Repris *in Les sociétés modernes*, Paris, PUF, 《Quadrige/Grands textes》,2006.

Sociologie allemande sans idéologie ? (没有意识形态的德国社会学)
Archives européennes de sociologie, I(1960), p. 170—175.

Les Juifs(犹太人)
Réalités, n° 176, septembre 1960, p. 80—83 et p. 92—100.

La définition libérale de la liberté(自由主义对自由的定义)
Archives européennes de sociologie, II, 2(1961), p. 199—218. Repris *in Les sociétés modernes*, Paris, PUF, 《Quadrige/Grands

textes》,2006.

Les Juifs et l'État d'Israël(犹太人与以色列国)
Le Figaro littéraire, 24 février 1962. Postscriptum, *ibid*., 17 mars 1962.

Quelques problèmes des universités françaises(有关法国大学的若干问题)
Archives européennes de sociologie, III(1962), p. 102—122.

La théorie du développement et les problèmes idéologiques de notre temps(当代发展理论与意识形态问题)
Preuves, 146(avril 1963), p. 3—20. Repris *in Les sociétés modernes*, Paris, PUF,《Quadrige/Grands textes》,2006.

Développement, rationalité et raison(发展、合理性与理性)
Preuves, 149(juillet 1963), p. 3—22.

3. 国际关系理论

《De la guerre, armes atomiques et diplomatie planétaire》("论战争、核武器与全球外交")
In Espoir et peur du siècle. Essais non partisans. Paris, Calmann-

Lévy, 1957, p. 239—364.

La société industrielle et la guerre, suivi d'un *Tableau de la diplomatie mondiale en 1958*(工业社会与战争,附 1958 年全球外交表)
Paris, Plon, 1959; 2ᵉ éd. révisée 1959. Repris *in Les sociétés modernes*, Paris, PUF,《Quadrige/Grands textes》, 2006.

Paix et guerre entre les nations(国家间的和平与战争)
Paris, Calmann-Lévy, 1962; *ibid*., 1984 (avec une présentation inédite de l'auteur); *ibid*., 2001.

Le grand débat(大辩论)
Paris, Calmann-Lévy, 1963.

De la paix sans victoire. Note sur les relations de la stratégie et de la politique(论没有胜利的战争:有关战略与政治之关系的笔记)
Revue française de science politique, I, 3 (1951), p. 241—255. Repris *in Les sociétés modernes*, Paris, PUF,《Quadrige/Grands textes》, 2006.

En quête d'une philosophie de la politique étrangère(外国政治哲学探究)

Revue française de science politique, III, 1(1953), p. 69—91.

De l'analyse des constellations diplomatiques(论外交形势分析)

Revue française de science politique, IV, 2(1954), p. 237—251. Repris *in Les sociétés modernes*, Paris, PUF, 《Quadrige/Grands textes》, 2006.

Limits to the powers of the United Nations(联合国权力的限度)

The Annals of the American Academy of Political and Social Science, 296(1954), p. 20—26.

Europe and air power(欧洲与空中力量)

The Annals of the American Academy of Political and Social Science, 299(1955), p. 95—101.

《Les tensions et les guerres du point de vue de la sociologie historique》("从历史社会学角度看紧张与战争")

In De la nature des conflits, étude préparée pour l'UNESCO, Paris, éd. De l'UNESCO, 1957, p. 201—226. Repris *in Les sociétés modernes*, Paris, PUF, 《Quadrige/Grands textes》, 2006.

4. 意识形态批判

L'homme contre les tyrans(人对抗暴君)
[本书收录作者 1940 到 1943 年在《自由法国》发表的文章]
New York, éd. de la Maison française, 1944; Paris, Gallimard 1946. Repris *in Chroniques de guerre. La France libre* 1940—1945, Paris, Gallimard, 1990 (ed. revue et annotée par Christian Bachelier) et *in Penser la liberté, penser la démocratie*, Paris, Gallimard, 《Quarto》, 2005.

Polémiques(《争论集》)
[本书包含 1949 到 1954 年的文章]
Paris, Gallimard, 《Les Essais LXXXI》, 1955.

L'opium des intellectuels(《知识分子的鸦片》)
Paris, Calmann-Lévy, 《Liberté de l'esprit》, 1955; 2ᵉ éd. augmentée Paris, Gallimard, 《Idées》, 1968; Paris, Hachette 《Pluriel》, 2010 (avec une introduction de Nicolas Baverez).

《De la droite. Le conservatisme dans les sociétés industrielles.》("论右派:工业社会中的保守主义")
In Espoir et peur du siècle. Essais non partisans. Paris, Calmann-

Lévy, 1957, p. 11—121.

De l'objection de conscience(论否定良心)
Revue de métaphysique et de morale, XLI(1934), p. 133—145. Repris *in Les sociétés modernes*, Paris, PUF, 《Quadrige/Grands textes》, 2006.

Note sur l'histoire des idées et l'idéologie(思想史与意识形态史笔记)
Annales sociologiques, série A, fasc. 2(1936), p. 129—140.

L'idéologie(意识形态)
Recherches philosophiques[Paris], VI(1937), p. 65—84.

《Remarques sur les rapports entre existentialisme et marxisme》("有关存在主义与马克思主义之间关系的看法")
In R. Aron *et al.*, *L'homme, le monde, l'histoire*, Paris, Arthaud,《Cahiers du Collège philosophique》, 1948, p. 165—195.

《L'éditorialiste》("社论作者")
In FNSP, *Problèmes et techniques de la presse*, Paris, éd. Domat-Montchrestien, 1948, p. 65—83.

Réponse à Jean-Paul Sartre(答复让-保罗·萨特)

Liberté de l'esprit, 5 (juin 1949), p. 101—103; 6 (juillet 1949), p. 137—141.

Du préjugé favorable à l'égard de l'Union soviétique(论亲苏联的偏见)

Liberté de l'esprit, 24(octobre 1951), p. 225—230.

Préface à André Thérive, *Essais sur les trahisons*(安德烈·特里夫《论背叛》的前言)

Paris, Calmann-Lévy,《Liberté de l'esprit》, 1951, p. VII-XXXII.

Ouvriers, prolétaires et intellectuels(工人、无产者与知识分子)

Diogène, n° 10(1955), p. 38—56. Repris *in Les sociétés modernes*, Paris, PUF,《Quadrige/Grands textes》, 2006.

Die Intellektuellen und der Totalitarismus(知识分子与极权主义)

In Albert Hunold(Hrsg.), *Die freie Welt im kalten Krieg*, Zürich, Eugen Rentsch, 1955, p. 31—53. Traduit en français sous le titre《Les intellectuels français et l'utopie》*in Preuves*, 50(avril

1955),p.5—14.

Aventures et mésaventures de la dialectique(辩证法的幸与不幸)
Preuves,59(janvier 1956),p.3—20.

Le fanatisme,la prudence et la foi(狂热、谨慎与信仰)
Preuves,63(mai 1956),p.8—22.

Coexistence:the end of ideology(共存:意识形态的终结)
Partisan Review,XXV(1958),p.230—240.

《La société industrielle et les dialogues politiques de l'Occident》("西方工业社会与政治对话")
In R. Aron *et al*., *Colloques de Rheinfelden*, Paris, Calmann-Lévy,《Liberté de l'Esprit》,1960,p.9—38,75—89 *et passim*.

Journaliste et professeur(记者与教授)
Revue de l'université de Bruxelles,3(1960),p.1—20.

Réflexions sur l'idée socialiste(en hommage à Ernest Reuter)(反思社会主义理念)
Preuves,155(janvier 1964),p.3—15.

5. 法国政治

De l'armistice à l'insurrection nationale(从停火到国民起义)

[本书收录了 1940—1944 年发表在《自由法国》上的文章]

Paris, Gallimard,《Problèmes et documents》, 1945. Repris *in Chroniques de guerre. La France libre* 1940—1945, Paris, Gallimard, 1990.

L'âge des empires et l'avenir de la France(帝国的时代与法国的未来)

[本书包含 1943—1945 年发表在《自由法国》上的文章]

Paris, Défense de la France, 1945. Repris *in Chroniques de guerre. La France libre* 1940—1945, Paris, Gallimard, 1990.

《De la décadence. L'autocritique française il y a un siècle et aujourd'hui.》("论衰败:一个世纪前与今天法国的自我批评")

In Espoir et peur du siècle. Essais non partisans. Paris, Calmann-Lévy, 1957, p. 123—237.

La tragédie algérienne(《阿尔及利亚的悲剧》)

Paris, Plon,《Tribune libre》, 1957. Repris *in Penser la liberté, penser la démocratie*, Paris, Gallimard, 《Quarto》, 2005.

L'Algérie et la République(《阿尔及利亚与共和国》)
Paris, Plon, 《Tribune libre》, 1958.

Immuable et changeante. De la IVe à la Ve République(《不变与变:论第四共和国向第五共和国的过渡》)
Paris, Calmann-Lévy, 《Liberté de l'esprit》, 1959.

France, The New Republic(《法国,新共和国》)
Londres, Stevens, [1960]; New York, Oceana Publications, 1960.

Réflexions sur les problèmes économiques français(法国经济问题反思)
Revue de métaphysique et de morale, XLIV, 4 (1937), p. 793—822.

Reflections on the Foreign Policy of France(法国外交政策反思)
International Affairs, XXI(octobre 1945), p. 437—447.

Les désillusions de la liberté(自由的幻灭)

Les Temps modernes, 1^(re) année, 1(1945), p. 76—105.

Après l'événement, avant l'histoire(事件之后,历史之前)
Les Temps modernes, 1^(re) année, 1(1945), p. 153—162.

La chance du socialisme(社会主义的机会)
Les Temps modernes, 1^(re) année, 2(1945), p. 227—247.

Une Constitution provisoire(临时宪法)
Les Temps modernes, 1^(re) année, 9(1946), p. 1627—1641.

Méditation sur la défaite(沉思战败)
[有关 Marc Bloch, *L'étrange défaite*.] *Critique*, 12(1947), p. 439—447.

French public opinion and the Atlantic Treaty(法国公共舆论与大西洋公约)
International Affairs, XXVIII, 1(1952), p. 1—8.

Réflexions sur la politique et la science politique française(反思法国政治与政治科学)
Revue française de science politique, V, 1(1955), p. 5—20. Repris *in Les sociétés modernes*, Paris, PUF, 《Quadrige/Grands

textes》,2006.

Électeurs, partis, élus(选民、政党与代表)
Revue française de science politique, V, 2(1955), p. 245—266. Repris *in Les sociétés modernes*, Paris, PUF, 《Quadrige/Grands textes》, 2006.

La Ve République ou l'Empire parlementaire(第五共和国,抑或议会制帝国)
Preuves, 93(novembre 1958), p. 3—11.

Charles de Gaulle et la chambre introuvable(夏尔·戴高乐与找不到的议会)
Preuves, 95(janvier 1959), p. 3—12.

Démission des Français ou rénovation de la France ? (法国人的辞呈,抑或法国的革新)
Preuves, 96(février 1959), p. 3—13.

La Ve République choisit la rigueur monétaire(第五共和国选择稳健货币)
Preuves, 99(mai 1959), p. 3—12.

Un an après, Charles de Gaulle entre les libéraux et les ultras (一年之后,处于自由主义和极端主义者之间的夏尔·戴高乐)

Preuves, 100(juin 1959), p. 5—13.

La démocratie a-t-elle un avenir en France? (民主在法国有未来吗?)

Preuves, 101(juillet 1959), p. 16—24.

De la politique de grandeur(论伟大政治)

Preuves, 105(novembre 1959), p. 3—12.

L'Occident avant la conférence au sommet(峰会会议前的西方)

Preuves, 106(décembre 1959), p. 3—13.

Un seul homme, un homme seul(一个人,孤独的人)

Preuves, 109(mars 1960), p. 3—12.

La pente(斜坡)

Preuves, 111(mai 1960), p. 3—13.

De la trahison(论背叛)

Preuves, 116(octobre 1960), p. 3—15.

La présomption(推测)

Preuves, 117(novembre 1960), p. 3—10.

L'heure de vérité(真相时刻)

Preuves, 119(janvier 1961), p. 3—7.

Adieu au gaullisme(再见高卢主义)

Preuves, 128(octobre 1961), p. 3—16.

6. 国际形势

Le grand schisme(《大分裂》)

Paris, Gallimard, 1948.

Les guerres en chaîne(《一系列的战争》)

Paris, Gallimard, 1951.

La querelle de la CED (publié en collaboration avec Daniel Lerner)(《CED 的争执》)

Paris, A. Colin, 《Cahiers de la FNSP》, 1956, p. 1—22 et p. 205—216.

Diversity of worlds. France and the United States look at their Common Problems (en collaboration avec August Heckscher)(《多样的世界:法国与美国看他们共同的问题》)

New York, Reynal and co. ,1957, p. 1—74 et p. 149—157.

Imperialism and Colonialism, *Seventeenth Montague Lecture on International Relations*(《帝国主义与殖民主义,第十七届蒙塔格国际关系演讲》)

The University of Leeds, conférence prononcée le 6 mars. Leeds, Jowett and Sowry,《Burton Lectures》,1959.

《L'Allemagne. Une révolution antiprolétarienne: idéologie et réalité du national-socialisme》("德国——反无产者革命:民族—社会主义的意识形态与现实")

In élie Halévy *et al*. , *Inventaires* , *I* , *La crise sociale et les idéologies nationales* , Paris, Félix Alcan,1936, p. 24—55.

L'ère des tyrannies(暴政的时代)

Revue de métaphysique et de morale, XLVI (1939), p. 283—307.

États démocratiques et états totalitaires(民族国家与极权国家)

Bulletin de la Société française de philosophie [séance du 17 juin 1939],2(1946), p. 41—92. Repris *in Penser la liberté, penser la démocratie*, Paris, Gallimard, 《Quarto》, 2005.

Discours à des étudiants allemands sur l'avenir de l'Europe(对德国学生所作有关欧洲未来的演说)
La table ronde, 1, 1948, p. 63—86.

Le pacte atlantique(大西洋公约)
Liberté de l'esprit, 3(avril 1949), p. 52—54.

《Démocraties au XXe siècle》("20 世纪的民主")
In Encyclopédie politique de la France et du monde, t. I, *La France et l'Union française*, Paris, éd. de l'Encyclopédie coloniale et maritime, 1950, p. 159—174.

The Atomic Bomb and Europe(原子弹与欧洲)
Bulletin of the Atomic Scientists, VI(1950), p. 110—114 et p. 125—126.

Réflexions sur la guerre possible(思考可能之战争)
Liberté de l'esprit, 26(décembre 1951), p. 225—230; 27(janvier 1952), p. 15—18.

En quête d'une stratégie(战略探究)

Liberté de l'esprit, 29(mars 1952), p. 65—70; 30(avril 1952), p. 111—116.

Discours aux étudiants allemands(对德国学生的演说)

Preuves, 18—19(août 1952), p. 3—9.

Préface à George F. Kennan, *La diplomatie américaine*(乔治·凯南《美国外交》前言)

Paris, Calmann-Lévy, 《 Liberté de l'esprit 》, 1952, p. VII-XLV.

Postface à James Burnham, *Contenir ou libérer*(詹姆士·伯恩汉姆《抑制或释放》后记)

Paris, Calmann-Lévy, 《 Liberté de l'esprit 》, 1953, p. 275—323.

Nationale Gesundung und Integration(复国与统一)

Der Monat, 54(1953), p. 579—592.

Après Staline(斯大林之后)

Liberté de l'esprit, 41(juin-juillet 1953), p. 129—134.

Risques et chances d'une économie dominante(主导经济的风险与机遇)

Preuves, 29(juillet 1953), p. 5—17.

La Russie après Staline(斯大林之后的俄国)

Preuves, 32(octobre 1953), p. 5—13.

L'essence du totalitarisme(极权主义的实质)

[à propos de Hannah Arendt, *The Origins of Totalitarianism*; Léon Poliakov, *Bréviaire de la haine*; Crane Brinton, *The Anatomy of Revolution*; A. Weissberg, *L'accusé*; F. Beck and W. Godin, *Russian Purge and the Extraction of Confession*.] *Critique*, 80(janvier 1954), p. 51—70.

L'avenir du Japon(日本的未来)

Preuves, 36(février 1954), p. 33—43.

La révolte asiatique connaît-elle ses limites ? (亚洲的叛乱知道自己的极限吗?)

Preuves, 37(mars 1954), p. 44—54.

L'Asie entre Marx et Malthus: le mirage de la méthode

soviétique d'industrialisation(马克思与马尔萨斯之间的亚洲:苏联式工业化的幻影)

Preuves, 39(mai 1954), p. 21—32.

La rencontre de l'Asie et de l'Occident: la revanche militaire de l'Asie(亚洲与西方的际遇:亚洲的军事复仇)

Preuves, 41(juillet 1954), p. 8—19.

Postface(Dialogue entre R. Aron et l'auteur)à Crane Brinton, *Visite aux Européens*(克兰·布林顿《拜访欧洲人》后记)

Paris, Calmann-Lévy, 《 Liberté de l'Esprit 》, 1955, p. 121—209.

A half-century of limited war(有限战争的半个世纪)
Bulletin of the Atomic Scientists, XII, 4(1956), p. 99—104.

《L'Union française et l'Europe》("法兰西联盟与欧洲")
In R. Aron *et al.*, *L'unification économique de l'Europe*, Neuchatel, éd. de la Baconnière, 1957, p. 10—33.

À propos de l'unité économique de l'Europe(有关欧洲经济一体化)

Mitteilungen der List Gesellschaft E. V., 11—12 (1957),

p. 266—284. Suez et Budapest. *Preuves*, 71(janvier 1957), p. 8—15.

La société soviétique et l'avenir de la liberté(苏联社会与自由之未来)

Preuves, 80(octobre 1957), p. 33—40.

Une révolution antitotalitaire(一场反极权革命)

Supplément de Preuves, 82(décembre 1957), p. III-XIII.

État et perspectives de l'unité européenne(国家与欧洲统一体的视角)

Bulletin 1958 de l'Association des anciens élèves et élèves de la rue Saint-Guillaume, p. 82—96.

《The Columnist as Teacher and Historian》("作为教师与历史学家的专栏作者")

In Marquis Childs and James Reston eds, *Walter Lippman and his Time*, New York, Harcourt, Brace, 1959, p. 111—125.

Conséquences économiques de l'évolution politique en Afrique noire(黑非洲政治演进的经济后果)

Revue française de science politique, IX, 3(1959), p. 610—628.

人名索引

Abdullah ibn Hussein [roi de Jordanie] 阿卜杜拉·伊本·胡赛因(约旦国王),202

Alcibiade 亚西比德,140,147,148

Annibal 汉尼拔,42

Aristote 亚里士多德,37,95,142,156,259,260

Atatürk [Mustapha Kemal *dit*] 凯末尔·阿塔蒂尔克,219

Augustin(saint) (圣)奥古斯丁,34,50

Bainville(Jacques) 班维尔(雅克),123,243

Bao Daï [empereur d'Annam] 保大(安南皇帝),200

Ben Arafa [sultan du Maroc] 本·阿拉法(摩洛哥苏丹),207

Benès(Édouard) 贝奈斯(爱德华),172,175

Bergson(Henri) 伯格森(亨利),126

Bethmann-Hollweg(Theobald von) 贝特曼-霍尔维格(西奥巴德·冯),74

Bismarck 俾斯麦,171

Bossuet 博絮埃,230,253

Boukharine 布加林,86

Bourguiba(Habib) 哈比卜·布尔吉巴,219

Brasidas 伯拉西达,157

Burckhardt(Jacob) 布克哈特(雅各布),75,230

Camus(Albert) 加缪(阿尔伯特),74

Charles Ier[empereur d'Autriche-Hongrie], 查理一世(奥匈帝国皇帝)175

César 恺撒,71,76,77

Cézanne(Paul) 塞尚(保罗),120

Churchill(sir Winston) 丘吉尔(温士顿勋爵),143,153,159,237

Clark(Colin) 克拉克(科林),238,245

Clausewitz(Carl von) 克劳塞维茨(卡尔·冯),140

Clemenceau(Georges) 克雷孟梭(乔治),152

Cléon 克里昂,140,148

Comte(Auguste) 孔德(奥古斯特),231—237,245,247,249

Condorcet 孔多塞,57

Cripps(sir Stafford) 塔福德·克里普斯勋爵,198

Delacroix(Eugène) 德拉克罗瓦(欧仁),120

Delbrück(Hans) 德尔布吕克(汉斯),114

Démosthène 德谟斯提尼,136,137

Dilthey(Wilhelm) 狄尔泰(威廉),35,97

Einstein(Albert) 爱因斯坦(阿尔伯特),37,69

Farouk [roi d'Egypte] 法鲁克(埃及国王),203

Fayçal [roi d'Irak] 费萨尔(伊拉克国王),202

Febvre(Lucien)　吕西安·费弗尔,113

Foch [maréchal]　福煦(元帅),152

Gaxotte(Pierre)　皮埃尔·加克索特,114

Gide(André)　纪德(安德烈),80

Glubb Pacha [général]　格鲁伯·帕沙(将军),204

Guillaume II [empereur d'Allemagne]　威廉二世(德国皇帝),74, 171,177,178

Guizot(François)　基佐(弗朗索瓦),116

Hegel(Georg Wilhelm Friedrich)　黑格尔(格奥尔格·威廉·弗里德里希),45,164,230,253,255

Hérodote　希罗多德,112

Hitler　希特勒,71, 84, 159, 178—180, 183, 202, 237, 242—244,262

Hô Chi Minh　胡志明,200

Hume(David)　休谟(大卫),140

Hussein ben Ali [émir du Hedjaz]　胡赛因·本·阿里(希贾兹酋长),202

Husserl(Edmund)　胡塞尔(埃德蒙德),97

Jésus-Christ　耶稣基督,56,154

Jinnah(Mohammed Ali)　吉纳(穆罕默德·阿里),215

Juin [maréchal]　茹安(元帅),207

Kant(Emmanuel)　康德(伊曼努尔),144

Kerensky(Alexandre)　克伦斯基(亚历山大),246

Konoye [prince]　近卫文麿(亲王),188

Khrouchtchev(Nikita)　赫鲁晓夫(尼基塔),77

Leclerc [général]　勒克莱克(将军),200

Lefebvre(Georges)　勒费弗尔(乔治),114

Lénine　列宁,76,77,86,87,150,159,166—168,239,246

Lloyd George(David)　劳合·乔治(大卫),152

Louis XIV　路易十四,117,177,221

Louis XV　路易十五,117

Louis-Philippe　路易-菲利普,116,119,120

Ludendorff [général]　鲁登道夫(将军),152

MacArthur [général]　麦克阿瑟(将军),191

Machiavel　马基雅维利,123,225

Mackinder　麦金德,223

Mahan　马汉,171,177

Mao Tsé-toung　毛泽东,164,189,228

Marx(Karl)　马克思(卡尔),60,61,76,92,98,121,123,164,230,231,234—236,238,254,261,266

Masaryk(Thomas Garrigue)　马萨里克(托马斯·加里格),172,175

Matisse(Henri)　马蒂斯(亨利),120

Meinecke　迈内克,47,121

Mendès France(Pierre)　孟戴斯·弗朗斯(皮埃尔),207

Merleau-Ponty(Maurice)　梅洛-庞蒂(莫里斯),61,62

Mohammed V [sultan du Maroc]　穆罕默德五世(摩洛哥苏丹),207

Morazé(Charles)　莫拉泽(夏尔),115

Napoléon　拿破仑,86,87,177,221,222,232

Nasser(Gamal Abdul) 纳赛尔(贾马尔·阿卜杜),203,204

Nehru(Jawaharlal) 贾瓦哈拉尔·尼赫鲁,164,198,215

Nicias 尼西阿斯,129,135,136,146—149,154,157,238

Nietzsche(Friedrich) 尼采(弗里德里希),35,36,95,104,111,128

Oppenheimer(J. Robert) 奥本海默(J.罗伯特),237

Pannikar [sardar] 潘尼卡尔(司令),199

Périclès 伯利克里,77,111,129,130,134,135,139,140,148,157

Perry [commandant] 佩里(司令官),184,185

Pétain [maréchal] 贝当(元帅),180,202

Phidias 菲迪亚斯,96,111

Philippe II [roi d'Espagne] 菲利普二世(西班牙国王),221

Platon 柏拉图,54,95,259,260

Ranke(Leopold von) 兰克(利奥波德·冯),34,121,169

Rathenau(Walter) 拉特瑙(沃尔特),174

Renan(Ernest) 勒南(欧内斯特),193,194

Rickert 李凯尔特,35,38

Romilly(Jacqueline de) 罗米伊(雅克琳娜·德),128

Romulus 罗慕路斯,122

Roosevelt(Franklin) 罗斯福(富兰克林),78,183

Saint-Simon [Claude Henri de Rouvray, comte de] 圣西蒙(克劳德·亨利·德·鲁弗鲁瓦,伯爵),231,232

Saoud(Abdul-Aziz ibn) 沙特(阿卜杜-阿奇兹·伊本),202,205

Sartre(Jean-Paul) 萨特(让-保罗),62

Schuman(Robert) 舒曼(罗伯特),206

Simmel 齐美尔,35

Socrate 苏格拉底,259,260,268

Sorokin 索罗金,99

Spengler(Oswald) 斯宾格勒(奥斯瓦尔德),34,45—48,74,76,93,99,121,157,223,254

Staline 斯大林,62,69,79,86,87,122,145,159,180

Tchang Kaï-chek 蒋介石,187,200,217

Thibaudet(Albert) 蒂博代(阿尔贝尔),153,169,238

Thomas(Albert) 托马斯(阿尔贝尔),174

Thucydide 修昔底德,54,56,63,64,127—143,146—153,155—159,164,230,238,241,242

Tite-Live 提图斯-李维,123

Tocqueville(Alexis de) 托克维尔(阿历克西·德),164,231,236

Tojo [général] 东条英机(将军),188

Toynbee(Arnold) 汤因比(阿诺德),34,47,64,74,76,90,93,94,99,100,121,153,157,158,184,220,223,230,238

Trotski 托洛茨基,86,87

Valéry(Paul) 瓦莱里(保罗),103,104

Vlassov [général] 弗拉索夫(将军),180

Voltaire 伏尔泰,255

Weber(Max) 韦伯(马克思),35,37—39,133,134,146,147,149,222

Weil(Simone) 韦伊(西蒙娜),60

主题索引

吕西安·马勒松作

Abondance 充裕,60,125,238

Accélération de l'histoire 历史加速,237

Accident 偶然,146

Acte 行动,42,82,115,128—130,136,144

Acteur 行动者,37,42—44,55,56,58,73—77,79,82,88,93,95,114,117,118,135—139,143,146—148,151,155,158,230,241

Analyse 分析,71

Art 艺术,96,144

Capitalisme 资本主义,49,61,76—77,92,98,100,119,167,212,206,235—236,239,249—250,266

Cause *ou* causalité 原因或因果关系,38,58,75,81—87,90—96,100,106,114,116,127—129,133,142,143,147,149,156,171,177,183,196,204,206,216,226,241,252

Centre d'intérêt 利益中心,37

Chronique *ou* chroniqueurs 编年史或编年史家,72

Civilisations 文明,35,45—50,54,64,74,75,94,105,110,111,125,133,143,155,158,164,184,186,194,205,210,211,215,220—224,228,254,255,258,261

Classes 阶级, lutte des— 斗争,49,60,108,235; sociétés sans 无—社会,56,57,60—62,262,267

Colonies *ou* colonialisme 殖民地或殖民主义,167,168,170,174,175,182,188,196

Comparative(méthode) 比较(方法),153

Compréhension *ou* comprendre 理解,39,40,47,48,64,69,70,73—80,90,105,115,121,122,126,142,215

Cultures 文化,45—48,76,93,99,100,108,118,121,125,126,158,165,166,170,172,201,212,213,216

Cycles 周期,91,95,97,98,121,123,220s

Démocratie 民主,124,133—134,140,148,189,198,262,264—265

Démographie 人口学,111

Destin 命运,149,245

Déterminisme 决定论,56,58,64,76,81,88,129,139,266

Développement 发展,57

Devenir 未来,33,36,41,44—49,57,58,74,104—108,114—117,121—124,129,144,153,157,223,235,238,245,254,262,268

Dialectique 辩证法,35,38,49,57,88,105,109,131,132,238,266,267

Dictature du prolétariat 无产阶级专政,235,236

Documents 文献,70,112,113

Économie 经济,76,92,99,115,124,127,143—145,159,167,168,226—228,239,240,247—249,253,265

Église 教会,215

Empires 帝国,165,166,193,196,197,208,209,223,224,226,236,256

Ensemble 政体,41,43—45,48,73,75,76,89,91,94,118,119,121,143

Esclavage 奴隶制,234

État 国家,100,118,123—126,153—156,159,164—168,171,173,176,184,192,210—215,225—228,239—241,250,265

éternelles(vérités *ou* idées) 永恒(真理或理念),263

événement 事件,142—144,146—151,153,155—158,235

Existentialisme 存在主义,61

Explication 解释,81—88

Extrapolation 推断,95

Fait brut 未经加工的事实,71—72

Fin 终结,42,55—56,64,266—269

Générales(propositions) 普遍(命题),137,138,153

Guérilla 游击,195,199,206

Guerre 战争,127,131—134,136—144,147—159,163—165,169—174,176—189,219—224,226,228,232—234,236,241—246;rôle de la—dans le devenir des sociétés, 在社会未来当中的角色,114

Histoire monumentale 宏大历史,36,111;-universelle 普世,41s,221,229s;sens de l' 历史感一,*voir* sens 见感觉;loi de l'—历史法则,

voir loi 见法则

Impérialisme 帝国主义,166—168,183,216,218—219,239,247,250

Industrie 工业,50,98,159,168,225,231,239,240,245,247,248,253

Industrielle(société) 工业社会,60,101,106,125,159,187,210,212,231—236,238—239,243—245,249,250,252,260

Intelligibilité *ou* intelligible 可理解性,39,42,54,55,61,71,72,77,80,88,90,94,117,118,134—140,150

Intention 意图,42,81—83,114,122s,139,149,151,173,183

Interprétation 解释,71,72,80,81,107,122s,142,145,226,227;-et démonstration 与证明,116

Irrationnel 非理智,139

Leçons de l'histoire 历史教训,123,128

Légende 传说,34

Loi 法则,131,132,159,201,209,215,258—260,263,267,268,270;-de la nature 自然法则,37,63,71,96,104,152,155,167,185,198,238—241,244—246,249;-de l'histoire 历史法则,51,61,62,104,106,107,125,134,135,146,262

Marxisme 马克思主义,46,49,50,57,58,60,61,76,92,97—99,106—108,120—123,164,226,227,231,234—236,246,252,254,266

Monument 古迹,70

Moyens 手段,42,268

Mythe 神话,34

Nation 民族,165—169,184,211,214,227,228

Nationalité ou nationalisme　民族性或民族主义,150,165—167,169,171,172,175—177,179,181,185,193,196,201,202,208s

National-socialisme　民族—社会主义,179,180,187,203,211,244

Nécessité　必然性,137,138,148,149,237—239

Objectif(esprit)　客观(精神),120

Ordre nouveau　新秩序,179—180,183

Personnage　人物,74,77,81,148

Philosophe　哲人,dans l'histoire　历史上的,257s;le devoir d'état du　国家责任—,268s

Politique　政治,130,131,133,154,159,248,259,267

Preuve　证据,80

Prévision　预见,59,138

Progrès　进步,47,51,57,58,95—98,104,105,123,125,205,235,237—238,245,246,254,265

Prolétariat　无产阶级,61;dictature du　专政—,235

Propriété privée　私有财产权,235,265

Protectorat　保护国,168

Psychanalyse　心理分析,78,80

Race *ou* racisme　种族或种族主义,165,179

Reconstitution　重构,34,39,43,75,78,111,141

Records　记录,70

Régime　体制,95—96,119—121,133,141—142,148,178—180,235—236,259,262,265—270

Relativisme　相对主义,38—40,262—263,265,269—270

Remains　遗存,70

Schéma, schème de changement 图示,变化图示,73,95—100

Science 科学,37,96,144

Science de la nature 自然科学,33,35,104,264;—Mathématique 数学,96,106;-sociale 社会科学,70,72,109—111,119

Sens de l'histoire 历史感,53s,96,97,101,266

Signification 意义,36,40,43,49,54,90—91,95—96,107,109,129,153,163,169,183

Singulier 独特的事件,37

Socialisme 社会主义,50,54,58—59,61—63,77,85,98,100,182,213,234,252,265

Sous-développés(pays dits) 欠发达(国家),217,251

Spectateurs 观察者,观众,37,43

Synthèse 综合,71

Système de référence *ou* de valeur 参照或价值体系,38,39,42,46,79,96,100,110,230,269;-historique 历史的,111,120,137,154,155,157,158,169s,210,228,239,241,249,251

Technique 技术的,97,145,227,258s

Témoignage 证据,70

Unité historique 历史统一性,45,73,74,80,89—91,95,98,100,116s

Universel *ou* universalité 普世或普世性,38,39,49,50,105,159,223,228,229,255,259,264—269

Valeurs 价值观,36,40,46,99,101

Vraisemblance 逼真性,139,148

"轻与重"文丛（已出）

01 脆弱的幸福　　　　［法］茨维坦·托多罗夫 著　　孙伟红 译
02 启蒙的精神　　　　［法］茨维坦·托多罗夫 著　　马利红 译
03 日常生活颂歌　　　［法］茨维坦·托多罗夫 著　　曹丹红 译
04 爱的多重奏　　　　［法］阿兰·巴迪欧 著　　　　邓　刚 译
05 镜中的忧郁　　　　［瑞士］让·斯塔罗宾斯基 著　郭宏安 译
06 古罗马的性与权力　［法］保罗·韦纳 著　　　　　谢　强 译
07 梦想的权利　　　　［法］加斯东·巴什拉 著

　　　　　　　　　　　　　　　　　　　　　杜小真　顾嘉琛 译
08 审美资本主义　　　［法］奥利维耶·阿苏利 著　　黄　琰 译
09 个体的颂歌　　　　［法］茨维坦·托多罗夫 著　　苗　馨 译
10 当爱冲昏头　　　　［德］H·柯依瑟尔　E·舒拉克 著

　　　　　　　　　　　　　　　　　　　　　　　　张存华 译
11 简单的思想　　　　［法］热拉尔·马瑟 著　　　　黄　蓓 译
12 论移情问题　　　　［德］艾迪特·施泰因 著　　　张浩军 译
13 重返风景　　　　　［法］卡特琳·古特 著　　　　黄金菊 译
14 狄德罗与卢梭　　　［英］玛丽安·霍布森 著　　　胡振明 译
15 走向绝对　　　　　［法］茨维坦·托多罗夫 著　　朱　静 译

16 古希腊人是否相信他们的神话

　　　　　　　[法] 保罗·韦纳 著　　　　　张 竝 译

17 图像的生与死　　[法] 雷吉斯·德布雷 著

　　　　　　　　　　　　　　　黄迅余　黄建华 译

18 自由的创造与理性的象征

　　　　　　　[瑞士] 让·斯塔罗宾斯基 著

　　　　　　　　　　　　　　　　张 亘　夏 燕 译

19 伊西斯的面纱　[法] 皮埃尔·阿多 著　　张卜天 译

20 欲望的眩晕　　[法] 奥利维耶·普里奥尔 著　方尔平 译

21 谁, 在我呼喊时　[法] 克洛德·穆沙 著　　李金佳 译

22 普鲁斯特的空间　[比利时] 乔治·普莱 著　张新木 译

23 存在的遗骸　　[意大利] 圣地亚哥·扎巴拉 著

　　　　　　　　　　　吴闻仪　吴晓番　刘梁剑 译

24 艺术家的责任　[法] 让·克莱尔 著

　　　　　　　　　　　　　　　　赵苓岑　曹丹红 译

25 僭越的感觉/欲望之书

　　　　　　　[法] 白兰达·卡诺纳 著　　袁筱一 译

26 极限体验与书写　[法] 菲利浦·索莱尔斯 著　唐 珍 译

27 探求自由的古希腊 [法] 雅克利娜·德·罗米伊 著

　　　　　　　　　　　　　　　　　　　张 竝 译

28 别忘记生活　　[法] 皮埃尔·阿多 著　　孙圣英 译

图书在版编目(CIP)数据

历史意识的维度/(法)雷蒙·阿隆著;董子云译.
--上海:华东师范大学出版社,2017
("轻与重"文丛)
ISBN 978-7-5675-5711-6

Ⅰ.①历… Ⅱ.①雷…②董… Ⅲ.①历史观-研究 Ⅳ.①K01

中国版本图书馆 CIP 数据核字(2016)第 224864 号

华东师范大学出版社六点分社
企划人 倪为国

轻与重文丛
历史意识的维度

主　　编	姜丹丹　何乏笔
著　　者	(法)雷蒙·阿隆
译　　者	董子云
责任编辑	高建红
封面设计	姚　荣
出版发行	华东师范大学出版社
社　　址	上海市中山北路 3663 号　邮编　200062
网　　址	www.ecnupress.com.cn
电　　话	021-60821666　行政传真　021-62572105
客服电话	021-62865537
门市(邮购)电话	021-62869887
地　　址	上海市中山北路 3663 号华东师范大学校内先锋路口
网　　店	http://hdsdcbs.tmall.com
印刷者	上海中华商务联合印刷有限公司
开　　本	787×1092　1/32
印　　张	11.5
字　　数	200 千字
版　　次	2017 年 1 月第 1 版
印　　次	2018 年 6 月第 2 次
书　　号	ISBN 978-7-5675-5711-6/K·472
定　　价	58.00 元
出版人	王　焰

(如发现本版图书有印订质量问题,请寄回本社客服中心调换或电话 021-62865537 联系)

Dimensions de la conscience historique
By Raymond Aron
Première édition Librairie Plon, 1961
Copyright © Les Belles Lettres, 2011
Published by arrangement with EDITIONS LES BELLES LETTRES S. A.
Simplified Chinese Translation Copyright © 2017 by East China Normal University Press Ltd.
ALL RIGHTS RESERVED.
上海市版权局著作权合同登记　图字:09-2012-434号